ସୁଯୋଗ ଚାଲିଯାଏ

ବିଶ୍ୱପ୍ରସିଦ୍ଧ ବିଚାରକ ଏବଂ
ଲେଖକ ସ୍ୱେଟ୍ ମାର୍ଡେନ୍‌ଙ୍କ
ପୁସ୍ତକଗୁଡ଼ିକ କୋଟି କୋଟି
ଲୋକଙ୍କ ଜୀବନରେ କ୍ରାନ୍ତି
ଆଣିଦେଇଛି, ପଥଭ୍ରଷ୍ଟ
ମାନବତାକୁ ନୂଆ ଦିଗ ଦେଇଛି ।
ପ୍ରସ୍ତୁତ ପୁସ୍ତକ "ସୁଯୋଗ
ଚାଲିଯାଏ" ମଧ୍ୟ ଏହି ମହାନ
ବିଚାରକଙ୍କ ମହାନ୍ କୃତିର ଓଡ଼ିଆ
ରୂପାନ୍ତର ଅଟେ ।

ସୁଯୋଗ ଚାଲିଯାଏ

ସ୍ୱେଟ୍ ମାର୍ଡେନ୍

ଡାଇମଣ୍ଡ ବୁକ୍ସ

www.diamondbook.in

ପ୍ରକାଶକ : ଡାଏମଣ୍ଡ ପକେଟ ବୁକ୍ସ ପ୍ରା. ଲିଃ.
X-30, ଓଖଲା ଇଣ୍ଡଷ୍ଟ୍ରିଆଲ ଏରିଆ, ଫେଜ୍-II
ନୂଆଦିଲ୍ଲୀ-୧୧୦୦୨୦
ଫୋନ : ୦୧୧-୪୧୬୧୧୮୬୧, ୪୦୭୧୨୧୦୦
ଇ-ମେଲ : sales@dpb.in
ୱେବସାଇଟ : www.diamondbook.in
ସଂସ୍କରଣ : **2018**
ମୁଦ୍ରକ : ଆଦର୍ଶ ପ୍ରିଣ୍ଟର୍ସ, ଶାହଦରା, ଦିଲ୍ଲୀ - ୩୨

Sujoga Chalijae(Odia)
(Swett Marden)

ଅନୁକ୍ରମ

୧. ସୁଯୋଗ ପାଇଁ ପ୍ରସ୍ତୁତ ରୁହନ୍ତୁ

ସମୟର ଗତିଶୀଳତାକୁ ଚିହ୍ନି ମନୁଷ୍ୟ ଯଦି ସାମ୍ନାକୁ ଆସିଥିବା ଥିବା ସୁଯୋଗକୁ ଧରିପାରେ ଏବଂ ନିଜର ଯୋଗ୍ୟତାକୁ ପ୍ରଦର୍ଶିତ କରେ, ତେବେ ଅବଶ୍ୟ ହିଁ ସେ ତା ଜୀବନକୁ ସଜାଡ଼ି ନିଏ ।

ସମୟର କୌଣସି ମୁହୂର୍ତ୍ତ ଏମିତି ନାହିଁ, ଯାହା ଭାଗ୍ୟ-ନିର୍ମାଣ ପାଇଁ ସୁଯୋଗ ତିଆରି କରେନାହିଁ । କିନ୍ତୁ, ଯଦି କୌଣସି ବ୍ୟକ୍ତି ସୁଯୋଗର ସେହି ମୁହୂର୍ତ୍ତକୁ ଚିହ୍ନି ପାରେନାହିଁ, ଗ୍ରହଣ କରିପାରେନାହିଁ ଏବଂ ତାହା ଚାଲିଯାଏ, ତେବେ ସେ ଆଉ ଧରା ଦିଏନାହିଁ । ସମୟ କେବେ ଅଟକେ ନାହିଁ, ତାହା ସର୍ବଦା ଗତିଶୀଳ ଅଟେ । ସମୟର ଗତିଶୀଳତାକୁ ଚିହ୍ନି, ମନୁଷ୍ୟ ଯଦି ସାମ୍ନାକୁ ଆସୁଥିବା ସୁଯୋଗକୁ ଧରିପାରେ ଏବଂ ନିଜର ଯୋଗ୍ୟତାକୁ ପ୍ରଦର୍ଶିତ କରେ, ତେବେ ଅବଶ୍ୟ ସେ ନିଜ ଜୀବନକୁ ସଜାଡ଼ି ନିଏ ।

ତାହା ଏକ ସୁଯୋଗ ହିଁ ଥିଲା, ଏପରି ମଧ୍ୟ କୁହାଯାଇପାରେ, ସୁଯୋଗର ଏକ ମୁହୂର୍ତ୍ତ, ଯାହାକୁ ଧରି ପାରିଥିଲା ଜଣେ ବାସନ ମାଜୁଥିବା ବାଳକ, ଏଣ୍ଟୋନ, ଯଦ୍ୱାରା ତା'ର ଜୀବନଧାରା ହିଁ ବଦଳି ଯାଇଥିଲା ।

ଜର୍ଜ କେରୋ ଉକ୍ତ ଘଟଣାକୁ ବର୍ଣ୍ଣନା କରି ଲେଖିଛନ୍ତି ଯେ, କୌଣସି ଏକ ନଗରୀର ଜଣେ ଏକ ଧନିକ ସମ୍ଭ୍ରାନ୍ତ ବ୍ୟକ୍ତି ଘରେ ଏଣ୍ଟୋନିଓ ନାମକ ବାଳକ ବାସନ ମାଜୁଥିଲା । ଏଣ୍ଟୋନିଓ ଅତି ପରିଶ୍ରମୀ ଥିଲା । ଖାଲି ସମୟକୁ ସେ କେବେବି ନଷ୍ଟ କରୁନଥିଲା । ଯେତେବେଳେ ବି ତାକୁ ବାସନ ମଜା କାମରୁ ବିରାମ ମିଳୁଥିଲା ସେତେବେଳେ ସେ, ମାଲିକ ଫେଲେରାଙ୍କ ଘର ନିକଟରେ ଥିବା ଏକ ପଥରର ମୂର୍ତ୍ତି ତିଆରି ହେଉଥିବା ଦୋକାନରେ ବସୁଥିଲା । ପଥରକୁ କାଟି ଚିକ୍କଣ କରି ମୂର୍ତ୍ତି ତିଆରି କରୁଥିବା କାରିଗରଙ୍କ କାମକୁ ସେ ଧ୍ୟାନର ସହ ଦେଖୁଥିଲା । ଯଦିଓ ଏଣ୍ଟୋନିଓ ଅପାଠୁଆ ଥିଲା, ଏହା ସତ୍ତ୍ୱେ ସେ କାରିଗରଙ୍କ ପ୍ରତ୍ୟେକ କାର୍ଯ୍ୟକୁ ମନେରଖୁଥିଲା ଏବଂ ସମୟ ମିଳିଲେ ସେହି ଦୋକାନରେ ପଥର କାଟୁଥିଲା । ଯେତେବେଳେ ସେ କୌଣସି ପଥରକୁ କାଟେ, ସେଥିରେ ପୁରା ତନ୍ମୟ ହୋଇଯାଉଥିଲା । ନିଜର ପରିଶ୍ରମ ଏବଂ ଇଚ୍ଛାଶକ୍ତି ବଳରେ ସେ ନିଜର ଅବକାଶ ସମୟରେ ମୂର୍ତ୍ତି ତିଆରି କରିବାରେ କୁଶଳୀ ହେବା ସହ ବାସନ ମାଜିବା କାମ ମଧ୍ୟ ଜାରି ରଖିଥିଲା ।

ସେହି ଧନୀକ ବ୍ୟକ୍ତି ଫେଲେରା, ଦିନେ ନଗରର ଗଣମାନ୍ୟ ବ୍ୟକ୍ତି, ସମ୍ଭ୍ରାନ୍ତ ନାଗରିକ ଏବଂ ଉଚ୍ଚ ଅଧିକାରୀମାନଙ୍କୁ ନିଜ ଘରକୁ ଭୋଜନ ପାଇଁ ଆମନ୍ତ୍ରଣ କଲେ ।

ଘରର ବଡ଼ ହଲ୍‌କୁ ନୂଆ ଢ଼ଙ୍ଗରେ ସଜା ଯାଉଥିଲା । ଏହି ହଲ୍‌ରେ ଭୋଜନର ବ୍ୟବସ୍ଥା କରାଯାଇଥିଲା । ହଲ୍‌ର ମଧ୍ୟ ଭାଗରେ ଭୋଜନ ପାଇଁ ଏକ ବଡ଼ ମେଜ ରଖାଯାଇଥିଲା, ଯାହାକୁ ବିଶେଷ ଭାବେ ସଜାଯାଉଥିଲା । ମେଜକୁ ଆକର୍ଷଣୀୟ କରିବା ଦାୟିତ୍ୱ ମୁଖ୍ୟ ପରିଚାରକଙ୍କର ଥିଲା । ସବୁକିଛି ସୁନିଶ୍ଚିତ ଢ଼ଙ୍ଗରେ ଠିକ୍‌ଠାକ୍ ଚାଲିଥିଲା । ବାସନ ମାଜୁଥିବା ବାଳକ ଏଣ୍ଟୋନିଓ ମଧ୍ୟ ସାଜସଜ୍ଜାରେ ଛୋଟମୋଟ ସହାୟତା କରୁଥିଲା ଏବଂ ମେଜକୁ ସଜାଉଥିବା ମୁଖ୍ୟ ପରିଚାରକଙ୍କ କାର୍ଯ୍ୟକୁ ମଧ୍ୟ ନିରୀକ୍ଷଣ କରୁଥିଲା । କିନ୍ତୁ ମେଜର ମଝିରେ ଏକ ଆକର୍ଷଣୀୟ କଳାକୃତି କରୁଥିବାବେଳେ ମୁଖ୍ୟ ପରିଚାରକ ସାମାନ୍ୟ ଭୁଲ୍ ପାଇଁ ତାହା ବିଗିଡ଼ିଯାଇଥିଲା । ସେପଟେ, ଅତିଥିମାନଙ୍କ ଆସିବାର ସମୟ ମଧ୍ୟ ପାଖେଇ ଆସୁଥିଲା । ମୁଖ୍ୟ ପରିଚାରକ ଯେତେଥର ଚେଷ୍ଟା କରୁଥିଲେ ସେହି କଳାକୃତି ଆହୁରି ବିଗିଡ଼ି ଯାଉଥିଲା । ମୁଖ୍ୟ ପରିଚାରକ ବହୁତ ଚିନ୍ତିତ ଦେଖାଯାଉଥିଲେ । ସେତିକିବେଳେ ଏଣ୍ଟୋନିଓ ତାଙ୍କ ପାଖକୁ ଆସି କହିଲା "ଗୁରୁ, ଯଦି ଅନୁମତି ଦିଅନ୍ତେ ତେବେ ମୁଁ କିଛି ସାହାଯ୍ୟ କରନ୍ତି ?" ମୁଖ୍ୟ ପରିଚାରକ ତ' ସେମିତି ଚିନ୍ତିତ ଥିଲେ, ଏଣ୍ଟୋନିଓ ଆଡ଼କୁ ଟିକିଏ ଚାହିଁ ଅନିଚ୍ଛା ସତ୍ତ୍ୱେ କହିଲେ "ଠିକ୍ ଅଛି, କର କ'ଣ କରିପାରିବୁ ।"

ଏଣ୍ଟୋନିଓ ତୁରନ୍ତ ବସା ଲହୁଣି ମଗାଇଲା, ସେଠି, ନା ଥିଲା ଜିନିଷର ଅଭାବ ନା ଖର୍ଚ୍ଚର ଚିନ୍ତା । ବସା ଲହୁଣିରେ ଏଣ୍ଟୋନିଓ ଏମିତି ଏକ ଆକର୍ଷଣୀୟ ସିଂହର ମୂର୍ତ୍ତି ତିଆରି କଲା, ଯାହାକୁ ଦେଖି ମୁଖ୍ୟ ପରିଚାରକଙ୍କ ଶୁଖିଲା ମୁହଁ ହସିଉଠିଲା । ଆମନ୍ତ୍ରିତ ବ୍ୟକ୍ତିମାନଙ୍କ ଆସିବାର ସମୟ ହୋଇଯାଉଥିଲା । ଘରର ମାଲିକ ଫେଲେରା, ଏହି ଘଟଣା ସମ୍ପର୍କରେ ଅନଭିଜ୍ଞ ଥିଲେ ଏବଂ ଭୋଜନ ମେଜର ସାଜସଜ୍ଜାରେ ବହୁତ ସନ୍ତୁଷ୍ଟ ଦେଖାଯାଉଥିଲେ । ତାଙ୍କୁ କେମିତି ଜଣାଥିଲା ଯେ କାହାର ଭାଗ୍ୟୋଦୟର ସମୟ ଆସିଯାଇଛି !

ଭୋଜିରେ ସମ୍ମିଳିତ ବ୍ୟକ୍ତିମାନଙ୍କ ମଧ୍ୟରେ ଜଣେ ମୂର୍ତ୍ତିକଳା ବିଶେଷଜ୍ଞ ମଧ୍ୟ ଥିଲେ, ଯାହାଙ୍କ ନଜର ବାରମ୍ବାର ମେଜ ଉପରେ ତିଆରି ହୋଇଥିବା ସିଂହ ମୂର୍ତ୍ତି ଉପରେ ଲାଖିଯାଉଥିଲା, ଯାହା ବହୁତ ଆକର୍ଷକ ଏବଂ ଜୀବନ୍ତ ଜଣାଯାଉଥିଲା । ସେ ଆଉ ଚୁପ୍ ରହିପାରିଲେନି ଏବଂ ପଚାରିଦେଲେ କି ଏହି ମୂର୍ତ୍ତି କିଏ ତିଆରି କରିଛି । ମୁଖ୍ୟ ପରିଚାରକ ଏଣ୍ଟୋନିଓକୁ ଡାକି ତାଙ୍କ ସାମ୍ନାରେ ଉପସ୍ଥିତ କରାଇଲେ । ମୂର୍ତ୍ତି ବିଶେଷଜ୍ଞ ସମସ୍ତ ଉପସ୍ଥିତ ଅଭ୍ୟାଗତଙ୍କୁ, ଲହୁଣିରେ ତିଆରି ଆକର୍ଷକ ସିଂହ ମୂର୍ତ୍ତି ଆଡକୁ ଧ୍ୟାନ ଆକର୍ଷିତ କରାଇ କହିଲେ, ଏହି ମୂର୍ତ୍ତି, କାରିଗରିର ଏକ ଶ୍ରେଷ୍ଠ ନମୁନା । ଯଦି ଏହି ବାଳକକୁ ବିଧିବତ୍ ମୂର୍ତ୍ତିକଳା ଶିକ୍ଷା ମିଳିବ, ତେବେ ସେ ଦିନେ ଅବଶ୍ୟ ଜଣେ ଶ୍ରେଷ୍ଠ ମୂର୍ତ୍ତିକାର ହୋଇପାରିବ । ମୋତେ ଏଥିରେ ତିଳେମାତ୍ର ସନ୍ଦେହ ନାହିଁ ।

ମୂର୍ତ୍ତିକଳା ବିଶେଷଜ୍ଞଙ୍କ କଥାରେ ପ୍ରଭାବିତ ହୋଇ ଏଣ୍ଟୋନିଓର ମାଲିକ ଫେଲେରୋ ତତ୍‌କ୍ଷଣାତ ସମସ୍ତଙ୍କ ସାମ୍ନାରେ ଘୋଷଣା କଲେ ଯେ, ମୂର୍ତ୍ତିକଳାର ଅଧ୍ୟୟନ ପାଇଁ ଏଣ୍ଟୋନିଓକୁ ସେ ନିଜ ଖର୍ଚ୍ଚରେ ଯେଉଁଠାକୁ ଆବଶ୍ୟକ, ସେଠାକୁ ପଠାଇବେ ।

ସୁଯୋଗ କେବେ ଏବଂ କେଉଁ ପରିସ୍ଥିତିରେ ଆସି ଉପସ୍ଥିତ ହେବ, ସେହି ବାସନ ମାଜୁଥିବା ବାଳକ ଏଣ୍ଟୋନିଓକୁ କ'ଣ ଜଣାଥିଲା ! ହଁ, ସେ ଏତେଦିନ ଯେଉଁ ପରିଶ୍ରମ କରିଥିଲା, ସାମ୍ନାରେ ସୁଯୋଗ ଦେଖି ବିନା ଦ୍ୱିଧାରେ ସେ ତା'ର ଲାଭ ଉଠାଇନେଲା । ଯଦି ସେହି ବାଳକ ସୁଯୋଗକୁ ହାତଛଡ଼ା କରିଥାନ୍ତା ତେବେ ସାରା ଜୀବନ ବାସନ ମାଜିବା କାର୍ଯ୍ୟ ହିଁ କରିଥାନ୍ତା । ଆଜି ସେହି ବାସନ ମଜା ପିଲା ଏଣ୍ଟୋନିଓ, ସଂସାରର ଶ୍ରେଷ୍ଠ ମୂର୍ତ୍ତିକାରଙ୍କ ମଧ୍ୟରେ ଗଣାଯାଉଛି ଏବଂ ସାରା ବିଶ୍ୱ ତାକୁ ମୂର୍ତ୍ତିକାର କେନୋବା ନାମରେ ଜାଣିଛି ।ତାହା ସମୟ ହିଁ ତ ଥିଲା, ଯାହାର ଲାଭ ଉଠାଇଥିଲା ଏଣ୍ଟୋନିଓ ।

ୟୁନାନ୍‌ର ବିଶ୍ୱ ପ୍ରସିଦ୍ଧ ମୂର୍ତ୍ତିକାର ଲିସିପସ୍, ଏହି କବିତାର ଭାବକୁ ପ୍ରଦର୍ଶିତ କରୁଥିବା ପଥରର ଏକ ଜୀବନ୍ତ ମୂର୍ତ୍ତି ତିଆରି କରିଥିଲେ । ସେହି ମୂର୍ତ୍ତିକାର, ସମ୍ରାଟ ସିକନ୍ଦରଙ୍କ ସମକାଳୀନ ଥିଲେ । ତାଙ୍କ ଦ୍ୱାରା ତିଆରି ହୋଇଥିବା ଏହି ମୂର୍ତ୍ତିର ସତ୍ତା ଆଜି ମିଳୁନାହିଁ, କିନ୍ତୁ କେଲିଷ୍ଟ୍ରାଟସ୍ ନାମକ ବ୍ୟକ୍ତି ସେହି ମୂର୍ତ୍ତିର ଚିତ୍ର ଅବଶ୍ୟ ଦେଖିଥିଲେ । ରୂପକ ରୂପେ ମନୁଷ୍ୟ ପାଇଁ ଜୀବନର ବାର୍ତ୍ତା ଦେଉଥିବା ସେହି ମୂର୍ତ୍ତି ସମ୍ବନ୍ଧରେ କେଲିଷ୍ଟ୍ରାଟସ୍ ଲେଖିଛନ୍ତି-

"ସୁଯୋଗ ଏକ ସୁନ୍ଦର ଯୁବକ, ତା ଉପରେ ଫୁଟି ଉଠୁଥିବା ଯୌବନର ବସନ୍ତ ଛାଇହୋଇଛି । ତା' କପାଳରୁ ତେଜ ବାହାରୁଛି । ତା'ର ସୁନ୍ଦର ଚେହେରା ଦେଖିଲେ, ମନ ଲାଖିଯାଏ । ତା'ର ଲମ୍ବା କେଶ ପବନରେ ଫୁର୍ ଫୁର୍ ହୋଇ ଉଡୁଛି । ତା' ପାଦର ଆଙ୍ଗୁଳିଗୁଡିକ ହିଁ ଭୂମି ଉପରେ ରହିଛି । ତା' ପାଦରେ ପର ଲାଗିଛି । ସେ, ଏ ପ୍ରକାରେ ଛିଡ଼ା ହୋଇଛି, ଯେମିତି ଏହିକ୍ଷଣି ଉଡ଼ିବ । ଆଖି ଉପରେ, ଲମ୍ବା ଘନ କେଶ କେରାଏ, ଭୃଲତା ଉପରେ ଝୁଲୁଛି, କିନ୍ତୁ ସେହି ସୁନ୍ଦର ଯୁବକର ମୁଣ୍ଡ ପଛଭାଗ ଚନ୍ଦା ଅଟେ ।"

ସେହି ମୂର୍ତ୍ତିର ଯେଉଁ ଚିତ୍ର କେଲିଷ୍ଟ୍ରାଟସ୍ ଦେଖିଥିଲେ, ତାର ବର୍ଣ୍ଣନା କରିବାକୁ ଯାଇ ସେ ଲେଖିଛନ୍ତି ଯେ, ସେ ମୂର୍ତ୍ତିର ହାତରେ ଏକ ଖୁର ମଧ୍ୟ ଥିଲା । ତା'ର ଭାବର ବର୍ଣ୍ଣନାରେ ସେ ଲେଖିଛନ୍ତି-

"କେହି ତାକୁ ପଚାରିଲେ - ତୁମେ କିଏ ?"

"ମୁଁ ସମୟ ଅଟେ । ମୁଁ ସମସ୍ତଙ୍କୁ ନିଜ ବଶରେ କରିପାରିବି ।"

"କିନ୍ତୁ ତୁମେ ଏହି ପ୍ରକାରେ ପାଦ ଆଙ୍ଗୁଠିରେ କାହିଁକି ଛିଡ଼ା ହୋଇଛ ?"

"ମୁଁ ସବୁବେଳେ ଗତିଶୀଳ ରୁହେ ।"

"ତୁମ ପାଦରେ ଏହି ପର କାହିଁକି ଲାଗିଛି ?"

"ମୋତେ ଗତିଶୀଳ ରହିବା ପାଇଁ କ୍ଷୀପ୍ର ଗତିରେ ଉଡ଼ିବାକୁ ପଡ଼େ ।"

"ଏବଂ ତୁମ ହାତରେ ଏହି ଖୁର କାହିଁକି ଅଛି ?"

"ଏହାଦ୍ୱାରା ଲୋକଙ୍କୁ ଜଣାପଡେ ଯେ, ମୋଠାରୁ ଅଧିକ ଧାରୁଆ ଏହି ସଂସାରରେ କେହି ନାହିଁ ।"

"ତୁମର ଏହି କେଶ କପାଳରେ କାହିଁକି ଝୁଲୁଛି ?"

"ନିରୀହ ବ୍ୟକ୍ତି ! ଯିଏ ମତେ ଧରିବାକୁ ଚାହିଁବ, ଏଥିରୁ ଧରିପାରିବ ।"

"ତୁମ ମୁଣ୍ଡର ପଛଭାଗରେ କାହିଁକି କେଶ ନାହିଁ ?"

"ଏଇଥିପାଇଁ କି, ଯେବେ ମୁଁ ଉଡ଼ିଯାଏ, ସେତେବେଳେ ମତେ ପଛରୁ କେହି ବ୍ୟକ୍ତି ଧରିପାରିବ ନାହିଁ ।"

"ତୁମକୁ ଏମିତି ସୁନ୍ଦର ରୂପ କାହିଁକି ଦିଆଯାଇଛି ?"

"ନିରୀହ ବ୍ୟକ୍ତି ! ତୋ ପାଇଁ ଏହା ଏକ ଚେତାବନୀ । ଚେତାବନୀ ଦେବାପାଇଁ ହିଁ ମୋର ଏମିତି ସ୍ୱରୂପ ତୋ ଦୁଆରେ ଠିଆ ହୁଏ ।"

ମନୁଷ୍ୟ ଜୀବନ ପାଇଁ ପ୍ରେରଣାଦାୟୀ, ରୂପକ ରୂପରେ ମନୁଷ୍ୟ ପାଇଁ ଜୀବନର ଏକ ବାର୍ତ୍ତା ଅଟେ ।

ସୁଯୋଗକୁ ଧରନ୍ତୁ:

ସମ୍ଭବତଃ ଆପଣ ଓଲବୁଲ୍ ନାମକ ଜଣେ ବିଦ୍ୱାନଙ୍କ କାହାଣୀ ଶୁଣିଥିବେ । ବିଶ୍ୱ ପ୍ରସିଦ୍ଧ ବେହେଲା ବାଦକ ଓଲବୁଲଙ୍କୁ ଆଜି ସାରା ସଂସାର ଜାଣିଛି । ହେଲେ, ଏହି କଥାକୁ କେହି ଜାଣିନଥିବେ କି ଓଲବୁଲ୍ ଲୋକଙ୍କ ଆଖିରୁ ଦୂରରେ ରହି ଏକାନ୍ତରେ କେତେ ଅଭ୍ୟାସ କରିଥିଲେ, କେତେ ପରିଶ୍ରମ କରିଥିଲେ ନିଜ କଳାରେ ନିପୁଣ ହେବାପାଇଁ । ଅଭ୍ୟାସ କରୁ କରୁ ତାଙ୍କୁ ଏହା ମଧ୍ୟ ଜଣା ପଡୁନଥିଲା ଯେ, କେବେ ରାତି ହେଲା ଆଉ କେବେ ସକାଳ ହେଲା । ଦୁନିଆଠାରୁ ଦୂର ହୋଇ ସେ ତନ୍ମୟତାର ସହ ବେହେଲା ବାଦନର ଅଭ୍ୟାସରେ ନିମଗ୍ନ ରହୁଥିଲେ । ବହୁଦିନ ପର୍ଯ୍ୟନ୍ତ ଓଲବୁଲଙ୍କୁ କେହି ଜାଣି ବି ନଥିଲେ । ତାଙ୍କ ଜୀବନରେ ଏକ ସୁଯୋଗ ଆସି ପହଞ୍ଚିଲା, ଯାହା ତାଙ୍କୁ ବିଶ୍ୱ ପ୍ରସିଦ୍ଧ ବେହେଲା ବାଦକ ଭାବେ ପରିଚିତ କରାଇଲା ।

ନରଓ୍ୱେର ଅଜଣା ରାସ୍ତାରେ ଯାଉଥିବା ମାଲ୍‌ବ୍ରେନ୍ ନାମକ ଜଣେ ଗାୟିକା ଏକ ସମାରୋହରେ ଭାଗ ନେବାକୁ ଯାଉଥିଲେ । ରାସ୍ତାରେ ଯାଉ ଯାଉ ବେହେଲାର ମଧୁର ସ୍ୱର ତାଙ୍କ କାନରେ ପଡ଼ିଲା । ଏହି ପ୍ରକାର ଭାବପୂର୍ଣ୍ଣ ମଧୁର ସଂଗୀତ ସେ ତାଙ୍କ ଜୀବନରେ ଆଗରୁ କେବେ ଶୁଣିନଥିଲେ । ନରଓ୍ୱେର ଜଣେ ଯୁବକ ବେହେଲା ବାଦନରେ ନିମଗ୍ନ ଥିଲା । ସଂଗୀତର ମଧୁର ଧ୍ୱନୀ ତା' ଝରକାରୁ ଆସୁଥିଲା । ମାଲ୍‌ବ୍ରେନ୍, ଆଖପାଖ ଲୋକଙ୍କଠାରୁ ସେହି ବେହେଲା ବାଦକର ପରିଚୟ ପଚାରି ବୁଝିଲେ ।

ଗାୟିକା ମାଲ୍‌ବ୍ରେନ୍ ସେହି ସଂଗୀତ ଧ୍ୱନୀରେ ଏତେ ପ୍ରଭାବିତ ହେଲେ ଯେ, ସେ ସେହି ବେହେଲା ବାଦକ ସହ ସାକ୍ଷାତ କରିବାକୁ ବିଚାର କଲେ, କିନ୍ତୁ ଯେଉଁ ସଂଗୀତ ସମାରୋହରେ ସେ ଭାଗ ନେବାକୁ ଯାଉଥିଲେ, ତା'ର ସମୟ ହେଇଯାଉଥିଲା, ତେଣୁ ସେ ତାଙ୍କୁ ସାକ୍ଷାତ କରିବା ଆକାଂକ୍ଷାକୁ ହୃଦୟ ଭିତରେ ଚାପିରଖି ସମାରୋହ ସ୍ଥଳକୁ ଚାଲିଯାଇଥିଲେ । ହେଲେ, ସଂଗୀତ ସମାରୋହର ଆୟୋଜକମାନଙ୍କ ସହ ମନୋମାଳିନ୍ୟ ହେବାରୁ ସେ ସେହି ସମାରୋହରେ ଗାଇବାକୁ ମନା କରିଦେଲେ । ଆୟୋଜକଙ୍କ ସମ୍ମୁଖରେ ଏକ କଠିନ ପରିସ୍ଥିତି ଦେଖାଦେଲା । ସେମାନଙ୍କ ହାତ ଏବଂ ପାଦ ନିସ୍ତେଜ ହୋଇଗଲା । ସେଠାରେ କେହିଜଣେ ବ୍ୟକ୍ତି ବେହେଲା ବାଦକ ଓଲ୍‌ବୁଲ୍‌ଙ୍କ ବାବଦରେ ଜାଣିଥିଲା । ଆୟୋଜକଙ୍କ ଆଗରେ ଆଉ କିଛି ବିକଳ୍ପ ନଥିଲା, ତେଣୁ ଓଲ୍‌ବୁଲ୍ ତୁରନ୍ତ ଡକାଇ ପଠାଇଲେ ।

ନରଓ୍ୱେର ଏହି ସମାରୋହ, ଯେଉଁଥିରେ ସେହି ଅଜ୍ଞାତ ବେହେଲା ବାଦକ ନିଜ କଳା ଏବଂ ପ୍ରତିଭା ପ୍ରଦର୍ଶନ କଲେ, ତାହା ସମସ୍ତଙ୍କୁ ମନ୍ତ୍ରମୁଗ୍ଧ କଲା । ଓଲବୁଲଙ୍କ ଜୀବନରେ ଏହା ଏକ ସୁଯୋଗ ହିଁ ତ ଥିଲା, ବରଂ ଏପରି କୁହାଯାଇପାରେ ଯେ, ସୁଯୋଗର ଗୋଟିଏ ମୁହୂର୍ତ୍ତ, ଯାହା ତାଙ୍କ ଦୁଆରକୁ ଆସି କବାଟ ବାଡେଇଥିଲା । ଓଲବୁଲ ସେହି ସୁଯୋଗ ପାଇଁ ପ୍ରସ୍ତୁତ ଥିଲେ । ସେ ସେହି ସୁଯୋଗକୁ ଧରିନେଇଥିଲେ ।

ସେହି ରାତିରେ ନରଓ୍ୱେର ସେହି ସମାରୋହରେ, ଓଲ୍‌ବୁଲ୍ ଘଣ୍ଟାଘଣ୍ଟା ଧରି ବେହେଲା ବାଦନ କରିଥିଲେ ଏବଂ କିଛି ଘଣ୍ଟା ମଧ୍ୟରେ ଯାହାକୁ କେହି ଜାଣିନଥିଲେ ସେହି ଅଜ୍ଞାତ ବେହେଲା ବାଦକ ଓଲବୁଲ ସଂସାରର ସୁପ୍ରସିଦ୍ଧ ବେହେଲା ବାଦକ ଭାବେ ପରିଚିତ ହେଲେ । ସେ ସୁଯୋଗକୁ ଧରିନେଇଥିଲେ ।

ମେଥ୍ୟୁ କହିଛନ୍ତି, ବହୁ ସୀମା ପର୍ଯ୍ୟନ୍ତ ମନୁଷ୍ୟ ସୁଯୋଗର ଦାସ । ଉଦ୍ଦେଶ୍ୟ ପ୍ରାପ୍ତି କରିବାର ସଫଳତା, ସେହି ବ୍ୟକ୍ତିର କ୍ଷମତା, ଏସବୁ ଅତ୍ୟନ୍ତ ମହତ୍ତ୍ୱପୂର୍ଣ୍ଣ ହେବା ସହିତ ତାହାଠାରୁ ଊର୍ଦ୍ଧ୍ୱରେ ଆଉ ଏକ ମହତ୍ତ୍ୱପୂର୍ଣ୍ଣ ଜିନିଷ ଅଛି ଏବଂ ତାହା ହେଉଛି ପରିସ୍ଥିତିମାନଙ୍କ ଶକ୍ତି । ପରିସ୍ଥିତିର ଉପେକ୍ଷା କରିବା ମନୁଷ୍ୟର ଅକ୍ତିଆର ବାହାରେ । ନିଜର ଏହି କଥାକୁ ସ୍ପଷ୍ଟ କରିବାକୁ ଯାଇ ମେଥ୍ୟୁ ଏକ ଘଟଣାର ବର୍ଣ୍ଣନା କରିଛନ୍ତି ।

ଇଂଲଣ୍ଡର ରାଜମହଲରେ ସମ୍ରାଟ ଜର୍ଜ ତୃତୀୟ ଅଚେତ ଅବସ୍ଥାରେ ରୋଗ ଶଯ୍ୟାରେ ପଡ଼ିଥିଲେ । ସେ ବହୁତ କ୍ରୋଧୀ ଏବଂ ଅତ୍ୟାଚାରୀ ରାଜା ଥିଲେ । ତାଙ୍କ ରୋଗର ନିଦାନ ପାଇଁ ଗାଁ ରୁ ଜଣେ ଚିକିତ୍ସକଙ୍କୁ ଡକାଯାଇଥିଲା । ଗାଁ ର ସେହି ଚିକିତ୍ସକ ନିଜ ଅନୁଭବ ଏବଂ ଜ୍ଞାନ ଅନୁସାରେ ସମ୍ରାଟଙ୍କ ଉପଚାର କରିବା ପାଇଁ ତାଙ୍କ ଶରୀରରୁ କିଛି ରକ୍ତ ବାହାର କଲେ, ଯେଉଁଥିରେ ସମ୍ରାଟଙ୍କ ଚେତା ଫେରିଆସିଲା । କିନ୍ତୁ ସଚେତ ଅବସ୍ଥାକୁ ଆସିବା ପରେ ରାଜାଙ୍କୁ ଯେତେବେଳେ ଜଣାପଡ଼ିଲା ଯେ, ସେହି ଚିକିତ୍ସକ ତାଙ୍କ ଶରୀରରୁ କିଛି ରକ୍ତ ବାହାର କରିଛନ୍ତି, ସେତେବେଳେ ସେ ଅତ୍ୟନ୍ତ କ୍ରୋଧିତ ହୋଇଗଲେ ଏବଂ କଟୁ ଉଚ୍ଚାରଣ କଲେ । ଚିକିତ୍ସକ ବହୁତ ଭଦ୍ର ଏବଂ ଧୈର୍ଯ୍ୟବାନ ଥିଲେ । ସେ ପ୍ରଥମରୁ ଏଥିପାଇଁ ପ୍ରସ୍ତୁତ ଥିଲେ । ନିଜର ଭଦ୍ର ବ୍ୟବହାର କୌଶଳରେ ସେ ରାଜାଙ୍କୁ ପ୍ରସନ୍ନ କରିଦେଲେ । ଧୀରେ ଧୀରେ ସମ୍ରାଟ ସେହି ଗ୍ରାମ ଚିକିତ୍ସକଙ୍କ ଦ୍ୱାରା ଏତେ ମାତ୍ରାରେ ପ୍ରଭାବିତ ହେଲେ ଯେ, ନିଜ ଚିକିତ୍ସା ପାଇଁ ସେ ତାଙ୍କୁ ବ୍ୟକ୍ତିଗତ ଚିକିତ୍ସକ ଭାବେ ନିଯୁକ୍ତି ଦେଲେ ।

ସମ୍ଭବତଃ ଏମିତି ଅନେକ ଚିକିତ୍ସକ ଥିବେ, ଯେଉଁମାନଙ୍କର ଯୋଗ୍ୟତା ଥିବ ଏବଂ ଏମିତି ପରିସ୍ଥିତିରେ ରାଜମହଲ ଭିତରକୁ ପ୍ରବେଶ କରିବା ପାଇଁ ଯାହାଙ୍କୁ ଅନୁମତି ମିଳିନଥାଇପାରେ । କିନ୍ତୁ କ'ଣ ଆପଣ ଭାବୁଛନ୍ତି, ସେହି ଚିକିତ୍ସକଙ୍କୁ ଆକସ୍ମିକଭାବେ ଏହି ସଫଳତା ପ୍ରାପ୍ତ ହୋଇଗଲା ? ନା, ସତକଥା ହେଉଛି ଯେ ସେହି ଚିକିତ୍ସକଙ୍କ ସଫଳତାରେ ତାଙ୍କ ଯୋଗ୍ୟତା ଏବଂ ସେତେବେଳ ପର୍ଯ୍ୟନ୍ତ ତାଙ୍କ ଜୀବନର ସମସ୍ତ ଅନୁଭୂତିର ଯୋଗଦାନ ଥିଲା ।

ସାମାନ୍ୟ ଲୋକ ତ ଏହା ହିଁ କହିବ ଯେ ସେହି ଚିକିତ୍ସକଙ୍କ ଭାଗ୍ୟ ଖୋଲିଗଲା, କିନ୍ତୁ ଯଦି ସେହି ସୁଯୋଗର ଲାଭ ଉଠାଇବା ଯୋଗ୍ୟତା ତାଙ୍କ ପାଖରେ ନଥାନ୍ତା,ତେବେ ରାଜମହଲ ଭିତରକୁ ପ୍ରବେଶ କରିବା ପରେ ମଧ୍ୟ କ'ଣ ସେହି ଚିକିତ୍ସକ ସେ ସୁଯୋଗର ଲାଭ ଉଠାଇ ପାରିଥାନ୍ତେ ।

ଯଦି କାହାକୁ ଏହା କୁହାଯାଏ କି କୌଣସି କାରଖାନାରେ ମାତ୍ର ଦୁଇ ଟଙ୍କାରେ ମାମୁଲି ଚାକିରି କରୁଥିବା କୌଣସି ବ୍ୟକ୍ତି ସେହି କାରଖାନାର ଭାଗିଦାର ସଦସ୍ୟ ହୋଇପାରୁଛି ତେବେ ଏହି କଥାରେ ଆଶ୍ଚର୍ଯ୍ୟ ତ ଲାଗିବ, ବିଶ୍ୱାସ ମଧ୍ୟ ହେବନାହିଁ । କିନ୍ତୁ ଏହା ସମ୍ପୂର୍ଣ୍ଣସତ୍ୟ ।

ଜନ୍ ଗ୍ରାଣ୍ଟ ନାମକ ଏକ ଯୁବକ ଯେତେବେଳେ ଚାକିରି କରିବା ପାଇଁ ଏକ ଲୁହା କାରଖାନାକୁ ଗଲା, ସେତେବେଳେ ତାକୁ ସପ୍ତାହକୁ ମାତ୍ର ଦୁଇଡଲାର୍ ଦରମାରେ ରଖି କାରଖାନାର ମାଲିକ ତାକୁ ଉପଦେଶ ଦେଇଥିଲେ ଯେ, "ଏହି ବେପାର ସମ୍ବନ୍ଧରେ ଯେତେ ଛୋଟ ବଡ଼ କଥା ଅଛି ସେ ସମସ୍ତକୁ ବହୁ ଧ୍ୟାନର ସହ ଦେଖ ଏବଂ ବୁଝିବାକୁ ଚେଷ୍ଟା କର । ଯେତେ ଶୀଘ୍ର ତୁମେ ସେହି କଥାଗୁଡ଼ିକୁ ବୁଝି ନିଜକୁ ଯୋଗ୍ୟ କରିପାରିବ,ସେତେ ଶୀଘ୍ର ଯେକୌଣସି ଭାବେ ତୁମକୁ ତୁମ ଯୋଗ୍ୟତା ଅନୁରୂପ ଫଳ ମଧ୍ୟ ପ୍ରାପ୍ତି ହେବ ।"

ମାଲିକଙ୍କ ଦ୍ୱାରା ଦିଆଯାଇଥିବା ସେହି ଉପଦେଶକୁ ଜନ୍ ଗ୍ରାଣ୍ଟ ଆତ୍ମସାତ୍

କରିନେଇଥିଲା । ସେ ଯେଉଁ କାମ କରୁଥିଲା ବହୁ ଦାୟିତ୍ୱ ଏବଂ ନିଷ୍ଠାର ସହ କରୁଥିଲା । ସେହି କାରଖାନାକୁ ବିଦେଶରୁ ମଧ୍ୟ ଜିନିଷ ଆସୁଥିଲା । ସେ ଜାଣିଗଲା, ଯେ ବିଦେଶରୁ ଆସୁଥିବା ଜିନିଷର ହିସାବ ମାଲିକ ନିଜେ ତନଖୁଛନ୍ତି । ଜିନିଷ, ଫ୍ରାନ୍ସ ତଥା ଜର୍ମାନ କମ୍ପାନୀଗୁଡ଼ିକରୁ ମଧ୍ୟ ସେଠାକୁ ଆସୁଥିଲା । ସେଗୁଡ଼ିକର ମଧ୍ୟ ଫ୍ରାନ୍ସ ଏବଂ ଜର୍ମାନ ଭାଷାରେ ହିଁ ଆସୁଥିଲା । ଜନ୍ ଗ୍ରାଣ୍ଟ ସେହି ଚିଠାଗୁଡ଼ିକୁ ବହୁ ଧ୍ୟାନର ସହ ଦେଖୁଥିଲା । ସେହି ଚିଠାଗୁଡ଼ିକୁ ବୁଝିବା ପାଇଁ ଜର୍ମାନ ଏବଂ ଫ୍ରାନ୍ସ ଭାଷା ଜାଣିବା ଆବଶ୍ୟକ ଥିଲା । ସେଥିପାଇଁ ସେ ଫ୍ରାନ୍ସ ଏବଂ ଜର୍ମାନ ଭାଷାର ଅଧ୍ୟୟନ କରିବା ଆରମ୍ଭ କରିଦେଲା ।

ଏହି ପ୍ରକାରେ କାମ କରି ଜନ୍ ଗ୍ରାଣ୍ଟର ସେହି କାରଖାନାରେ ବହୁ ସପ୍ତାହ ବିତିଗଲା । ସେହି କାରଖାନାର ମାଲିକ ଅନ୍ୟ କୌଣସି କାମରେ ଏତେ ବ୍ୟସ୍ତ ରହିଲେ ଯେ, ବିଦେଶରୁ ଆସୁଥିବା ସେହି ଚିଠାଗୁଡ଼ିକୁ ତନଖିବା ପାଇଁ ସମୟ ବାହାର କରି ପାରୁନଥିଲେ । ଅନେକ ଚିଠା ଗଦା ହୋଇଯାଇଥିଲା । ମାଲିକ ବାରମ୍ବାର ସେହି ଚିଠା ଗଦାକୁ ଦେଖୁଥିଲେ, କିନ୍ତୁ ସମୟ ଅଭାବ ଏବଂ ଅତ୍ୟଧିକ କାର୍ଯ୍ୟ ଯୋଗୁଁ ହତାଶ ହୋଇ ପୁନଃ ନିଜ କାମରେ ଲାଗିଯାଉଥିଲେ ।

ମାଲିକଙ୍କ ଚିନ୍ତାକୁ ଜନ୍ ଗ୍ରାଣ୍ଟ ବୁଝିପାରିଲା । ସେ ମାଲିକଙ୍କୁ କହିଲା, "ଆଜ୍ଞା ! ଯଦି ଆପଣଙ୍କ ଅନୁମତି ହୁଏ, ତେବେ ଏହି ଚିଠାଗୁଡ଼ିକର ତନଖି କାର୍ଯ୍ୟ ମୁଁ କରିଦେବି ?"

ଗ୍ରାଣ୍ଟ ଆଡ଼କୁ ଅନାଇ ଦେଇ ମାଲିକ ପେପର ୱେଟ୍ ତଳେ ଦବା ହୋଇଥିବା ଚିଠାଗଦାକୁ କିଛି ନକହି ତା' ଆଡ଼କୁ ଘୁଞ୍ଚେଇଦେଲେ । ଗ୍ରାଣ୍ଟ ସେହି ଚିଠାଗୁଡ଼ିକୁ ସତର୍କତା ସହ ତନଖିଲା । ଏହାଦ୍ୱାରା ପ୍ରଭାବିତ ହୋଇ ମାଲିକ କହିଲେ, ଆଜିଠୁ ଚିଠା ତନଖିବା ଦାୟିତ୍ୱ ତୁମର । ଗ୍ରାଣ୍ଟ ଏହି କାର୍ଯ୍ୟକୁ ଦାୟିତ୍ୱପୂର୍ଣ୍ଣ ଭାବେ କରିବାକୁ ଲାଗିଲା ।

ତାହାର ଏହି କାର୍ଯ୍ୟରେ କମ୍ପାନୀର ପ୍ରବନ୍ଧକ ବହୁତ ପ୍ରଭାବିତ ଥିଲେ । ଗୋଟିଏ ମାସ ପରେ କମ୍ପାନୀର ଦୁଇଜଣ ଅନ୍ୟ ପ୍ରମୁଖ ଭାଗିଦାରଙ୍କ ଉପସ୍ଥିତିରେ ଗ୍ରାଣ୍ଟକୁ ଡକାଗଲା । କଥାବାର୍ତ୍ତାବେଳେ କମ୍ପାନୀର ଜଣେ ପ୍ରମୁଖ ସଦସ୍ୟ କହିଲେ-

"ମୁଁ ଚାଳିଶ ବର୍ଷ ହେଲା ବେପାର କରିଆସୁଛି ହେଲେ ମତେ ତୁମେ ହିଁ ଏକମାତ୍ର ବ୍ୟକ୍ତି ମିଳିଲ ଯିଏ ସୁଯୋଗକୁ ବୁଝିସୁଝି ଧରିଛି ଏବଂ ସେଥିରେ ସୁଧାର ଆଣି କାର୍ଯ୍ୟ କରିଛି । ଏପର୍ଯ୍ୟନ୍ତ ଏହି କାର୍ଯ୍ୟ ମୁଁ ନିଜେ କରୁଥିଲି ହେଲେ ତୁମର କାର୍ଯ୍ୟକୁଶଳତା ଦେଖି ଏବେ ଆମେ ଏହି ବିଦେଶୀ ଜିନିଷ ଆମଦାନୀ ବିଭାଗ ତୁମକୁ ଦେବାକୁ ଚାହୁଁଛୁ, କାରଣ ତୁମେ ହିଁ ଏକୁଟିଆ ଏଭଳି ଯୁବକ ଯିଏ ନିଜେ ସୁଯୋଗକୁ ବୁଝିପାରିଛି ଏବଂ ନିଜକୁ ଏହି କାର୍ଯ୍ୟ ପାଇଁ ଉପଯୁକ୍ତ ପ୍ରମାଣିତ କରି ଦେଖେଇଛି । ଏହା ଏକ ମହତ୍ତ୍ୱପୂର୍ଣ୍ଣ ଏବଂ ଦାୟିତ୍ୱସମ୍ପନ୍ନ ପଦବୀ, ଯାହାପାଇଁ ଆମକୁ ଏକ ଯୋଗ୍ୟ ବ୍ୟକ୍ତିର ଆବଶ୍ୟକତା ଅଛି ।

ତୁମର ଯୋଗ୍ୟତା ଏବଂ କାମ ପ୍ରତି ସମର୍ପଣ ଭାବ ଦେଖି ଆମେ ଏହି ମହତ୍ତ୍ୱପୂର୍ଣ୍ଣ କାର୍ଯ୍ୟ ତୁମ ହାତକୁ ଦେଉଛୁ ।"

ବିଦେଶୀ ଜିନିଷ ଆମଦାନୀ ବିଭାଗ ଦାୟିତ୍ୱ ପାଇବା ଦିନରୁ ହିଁ ଗ୍ରାଣ୍ଟର ଦରମା ଦୁଇଡଲାର ପ୍ରତି ସପ୍ତାହରୁ ବଢ଼ାଯାଇ ଦଶଡଲାର ପ୍ରତି ସପ୍ତାହ କରିଦିଆଗଲା । ହେଲେ, ଏହା କୌଣସି ସୀମାରେଖା ନଥିଲା । ସଫଳତାର ସୋପାନ ପାରିହୋଇ ସେ, ପାଞ୍ଚ ବର୍ଷରେ ୧୮୦୦ ଡଲାର ଦରମା ପାଇବାକୁ ଲାଗିଲା । ତାର କାର୍ଯ୍ୟ ଚିଠାଗୁଡ଼ିକର ତନଖି କରିବା ପର୍ଯ୍ୟନ୍ତ ହିଁ ସୀମିତ ରହିନଥିଲା, ବରଂ ଏବେ ତାକୁ ଜିନିଷ କିଣିବା ପାଇଁ ଫ୍ରାନ୍ସ ଏବଂ ଜର୍ମାନୀ ମଧ୍ୟ ପଠାଗଲା ।

କେବଳଏତିକି ନୁହେଁ, ତା'ର କାର୍ଯ୍ୟକୁଶଳତାରେ ପ୍ରଭାବିତ ହୋଇ ମାଲିକମାନେ ତାକୁ ସେହି କମ୍ପାନୀର ଜଣେ ଭାଗିଦାରୀ ସଦସ୍ୟ କରିଦେଲେ । ଯେତେବେଳେ ଗ୍ରାଣ୍ଟକୁ କମ୍ପାନୀର ସଦସ୍ୟ ଘୋଷଣା କରାଗଲା, ସେତେବେଳେ ଗ୍ରାଣ୍ଟଙ୍କ ବୟସ ମାତ୍ର ତିରିଶ ବର୍ଷ ଥିଲା ।

ସମୟର ଚିହ୍ନଟ:

ଆଳସ୍ୟ ଏବଂ ଏପଟ-ସେପଟ ବୁଲିବାରେ ସମୟ ନଷ୍ଟ ନକରି ଗ୍ରାଣ୍ଟ ନିଜକୁ ସେହି କାର୍ଯ୍ୟ ପାଇଁ ଯୋଗ୍ୟ କଲେ । ଉନ୍ନତି କରିବା ପାଇଁ ଏମିତି କରିବା ବହୁତ ଦରକାର, ସେତେବେଳେ ହିଁ ସମ୍ମୁଖକୁ ଆସୁଥିବା ସୁଯୋଗରୁ କେହି ବ୍ୟକ୍ତି ଲାଭ ଉଠାଇ ପାରିବ । ଏହିପରି କରୁଥିବା ବ୍ୟକ୍ତି ହିଁ ସର୍ବଦା ଉନ୍ନତିର ଶିଖରକୁ ପହଞ୍ଚିପାରନ୍ତି । ଏହାହିଁ ଗ୍ରାଣ୍ଟଙ୍କ ସଫଳତାର ରହସ୍ୟ ଥିଲା ।

ମିଷ୍ଟର ହଟଲ୍ ଯିଏ ବୋଷ୍ଟନ୍ ନଗରୀର ରେଳ ଯାତାୟାତର ଅଧ୍ୟକ୍ଷ ଥିଲେ, ତାଙ୍କ କହିବାନୁଯାୟୀ, ମାଲିକଙ୍କ କୃପାପାତ୍ର ସେ ହିଁ ହୋଇପାରିବ ଯିଏ ଠିକ୍ କାମ କରୁଥିବ, ଯାହାଠାରେ କାମ ପ୍ରତି ନିଷ୍ଠା ଥିବ । କୌଣସି ମାଲିକ ଯଦି କେଉଁ ବ୍ୟକ୍ତିକୁ କାମରେ ରଖେ, ତେବେ ସେ ତା' କାର୍ଯ୍ୟକୁ ନିରୀକ୍ଷଣ କରିବାକୁ ଚାହିଁବନି ଅଥବା ତାକୁ କାମଚୋର ଭାବି ସବୁବେଳେ ତା' ପାଖରେ ଠିଆହୋଇ କାମ ଆଦାୟ କରିବନି । ଏପରି କରିବା ଠାରୁ ତ ଏହାହିଁ ଭଲ ଯେ, କୌଣସି କର୍ମଚାରୀକୁ ନିଯୁକ୍ତି ଦେବା ବଦଳରେ ମାଲିକ ନିଜେ ସେହି କାମକୁ କରିନେବ । ଭୁଲ୍ କାମ କରୁଥିବା କର୍ମଚାରୀକୁ ମାଲିକ କେବେ ବି ସହ୍ୟ କରିପାରିବନି, ତାକୁ ଚାକିରିରୁ ବାହାର କରିଦେବ, ଏହା ନିଶ୍ଚିତ ।

ଜର୍ଜ ଚାଇଲସ୍ ତ ନିଜ ଜୀବନର ଲକ୍ଷ୍ୟ କରିଦେଇଥିଲେ ଯେ, ସେ ପ୍ରକାଶନ ବ୍ୟବସାୟକୁ ହିଁ ଆପଣାଇବେ ଏବଂ ସେ ଏପରି କୌଣସି ମୁହୂର୍ତ୍ତ ହରାଇବାକୁ ଚାହୁଁନଥିଲେ, ଯେଉଁଥିରେ ସେହି ବ୍ୟବସାୟ ସମ୍ପର୍କରେ ଜାଣିବାକୁ ଏବଂ ବୁଝିବାକୁ ମିଳୁଥିବ । ସେ ଏହିପରି ପ୍ରତ୍ୟେକ ସୁଯୋଗକୁ ପାଇବା ପାଇଁ ଯତ୍ନଶୀଳ ରହୁଥିଲେ । ସେ ଜୀବନର

ପ୍ରାରମ୍ଭରେ ହିଁ ଦୃଢ଼ ନିଶ୍ଚୟ କରିନେଇଥିଲେ ଏବଂ ନିଜ ଉଦ୍ଦେଶ୍ୟକୁ କେବେ ବି ବଦଳାଇନଥିଲେ । ନିଜ ଲକ୍ଷ୍ୟ ପ୍ରାପ୍ତିରୁ ପଥଭ୍ରଷ୍ଟ କରୁଥିବା ସମସ୍ତ ଲାଳସାରୁ ସେ ଦୂରେଇ ରହିଥିଲେ, ନିଜ ନିଶ୍ଚୟରୁ ସେ ହଟିନଥିଲେ ।

ଫିଲାଡେଲଫିୟା ନାମକ ନଗରୀକୁ ଜର୍ଜ ଡବ୍ଲ୍ୟୁ ଯେବେ ଚାକିରି କରିବାକୁ ଯାଇଥିଲେ, ତାଙ୍କ ବୟସ ମାତ୍ର ୧୨ବର୍ଷ ଥିଲା । ଚାକିରିରୁ ଯାହା ଦରମା ମିଳୁଥିଲା ତାକୁ ହିସାବର ସହ ଖର୍ଚ୍ଚ କରୁଥିଲେ । ନିଜ ରହିବା ଓ ଖାଇବାରେ ଖର୍ଚ୍ଚ କରିବା ପରେ ପଚାଶ ସେଣ୍ଟ ସଞ୍ଚୟ କରୁଥିଲେ । ଏହି ପ୍ରକାରେ, ବର୍ଷ ଶେଷରେ ସର୍ବମୋଟ ପଚିଶ ଡଲାର ସଞ୍ଚୟ କରୁଥିଲେ । ତାହା ଏକ ସୁଯୋଗ ହିଁ ଥିଲା, ଯାହାର ସେ ଭଲଭାବେ ଲାଭ ଉଠାଇଲେ ଏବଂ ଅଧିକରୁ ଅଧିକ ଲାଭ ପାଇବା ପାଇଁ ଯତ୍ନଶୀଳ ହେଲେ ।

ଜର୍ଜ ଡବ୍ଲ୍ୟୁ ନିଜେ ଲେଖିଛନ୍ତି "ମୁଁ ସଦା ନିଜ ମାଲିକକୁ ପ୍ରସନ୍ନ କରିବାକୁ ପ୍ରୟାସ କରେ । ମୁଁ କେବଳ ଏହି କାମ କରୁନଥିଲି, ଯାହା ମତେ କରିବାକୁ କୁହାଯାଉଥିଲା କିମ୍ବା ଯାହାର ଦାୟିତ୍ୱ ଦିଆଯାଉଥିଲା, ବରଂ ମୁଁ ସେହି ସମସ୍ତ ପ୍ରକାର କାର୍ଯ୍ୟ କରୁଥିଲି,ଯାହାକୁ କରିବାର କ୍ଷମତା ଅଥବା ଅନୁଭବ ମୋ ପାଖରେ ଥିଲା ।"

"ମୁଁ କେବେ ଏହା ଭାବିନଥିଲି ଯେ, କୌଣସି କାମ ଛୋଟ କିମ୍ବା ବଡ଼ । କେବେ କୌଣସି କାମକୁ କରିବାକୁ ସଂକୋଚ କରିନି । ଆଜିକାଲିକା ଯୁବପିଢ଼ି ଯେଉଁ କାମକୁ କରିବାରେ ସଂକୋଚ କରୁଛନ୍ତି କିମ୍ବା ନିଜର ଅପମାନ ମନେକରୁଛନ୍ତି ବୋଲି ଭାବୁଛନ୍ତି, ମୁଁ ସେହି ତମାମ କାମକୁ ବିନା ଦ୍ୱିଧାରେ କରିନେଉଥିଲି । ଝାଡୁ କରିବା, ନିଆଁ ଜାଳିବା ଅଥବା ସଫେଇ କରିବା ସବୁ ମୋ ପାଇଁ ଏକ ପ୍ରକାର ଥିଲା । ସେହି ସମୟରେ ମୁଁ ଯେଉଁ ଚାକିରି କରୁଥିଲି, ତାହା ବହୁତ ଛୋଟ ଥିଲା, କିନ୍ତୁ ମୁଁ ନିଜ ମହତ୍ତ୍ୱାକାଂକ୍ଷାଗୁଡ଼ିକୁ ସଦା ଉଚ୍ଚରେ ରଖିଥିଲି । ମୋର ଏହି ବିଚାର ରହିଲା କି ସମୟ ଏବଂ କାର୍ଯ୍ୟ ଯେମିତି ବି ହେଉନା କାହିଁକି ଲୋକର ବିଚାର ଏବଂ ଚିନ୍ତାଧାରା ସବୁବେଳେ ଉଚ୍ଚ ରହିବା ଦରକାର ।"

"ସେତେବେଳେ ମୁଁ ଚପରାସୀ କାମ କରୁଥିଲି । ମୋର କାମ ଥିଲା ଚିଠିଗୁଡ଼ିକୁ ନେବା । ମୁଁ ସେହି ସୁଯୋଗର ଫାଇଦା ଉଠାଇଲି । ବହି ପଢ଼ିବାକୁ ମୋର ଇଚ୍ଛା ହେଉଥିଲା । ରାତିରେ ମୁଁ ବହି ଦୋକାନକୁ ଯାଉଥିଲି । ବହି ଦୋକାନକୁ ଯାଇ ମୁଁ ଧ୍ୟାନର ସହ ପୁସ୍ତକ ବିକ୍ରେତାକୁ ବହି ବିକୁଥିବା ଦେଖୁଥିଲି । ମୁଁ ଜାଣିବାକୁ ଚାହୁଁଥିଲି ଯେ ବହି କିପରି ଦେଖାଯାଏ ଏବଂ ବିକ୍ରି କରାଯାଏ । ମୁଁ ଏହା ମଧ୍ୟ ଧ୍ୟାନର ସହ ଦେଖୁଥିଲି କି କେଉଁ ବହି କେତେ ଦାମ୍‌ରେ ବିକ୍ରି କରାଯାଉଛି । କୌଣସି ବହି ଦୋକାନରେ କାମ କରିବାବେଳେ କେଉଁ କେଉଁ କଥାଗୁଡ଼ିକୁ ଜାଣିବା ଦରକାର, ମୁଁ ସେହିସବୁ କଥା ଜାଣିବାକୁ ପ୍ରୟାସ କରୁଥିଲି ।"

"ମୁଁ ଯେଉଁଠି ରହୁଥିଲି ସେହି ପାଖରେ ଏକ ଥିଏଟର ହଲ୍ ଥିଲା । ସେଠାରେ କାମ କରୁଥିବା ବହୁ କଳାକାରଙ୍କ ସହ ମୋର ପରିଚୟ ହୋଇଯାଇଥିଲା । ଯଦି ମୁଁ ଚାହିଁଥାନ୍ତି ତେବେ ମୋ ବଳକା ସମୟରେ ବିନା ଖର୍ଚ୍ଚରେ ନାଟକ ଦେଖିପାରିଥାନ୍ତି । ନିଜର

ମନୋରଞ୍ଜନ କରିବା ପାଇଁ ମତେ କିଛି ଖର୍ଚ୍ଚ କରିବାକୁ ପଡ଼ିନଥାନ୍ତା । କିନ୍ତୁ ମୁଁ ମୋ ସମୟକୁ ଏମିତିକା ମନୋରଞ୍ଜନରେ ବ୍ୟର୍ଥ କରିବାକୁ ଚାହୁଁନଥିଲି । ମୁଁ ବୁଝିଥିଲି ଯେ, ଏ ପ୍ରକାର ମନୋରଞ୍ଜନ କଲେ ମୋ ଜୀବନର ବାସ୍ତବିକ ଉଦ୍ଦେଶ୍ୟ ପ୍ରାପ୍ତିରେ ବାଧା ଆସିପାରେ, ଯେତେବେଳେ କି ମୋ ପାଖ ପଡ଼ୋଶୀ ଯୁବକମାନେ ଏମିତି କରୁଥିଲେ । ମୁଁ ସବୁବେଳେ ନିଜ କାମରେ ଅଧିକରୁ ଅଧିକ ରୁଚି ରଖୁଥିଲି ଏବଂ ଯେଉଁ କାମକୁ କରୁଥିଲି ତାକୁ ସମାପ୍ତ କରିବା ପର୍ଯ୍ୟନ୍ତ ସେଥିରେ ଆତ୍ମବିଭୋର ହୋଇଯାଉଥିଲି ।”

“କିଛି ଦିନ ପରେ ଯେବେ ମତେ ଏକ ସମାଚାର ପତ୍ର କାର୍ଯ୍ୟାଳୟରେ କାମ କରିବାର ସୁଯୋଗ ମିଳିଲା ସେତେବେଳେ ମୁଁ ଏହା ନିଷ୍ପତ୍ତି କରିନେଇଥିଲି କି ମୁଁ ଦିନେ ଏହି ସମାଚାର ପତ୍ରର ମାଲିକ ହେବି । ସେହି ସମୟରୁ ମୁଁ ସମସ୍ତ ସୁଯୋଗର ଲାଭ ଉଠାଇବା ପାଇଁ ଚେଷ୍ଟା କଲି ଯାହା ମୋ ଆକାଂକ୍ଷାକୁ ପୁରା କରିବ । ମୁଁ ନିଜର ସମସ୍ତ ଧ୍ୟାନ ସେହି ଦିଗକୁ କେନ୍ଦ୍ରିତ କରି ଦେଇଥିଲି । ଏମିତି ଏକ ଦିନ ଆସିଲା ଯେବେ ମୁଁ ସେହି ସମାଚାର ପତ୍ରକୁ କିଣିନେଲି ।”

ମିତବ୍ୟୟତା:

ଯଦ୍ୟପି ବହୁ ବର୍ଷ ପରେ ତାଙ୍କ ଉଦ୍ଦେଶ୍ୟ ସଫଳ ହେଲା ଏବଂ ଅନେକ ଏମିତି ସୁଯୋଗ ଆସିଛି ଯେବେ ସେ ନିଜ ଉଦ୍ଦେଶ୍ୟରୁ ବିଚଳିତ ହୋଇ ପାରିଥାନ୍ତେ ତଥାପି ସେ ନିଜ ନିଶ୍ଚୟରେ ଅଟଳ ରହିଲେ ଏବଂ ନିଜର ସମସ୍ତ ସମୟ ସେହି କାମରେ ଉପଯୋଗ କରିବା ପାଇଁ ଚେଷ୍ଟା କରିଚାଲିଲେ । ଯେତେବେଳ ପର୍ଯ୍ୟନ୍ତ ସେ ଚାକିରି କରୁଥିଲେ, ନିଜ ମାଲିକର ବିଶ୍ୱାସୀ ରହିଥିଲେ । ସେ ବୁଝିଥିଲେ ଯେ ସେ ଯେତେବେଳ ପର୍ଯ୍ୟନ୍ତ କୌଣସି କାମ ପାଇଁ ପ୍ରସ୍ତୁତ ହୋଇନାହାନ୍ତି ତାଙ୍କୁ ଯତ୍ନଶୀଳ ହେବାକୁ ପଡ଼ିବ । ଅଧିକରୁ ଅଧିକ ଅର୍ଥ ସଞ୍ଚୟ କରିବା ଥିଲା ମୁଖ୍ୟ କଥା । ତାଙ୍କ ପାଇଁ ମିତବ୍ୟୟୀ ରହିବା ଆବଶ୍ୟକ ଥିଲା । ଜୀବନକୁ ଉପଯୋଗୀ କରିବାକୁ ହେଲେ ସହୃଦୟତାପୂର୍ଣ୍ଣ ବ୍ୟବହାର ଆବଶ୍ୟକ ଅଟେ । ସେ ସବୁ କଥାକୁ ନିଜ ଜୀବନରେ ଯୋଡ଼ି ସାରିଥିଲେ । ଏବଂ ଏହିସବୁ କେବଳ ତାଙ୍କ ଦୃଢ଼ ନିଶ୍ଚୟ ଯୋଗୁ ହିଁ ସମ୍ଭବ ହୋଇଥିଲା ।

ନ୍ୟୁୟର୍କ ସହରର ବିଶାଳ ପରିବହନ ବ୍ୟବସ୍ଥାର ଅଧକ୍ଷ ଶ୍ରୀ ହରବର୍ଟ ଏବେ କିଛିଦିନ ପୂର୍ବରୁ ନିଜ ଭାଷଣରେ କହିଥିଲେ ଯେ ଯେଉଁ ବ୍ୟକ୍ତି ଭିତରେ ନିଷ୍ଠାର ସହ କାମ କରିବା ପାଇଁ କ୍ଷମତା ରହିଛି ସେ ନିଶ୍ଚିତ ଆଗକୁ ଯିବ ଏବଂ ଉନ୍ନତିର ନୂଆ ପଥ ପ୍ରସସ୍ତ କରିବ । ଏମିତି ବ୍ୟକ୍ତିଙ୍କୁ କୌଣସି ପ୍ରକାରର ପରିସ୍ଥିତି ଆଗକୁ ବଢ଼ିବା ପାଇଁ ରୋକିପାରିବ ନାହିଁ । କିଛି ସମୟ ପାଇଁ କାର୍ଯ୍ୟସିଦ୍ଧିରେ କିଛି ଅବରୋଧ ସମ୍ଭବ ହୋଇପାରେ କିନ୍ତୁ ଏପରି ବାଧା ଅଳ୍ପକାଳୀନ ଅଟେ । ଯଦି ମନୁଷ୍ୟ ଦୃଢ଼ ନିଶ୍ଚୟ କରେ ତେବେ ଏପରି ବାଧା ତାକୁ ତା ଲକ୍ଷ୍ୟସ୍ଥଳରେ ପହଞ୍ଚିବାକୁ ରୋକି ପାରିବନି ବରଂ ସେହି ବ୍ୟକ୍ତିର ଅନୁଭବରେ ଉନ୍ନତି ହୋଇଥାଏ । ସେହି ବ୍ୟକ୍ତି ଆହୁରି ଅଧିକ ପରିପକ୍ୱ ହୋଇଯାଏ ।

ବର୍ତ୍ତମାନର ସୁଖ-ସୌନ୍ଦର୍ଯ୍ୟ ତଥା ଆନନ୍ଦକୁ ଭୁଲିଯାଏ । ଡାକ୍ତର ଫ୍ରେଙ୍କକ୍ରେନଙ୍କ ନିଷ୍କର୍ଷ ହେଲା ଯେ ଏମିତି ଲୋକ କେବେ ମଧ୍ୟ ସୁଖ ପାଇପାରନ୍ତି ନାହିଁ । ସେମାନଙ୍କ ପାଖରେ ଯାହା କିଛି ଅଛି ସେଥିରେ ସୁଖୀ ହୁଅନ୍ତି ନାହିଁ ଏବଂ ଯାହା ସେମାନଙ୍କ ପାଖରେ ନାହିଁ, ସେଥିପାଇଁ ଲାଳାୟିତ ହୁଅନ୍ତି, ତେବେ ସେମାନେ କେମିତି ସୁଖ ପାଇ ପାରିବେ । ନିଜ ମନୋବାଞ୍ଛିତ ପଦାର୍ଥକୁ ପାଇବା ପାଇଁ ଆମେ ଲଗାତର କଠିନ ପରିଶ୍ରମ କରିଥାଉ । କାଲି ପର୍ଯ୍ୟନ୍ତ ଯେଉଁଥି ପାଇଁ ଆମେ କଠିନ ପରିଶ୍ରମ କଲେ, ଆଜି ତାହା ପାଇ ଆମକୁ ପ୍ରସନ୍ନତା ଅନୁଭବ ହୁଏନାହିଁ । ସେଥିରୁ ଆମ ରୁଚି ଉଠିଯାଏ । ପୁଣି ଅନ୍ୟ କୌଣସି ଜିନିଷ ଉପରେ ଆମର ଆକର୍ଷଣ ବଢ଼ିଯାଏ । ଯେବେ ଆମେ ପାଇଯାଉ, ତେବେ ସେଥିରୁ ମଧ୍ୟ ଅସନ୍ତୁଷ୍ଟ ହେଇଯାଉ । ଏହିପରି ଆମ କାମନା କେବେ ସରେ ନାହିଁ । ଜଣେ ଦାର୍ଶନିକଙ୍କ କଥାନୁସାରେ ପ୍ରସନ୍ନତା ମଣିଷର ଛାଇ ଭଳି । ତା' ପଛରେ ଗୋଡ଼ାଇଲେ ସେ ଆଗେଆଗେ ଦୌଡ଼ିବ ଏବଂ ଯଦି ମୁହଁ ମୋଡ଼ିଦେବା ତେବେ ସେ ପଛେପଛେ ଗୋଡ଼ାଇବ । କାମନା ପୂର୍ଣ୍ଣ ହେଲେ କେବେ ଆତ୍ମିକ ସୁଖ ମିଳେନାହିଁ, ଆତ୍ମ ସନ୍ତୋଷରେ ହିଁ ସୁଖ ଥାଏ ।

ଆତ୍ମିକ ଶାନ୍ତି:

ଆପଣ ଦେଖିଥିବେ, ଭଲ ଭଲ ସ୍ୱାଦିଷ୍ଟ ଭୋଜନ କରୁଥିବା, ପୌଷ୍ଟିକ ପଦାର୍ଥକୁ ଉପଭୋଗ କରୁଥିବା ଲୋକ ଦୁର୍ବଳ ଏବଂ ପତଳା ଥାନ୍ତି । କାହିଁକିନା ତାଙ୍କ ଆତ୍ମାରେ ଶାନ୍ତି ନଥାଏ । ଏହାର ବୀପରିତ, ମୂଲ ଲାଗୁଥିବା ଲୋକ ସୁଖା ରୁଟି ଏବଂ ଲୁଣ ଖାଇ ମଧ୍ୟ ମୋଟା-ସୋଟା, ସ୍ୱାସ୍ଥ୍ୟବାନ ହୋଇଥାଏ । କାହିଁକିନା ତାଙ୍କ ଆତ୍ମାରେ ସୁଖ ଥାଏ । ସୁଖ-ଶାନ୍ତିରେ ଖିଆ ଯାଉଥିବା ଲୁଣ-ପଖାଳ ଦେହକୁ ଲାଗିଥାଏ । ଶାନ୍ତି ନଥିଲେ ପୌଷ୍ଟିକ ପଦାର୍ଥରେ ମଧ୍ୟ ଦେହ ଲାଗେନାହିଁ । ମୁଖ୍ୟ କଥା ହେଲା ସୁଖ ଏବଂ ଶାନ୍ତି । ଯେଉଁ ମଣିଷ ମଧରେ ଟିକିଏ ସୁଖ, ସନ୍ତୋଷ ଥାଏ, ସେ ସୁଖୀ ଅଟେ । ଟଲସ୍ଟୟଙ୍କ ଏକ କାହାଣୀରେ ସେହି କଥା କୁହାଯାଇଛି । ଜମିଦାରଙ୍କ ନିକଟରେ ଜଣେ ଭୂମିହୀନ କୃଷକ କାମ କରୁଥିଲେ । ସେ କ୍ଷେତରେ ମୂଲ ଲାଗୁଥିଲେ । ସେଥିରେ ସେ ସୁଖୀ ଥିଲେ । ଅକସ୍ମାତ୍ ଦିନେ ତାଙ୍କ ମାଲିକାଣୀ ଜମି ବିକିଲେ । କୃଷକ ଜଣକ ଏଠୁ-ସେଠୁ ଧାର୍-କରଜ କରି ଜମି କିଣିଲେ । ହେଲେ ସେହିଦିନ ଠାରୁ ତାଙ୍କର ସମସ୍ୟା ଆରମ୍ଭ ହୋଇଗଲା । ଦିନ-ରାତି ତାଙ୍କୁ ଏହି ଚିନ୍ତା ଖାଇଲା, ଜମିରେ କେମିତି ଫସଲ ଉପୁଜିବ ? ଜମିକୁ କେମିତି ବଢ଼ାଯାଇ ପାରିବ ? ତାଙ୍କୁ ଏହି ଚିନ୍ତା ସବୁବେଳେ ବିଚଳିତ କଲା । ଅଧିକ ଅର୍ଥ ଥିଲେ କିଛି ହୋଇ ପାରିଥାନ୍ତା । ଏଥିପାଇଁ ସେ ନାନା ପ୍ରକାର ଚିନ୍ତା କରି ଶେଷରେ ଦେହତ୍ୟାଗ କଲେ । ଲାଳସା ପାଇଁ ନିଜର ସୁଖମୟ ଜୀବନକୁ ବାଜି ଲଗାଇଦେଲେ ।

ଆମର ଉଦ୍ଦେଶ୍ୟ ନୁହେଁ କି ଆପଣ ପ୍ରଗତି ନ କରନ୍ତୁ । ପ୍ରଗତି ଅବଶ୍ୟ କରନ୍ତୁ, ହେଲେ ବର୍ତ୍ତମାନରେ ଯାହା କିଛି ଆପଣଙ୍କ ପାଖରେ ନାହିଁ, ତା' ପାଇଁ ଆପଣ ଦୁଃଖୀ ହୁଅନ୍ତୁ ନାହିଁ । ତା ଉପରେ ଅପ୍ରସନ୍ନ ହୁଅନ୍ତୁ ନାହିଁ, ବରଂ ଯାହା କିଛି ଅଛି, ତା' ଉପରେ ହିଁ ସୁଖର ଅନୁଭବ କରି ଆଗକୁ ଯୋଜନା କରନ୍ତୁ । ନିଜ ବର୍ତ୍ତମାନ ଉପରେ ଅପ୍ରସନ୍ନ ହୋଇ ଏହା ଉପରେ ଦୁଃଖ ପ୍ରକଟ କରି ପ୍ରଗତି କରିବା ବିପଦ । ଏକ ଲୋକକଥା ରୂପେ ଏହାକୁ ହିଁ "ହାଏ ହାଏ କରିବା" କୁହାଯାଇଛି । ଅତଏବ, ବର୍ତ୍ତମାନ ଉପରେ ପୂର୍ଣ୍ଣ ସନ୍ତୋଷ ହୋଇ ଆପଣ ଯୋଜନା କରନ୍ତୁ । ଏହା ଏକ କଟୁ ସତ୍ୟ ଯେ ଭୌତିକ ପଦାର୍ଥ ସୁଖର ସାଧନ ନୁହେଁ । ଏଗୁଡ଼ିକରେ ଜୀବନର ବାସ୍ତବିକ ପ୍ରସନ୍ନତା ମିଳି ନ ଥାଏ । ଯଦିଓ ଅଳ୍ପ ସମୟ ପାଇଁ ସେଥିରୁ ସୁଖ ମିଳେ, ହେଲେ ଆତ୍ମିକ ସୁଖ ନଥାଏ । ପ୍ରସନ୍ନତା ଏକ ଆତ୍ମିକ ବସ୍ତୁ ଅଟେ । ଯେତେବେଳ ପର୍ଯ୍ୟନ୍ତ ଆତ୍ମା ପ୍ରସନ୍ନ ନ ହୋଇଛି, ଆପଣଙ୍କ ମଧ୍ୟରେ ସ୍ଫୁର୍ତ୍ତି ଆସିବ ନାହିଁ । ଆଗକୁ ବଢ଼ିବାର ପ୍ରେରଣା ମିଳିବ ନାହିଁ । ଆପଣ ଭୌତିକ ପଦାର୍ଥ ଉପରେ କମ୍ ରୁ କମ୍ ଧ୍ୟାନ କେନ୍ଦ୍ରିତ କରନ୍ତୁ । ଖାଇବା-ପିନ୍ଧିବା, ଭୋଗ-ବିଳାସ ଉପରେ ଧ୍ୟାନ କମ୍ ଦିଅନ୍ତୁ ।

ଯେଉଁ ବ୍ୟକ୍ତି ନିଜକୁ ଚିହ୍ନି ନିଅନ୍ତି ଏବଂ ସଂକଳ୍ପ କରନ୍ତି କି ମୁଁ ସଫଳତା ପ୍ରାପ୍ତ କରି ହିଁ ରହିବି କିମ୍ବା ଅମକ କାର୍ଯ୍ୟ କରିକି ରହିବି, ସେତେବେଳେ ଆପଣ ନିଜ ବର୍ତ୍ତମାନର ଭୌତିକ ସୁଖ ଉପରେ ଅପ୍ରସନ୍ନ ହେବେ, ଦୁଃଖ କରିବେ, ଏହା କେମିତି ସମ୍ଭବ ଅଟେ ! ସୁଖ, ଯେଉଁଥିରେ ଆତ୍ମାକୁ ସନ୍ତୋଷ ମିଳେ, ତାହା ଜୀବନର ଉଚ୍ଚ ଆଦର୍ଶରେ ରହିଛି । ଈର୍ଷା, ଦ୍ୱେଷ, ଛଳ, କପଟ, ଲୋଭ-ଲାଳସା, ସ୍ୱାର୍ଥ ଠାରୁ ସୁଖ ତ' ଦୂରକୁ ଚାଲିଯାଏ । ସତ କଥା ହେଲା ଏହି ସଂସାରରେ ଅଧାରୁ ଅଧିକ ଲୋକ ଈର୍ଷା ଯୋଗୁ ଦୁଃଖୀ ଅଟନ୍ତି । ଗୋଟିଏ ପରିବାର ତା ସିମୀତ ରୋଜଗାରରେ ଗୁଜୁରାଣ ମେଣ୍ଟାଉଛି । ଅକସ୍ମାତ୍ ବହୁତ ଧନ ଆସିଗଲା । ତେବେ ସମସ୍ତଙ୍କ ମାନସିକ ସନ୍ତୁଳନ ବିଗିଡ଼ି ଯିବ । ପରିବାରରେ ପରିବର୍ତ୍ତନ ଆସିଯିବ । ସବୁ ସଦସ୍ୟ ଈର୍ଷା ପରାୟଣ ହୋଇଯିବେ । ସେମାନଙ୍କ ମନରେ ଅନ୍ୟ ପ୍ରତି ଘୃଣା, ଈର୍ଷାର ଭାବନା ଉତ୍ପନ୍ନ ହୋଇଯିବ । ଏହି ପ୍ରଗତି ମାର୍ଗରେ ସାମୟିକ ସନ୍ତୁଳନ ଆବଶ୍ୟକ ଅଟେ । ବର୍ତ୍ତମାନରେ ସନ୍ତୁଷ୍ଟ ହୋଇ ହିଁ ଆମକୁ ନିଜ ଭବିଷ୍ୟତ ତିଆରି କରିବାର ପ୍ରୟାସ କରିବା ଉଚିତ । ଏହା ହିଁ ସର୍ବଶ୍ରେଷ୍ଠ ମାର୍ଗ । ବର୍ତ୍ତମାନରେ ଅସନ୍ତୋଷ ହେବା ଆପଣଙ୍କ ମାର୍ଗରେ ବାଧା ହୋଇପାରେ । ନିଜ ଅନ୍ତଃକରଣର ଶକ୍ତିଗୁଡ଼ିକୁ ଚିହ୍ନିବା ପରେ ଯୋଜନା କରନ୍ତୁ । ତା' ଉପରେ ଚିନ୍ତନ କରନ୍ତୁ । ଯୋଜନା ତିଆରି କରିବା ସମୟରେ ନିଜ ବର୍ତ୍ତମାନ ସ୍ଥିତିକୁ ଧ୍ୟାନରେ ରଖନ୍ତୁ ।

ମିଲ୍ଟନ ଯଦି ନିଜ ବର୍ତ୍ତମାନ ଉପରେ ଭାବିଥାନ୍ତେ ତେବେ ବୋଧହୁଏ ୩୭ବର୍ଷ ପର୍ଯ୍ୟନ୍ତ ଅପାଠୁଆ ରହିବା ପରେ ସେ କିଛି କରିପାରି ନ ଥାନ୍ତେ । ତାଙ୍କ ବର୍ତ୍ତମାନରେ

ସେ ଅପାଠୁଆ ଥିଲେ । ଯଦି ସେ ଭାବିଥାନ୍ତେ କି ମୁଁ ଅପାଠୁଆ ଅଟେ, ଓକିଲ ମଧ୍ୟ ହୋଇ ପାରିବି ନାହିଁ । ହେଲେ ତାଙ୍କୁ ନିଜ ବର୍ତ୍ତମାନ ଉପରେ ନା ଗର୍ବ ଥିଲା ଏବଂ ନା ଅପାଠୁଆ ହେବାର ଦୁଃଖ । ସେ ଏ ବି ସି ଡି ଆରମ୍ଭ କରିଦେଲେ ଏବଂ କିଛି ବର୍ଷ ପରେ ନ୍ୟାୟାଧୀଶ ହୋଇଗଲେ । ଏହିପରି ଗୋଟିଏ ପରେ ଗୋଟିଏ ପଦୋନ୍ନତି ପାଇ ସେ ସର୍ବୋଚ୍ଚ ନ୍ୟାୟାଳୟର ନ୍ୟାୟାଧୀଶ ହୋଇଗଲେ । ସତରେ ନିଜ ଅନ୍ତରାତ୍ମାରେ ନିହୀତ ଶକ୍ତିକୁ ଚିହ୍ନିନେବା ପରେ ଆମକୁ ଆମ ରାସ୍ତାରେ ଚାଲିବା ଉଚିତ । ଏମିତି ମଣିଷ ନାହିଁ, ଯିଏ ନିଜ ମୁହଁ ଆଇନାରେ ଦେଖିନାହିଁ । ଆଇନା ସହ ମଣିଷର ସମ୍ପର୍କ ସବୁବେଳେ ରହେ ।

ଆପଣ କିଏ ? କ'ଣ ?:

ଆମେ ନିଜ ମୁହଁ ଦେଖନ୍ତି । ସଜେଇ ହୋଇ ଦେଖନ୍ତି । ନିଜକୁ ଦେଖି ଭାବନ୍ତି ଏହା ଆମ ମୁହଁ, ହେଲେ କ'ଣ କେବେ ଆମେ ଆଇନାରେ ନିଜକୁ ଦେଖି ପ୍ରଶ୍ନ କରନ୍ତି, ଆମେ କିଏ ? କ'ଣ ଏହି ପ୍ରଶ୍ନକୁ କେବେ ମଧ୍ୟ ନିଜ ମନକୁ ପଚାରିଛନ୍ତି, ନିଜକୁ ଚିହ୍ନିବାର ଚେଷ୍ଟା କରିଛନ୍ତି ? ମୁହଁକୁ ଦେଖି ଚିହ୍ନିବା ଗୋଟିଏ କଥା, ହେଲେ ନିଜ ବାସ୍ତବିକ ରୂପ ଜାଣିବା ଭିନ୍ନ କଥା । ଦାର୍ଶନିକମାନଙ୍କ ମତ ହେଲା ମଣିଷର ନିଜକୁ ଚିହ୍ନିବା ସବୁଠୁ କଠିନ କାର୍ଯ୍ୟ । କୌଣସି ମଣିଷ ନିଜକୁ ଚିହ୍ନି ପାରେନାହିଁ, ସେ ସବୁବେଳେ ନିଜ ବାହାର ରୂପର ମାୟାରେ ରହିଥାଏ ।

ବାସ୍ତବରେ ଯେତେବେଳେ ମଣିଷ ନିଜକୁ ଚିହ୍ନିନିଏ, ସେହି ସମୟରେ ସେ ଠିକ୍ ଅର୍ଥରେ ମଣିଷ ହୋଇଯାଏ । ନିଜର ସମସ୍ତ ଗୁଣ, ସମସ୍ତ ଶକ୍ତି ସେ ଜାଣିନିଏ । ନିଜର ଆତ୍ମବୋଧ ହେବା କ୍ଷଣି ଚିତ୍ରକର ତୁରନ୍ତ ପ୍ରଗତି, ଉନ୍ନତି ଆଡ଼କୁ ଆଗେଇ ଚାଲେ । ପ୍ୟାରିସର ମହାନ ଚିତ୍ରକର ରାୟୋ-ଦ-ବିଞ୍ଚି ଅସୁନ୍ଦର ଥିଲେ । ଚେପ୍‌ଟା ନାକ, ବଙ୍କା ମୁହଁ, ଚଉଡ଼ା ଓଠ ଏବଂ ବସନ୍ତ ଚିହ୍ନ । ଯେତେବେଳେ ସେ ନିଜ ମୁହଁ ଆଇନାରେ ଦେଖୁଥିଲେ ତେବେ ତାଙ୍କୁ ନିଜ ଉପରେ ଘୃଣା ଆସୁଥିଲା । ଦିନେ ଅଚାନକ ନିଜ ମୁହଁ ଦେଖିବା ସମୟରେ ତାଙ୍କ ମନରେ ପ୍ରଶ୍ନ ଆସିଲା । ଏତେ ଅସୁନ୍ଦର ମୁହଁ ନେଇ ମୁଁ କଣ କରିବି ? ମୋର ଜନ୍ମ କାହିଁକି ହୋଇଛି ? ଆତ୍ମାରୁ ଉତ୍ତର ମିଳିଲା- ଅସୁନ୍ଦରତା ଯୋଗୁ ସୁନ୍ଦରତାର ମୂଲ୍ୟ ରହିଛି । ସୌନ୍ଦର୍ଯ୍ୟର ସୃଷ୍ଟି ପାଇଁ ତୁମେ ଅସୁନ୍ଦର ଜନ୍ମ ହୋଇଛି ! ତେବେ, ତାହାପରେ ସେ ଚିତ୍ରକର ବନିଗଲେ । ଯେତିକି ସୌନ୍ଦର୍ଯ୍ୟମୟ ଚିତ୍ର ବିଞ୍ଚି ତିଆରି କରିଛନ୍ତି, ସେତିକି ଅନ୍ୟ କୌଣସି ଚିତ୍ରକର କରିନାହାନ୍ତି । ସେ ଚିତ୍ରକଳାରେ ସୌନ୍ଦର୍ଯ୍ୟର ଜନକ ମାନ୍ୟତା ପାଇଲେ । ତାଙ୍କ ଚିତ୍ରଗୁଡ଼ିକ ଚାଞ୍ଚଲ୍ୟ ସୃଷ୍ଟି କଲା । ଏହା ଉପରେ ସୁନ୍ଦରୀମାନେ ମୁଗ୍ଧ ହୋଇଗଲେ । ସେମାନେ ବିଞ୍ଚିଙ୍କ ଅସୁନ୍ଦର ମୁହଁରେ ତାଙ୍କ

ଚିତ୍ରର ଝଲକ୍ ପାଉଥିଲେ । ବିଞ୍ଚି ଅନେକ ସୁନ୍ଦରୀଙ୍କ ପ୍ରିୟ ହୋଇଗଲେ । ଯଦି ବିଞ୍ଚିଙ୍କ ମଧ୍ୟରେ ଏହି ଗୁଣ ନଥାନ୍ତା, ସେ ନିଜ ଆତ୍ମାକୁ ଚିହ୍ନି ନଥାନ୍ତେ, ତେବେ ସୁପ୍ରସିଦ୍ଧ ଚିତ୍ରକର ହୋଇ ନଥାନ୍ତେ । କେବଳ ସାଧାରଣ ମଣିଷ ହୋଇ ରହି ଯାଇଥାନ୍ତେ । କୌଣସି ସୁନ୍ଦରୀ ତାଙ୍କୁ ଆଡ଼ ଆଖିରେ ଚାହିଁ ନଥାନ୍ତା । ବିଞ୍ଚି ତାଙ୍କ ଆତ୍ମକଥାରେ ନିଜେ ଏହି କଥାକୁ ସ୍ୱୀକାର କରିଛନ୍ତି । ଏହା ସତ୍ୟ ଯେ, ମଣିଷ ଯେତେବେଳେ ନିଜ ବଳୟରୁ ବାହାରକୁ ଯାଇ ଗୋଟିଏ ନିରପେକ୍ଷ ବ୍ୟକ୍ତି ଭାବେ ନିଜକୁ ତଟସ୍ଥ ଭାବରେ ନୀରିକ୍ଷଣ କରେ, ତେବେ ସେ ନିଜକୁ ଚିହ୍ନିପାରେ । ସେତେବେଳେ ତା ଅନ୍ତରାତ୍ମାରେ ଶୋଇଥିବା ସମସ୍ତ ଗୁଣ ଆପେ ଜାଗି ଉଠନ୍ତି । ତା'ର ସମ୍ପୂର୍ଣ୍ଣ ଆତ୍ମିକ ଶକ୍ତି ଜାଗି ଉଠନ୍ତି । ତା ମଧ୍ୟରେ ଆପେ ଆପେ ଗୋଟିଏ ଦୈବୀ ଶକ୍ତିର ସଞ୍ଚାର ହୋଇଯାଏ ।

ଯେତେବେଳେ କୌଣସି ବ୍ୟକ୍ତିର ସମସ୍ତ ଆତ୍ମିକ ଶକ୍ତି ଜାଗି ଉଠନ୍ତି, ସେତେବେଳେ ସେ ବାସ୍ତବରେ ମହାନ ହୋଇଯାଏ । ନିରନ୍ତର ସେ ପ୍ରଗତି ଆଡ଼କୁ ଅଗ୍ରସର ହୋଇଥାଏ । ଆପଣଙ୍କ ମଧ୍ୟରେ ଆଶାର ସଞ୍ଚାର ହୁଏ । ନ୍ୟୁୟର୍କର ବିଦ୍ୟାଳୟର ଜଣେ ପ୍ରିନ୍ସିପାଲଙ୍କ ଗୋଟିଏ ପୁସ୍ତକ ମୁଁ ପଢ଼ିଛି । ନିଜ ଜୀବନର ଅନୁଭବ ଜଣାଇ ସେ ଲେଖିଛନ୍ତି କି ଯେତେବେଳେ ମତେ ଏହି କଥାର ଅନୁଭୂତି ହେଲା ଯେ ଏହି ଦୁନିଆକୁ ଆସି ମତେ କୌଣସି ମହତ୍ୱପୂର୍ଣ୍ଣ କାର୍ଯ୍ୟ କରିବାକୁ ହେବ, ସେତେବେଳେ ମୁଁ ଅନୁଭବ କଲି ଯେ ମୋର ବାହାର ରୂପ ବ୍ୟତିତ ମଧ ମୋ ଭିତରେ ଅନ୍ୟ କେହି ଅଛି । ତାକୁ ମୁଁ ଚିହ୍ନିଲି । ସେ ମତେ ବହୁତ ଶକ୍ତିଶାଳୀ ଏବଂ ନିର୍ମଳ ଜଣାଗଲା । ମୁଁ ତା'ର ସାହାରା ନେଲି । ସେବେ ଠାରୁ ଏହି ବିଦ୍ୟାଳୟ ହିଁ ମୋର ଲକ୍ଷ୍ୟ ହୋଇଗଲା । ସାରା ଦୁନିଆ ମୋ ପାଇଁ କାର୍ଯ୍ୟକ୍ଷେତ୍ର ହୋଇଯାଇଛି ।

ନିଜ ନାରୀ ଜୀବନକୁ ଚିହ୍ନି ଜଣେ ମହିଳା କେବଳ ଏକ ଅଧ୍ୟାପିକା ନୁହେଁ, ବରଂ ଜୀବନର ବହୁ କ୍ଷେତ୍ରରେ କାମ କରୁଥିବା ମହିଳା ଅଟନ୍ତି । ସେ ନ୍ୟୁୟର୍କର ଜଣେ ମହତ୍ୱପୂର୍ଣ୍ଣ ବ୍ୟକ୍ତିତ୍ୱ ହୋଇ ଯାଇଛନ୍ତି । ଏହି ମହିଳାଙ୍କ କଥନ ଏକଦମ୍ ଠିକ୍ । ତାଙ୍କ ଅନୁଭୂତି ସତ୍ୟ ଅଟେ । ସେ ସ୍ତ୍ରୀ ହେଉ ବା ପୁରୁଷ, ପ୍ରତ୍ୟେକ ମଣିଷ ଭିତରେ ଅନ୍ୟ ଏକ ତତ୍ତ୍ୱ ଥାଏ । ଆପଣ ନିଜେ ଏହାକୁ ଅନୁଭବ କରିପାରିବେ । ଆପଣଙ୍କ ଭିତରେ ଅନ୍ୟ କାହାର ଅସ୍ତିତ୍ୱ ରହିଛି । ଯୋଗୀଙ୍କ ଭାଷାରେ ଏହାକୁ ସୂକ୍ଷ୍ମ ଶରୀର, ଦାର୍ଶନିକଙ୍କ ଭାଷାରେ ଆତ୍ମା ଏବଂ ଜନସାଧାରଣଙ୍କ ଦୃଷ୍ଟିରେ ଈଶ୍ୱର କୁହାଯାଏ । ମନୋବିଜ୍ଞାନ ଏହାକୁ ଅଚେତନ ମନର ସଂଜ୍ଞା ଦେଇଛି । ଭିତରର ଏହି ଅନ୍ୟ ଜଣକୁ ଚିହ୍ନିନେଲେ ମଣିଷକୁ ନିଜ ଶକ୍ତିର ବାସ୍ତବିକ ଜ୍ଞାନ ହୋଇଯାଏ । ସେ ଜାଣିଯାଏ ଯେ ସେ କ'ଣ କରିପାରିବ । ଦୁଃଖର ବିଷୟ ଯେ ମଣିଷ ନିଜ ଭିତରେ ଥିବା ସେହି ଅନ୍ୟ ଜଣକୁ ଚିହ୍ନି ପାରେନାହିଁ । ଏହି ଅନ୍ୟ ଜଣଙ୍କ ଉପରେ ମୋଟା ପର୍ଦ୍ଦା ପଡ଼ି ରହିଥାଏ । ମଣିଷ ନିଜ ବାହ୍ୟ ଜଗତରେ ଏତେ ବ୍ୟସ୍ତ

ରହେ ଯେ ତାକୁ ଭିତର ଦେଖିବାକୁ ସମୟ ହିଁ ମିଳେନାହିଁ । ଯଦି କେବେ ସମୟ ମିଳେ ତେବେ ସେ ନିଜ ସ୍ୱରୂପକୁ ଭଲ ଭାବେ ବୁଝି ମଧ୍ୟ ପାରେନାହିଁ । ଲୋକଙ୍କୁ ତାଙ୍କ ଆନ୍ତରିକ ଶକ୍ତି ସହ ପରିଚିତ କରାଇବା, ଏହାର ବିଶାଳ ପରିସୀମା ଏବଂ ବିରାଟ କିନ୍ତୁ ବିବିଧ ଦିଗର ଗୌରବ ଜ୍ଞାନ କରାଇବା, ଦୁନିଆର ସବୁଠାରୁ କଠିନ କାର୍ଯ୍ୟ ବୋଲି ମାନି ନିଆଯାଇଛି ।

କାହିଁ କେଉଁ କାଳରୁ ସାଧୁ-ସନ୍ଥ, ବୈଜ୍ଞାନିକ ଏହି ମହତ୍ୱପୂର୍ଣ୍ଣ କାର୍ଯ୍ୟ କରି ଆସୁଛନ୍ତି । ବାସ୍ତବରେ ସଂସାରର ପ୍ରଗତି, ସଭ୍ୟତାର ବିକାଶ ସେହି ଲୋକ କରି ଆସୁଛନ୍ତି, ଯିଏ ମଣିଷ ଭିତରେ ଥିବା ଏହି ଅନ୍ୟ ଜଣକ ସହ ପରିଚିତ ହୋଇଯାନ୍ତି । ସେ ହେଉଛି ମାନବ-ଉଦ୍ୟାନର ସବୁଠାରୁ ସୁନ୍ଦର ପୁଷ୍ପ । ଅନ୍ୟସବୁ ତ' ଫୁଲ ଚାରିପଟେ ଉଠୁଥିବା ଘାସ, ବାଲୁଙ୍ଗା ମାତ୍ର ।

ଦୃଢ଼ ନିଶ୍ଚୟ:

ମଣିଷକୁ କେବେ ମଧ୍ୟ କୌଣସି କାର୍ଯ୍ୟ କରିବାରେ ନିଜକୁ ଅସମର୍ଥ ଭାବିବା ଉଚିତ ନୁହେଁ । ନିଜକୁ କେବେ ମଧ୍ୟ ଅଯୋଗ୍ୟ ଭାବନ୍ତୁ ନାହିଁ । ମନରେ ନିଶ୍ଚୟ କରନ୍ତୁ, ଏହାପରେ ବିଜୟ ଆପଣଙ୍କର । ସଂସାରରେ କୌଣସି କାର୍ଯ୍ୟ ଏମିତି ନାହିଁ, ଯାହା ଆପଣ କରିପାରିବେ ନାହିଁ ।

ଆବଶ୍ୟକ ରହିଛି, ଶକ୍ତି ଏବଂ ଦୃଢ଼ ନିଶ୍ଚୟର ।

ଦୃଢ଼ ନିଶ୍ଚୟ କରନ୍ତୁ । ଶକ୍ତି ଜୁଟାନ୍ତୁ । ସଫଳତା ଆପଣଙ୍କ ଗୋଡ଼ ତଳକୁ ଆସିବ । ଯଦି ଆପଣ କୌଣସି କାର୍ଯ୍ୟ କରିବାକୁ ଚାହୁଁଛନ୍ତି, ତେବେ ଶ୍ରମ ପାଇଁ ଅଣ୍ଟା ଭିଡ଼ନ୍ତୁ ।

ପରମପିତା ପରମାତ୍ମାଙ୍କ ହାତ ଆପଣଙ୍କ ଉପରେ ରହିଛି ।

୨. ଉଦାସୀନତା

ଉଦାସୀନତା ମଣିଷକୁ ଚାଲି ବୁଲି ପାରୁଥିବା ଜୀବନ୍ତ ଶବରେ ପରିଣତ କରିଦିଏ । ଏଥିପାଇଁ ଉଦାସୀନତାକୁ ଭୁଲରେ ମଧ୍ୟ ମନରେ ସ୍ଥାନ ଦେବା ଉଚିତ ନୁହେଁ ।

ଉଦାସୀନତା ମଣିଷର ସବୁଠାରୁ ବଡ଼ ଶତ୍ରୁ । ଏହା ଏକ ପ୍ରକାର ଆଳସ୍ୟର ଭଉଣୀ ଅଟେ । ଆଳସ୍ୟରେ ମଣିଷ ଆରାମ କରିବାକୁ ଇଚ୍ଛା କରିଥାଏ । ସେ ନିଜ କାମରେ ଢିଲା କିମ୍ବା କାମ ଡେରିରେ ଆରମ୍ଭ କରନ୍ତି, ହେଲେ ଉଦାସୀନତାରେ କାମ ଅଟକିଯାଏ । କୌଣସି କାର୍ଯ୍ୟକୁ ସମ୍ପନ୍ନ କରିବାର ଇଚ୍ଛା ଏବଂ ସାମର୍ଥ୍ୟ ରଖିଥିଲେ ମଧ୍ୟ ଯେତେବେଳେ ଆମେ କାର୍ଯ୍ୟ ପ୍ରତି ଉଦାସୀନ ହୋଇଯାଉ, ତେବେ ଏକ ପ୍ରକାର ଆମ କାର୍ଯ୍ୟର ପ୍ରଗତି ଅଟକି ଯାଏ । ଆମ କାର୍ଯ୍ୟର ଭବିଷ୍ୟତ ଅନ୍ଧକାରମୟ ହୋଇଯାଏ । ତାହାର କୌଣସି ନିଶ୍ଚିତ ଦିଗ ନଥାଏ । ହେଳା ସହ ଟିକେ ମିଶୁଥିବା ରୂପ ହେଲା ଉଦାସୀନତା । ଉଦାସୀନତା ଯେତେବେଳେ ଆମ ମନରେ ଛାଇଯାଏ, ତେବେ ଆମ ମୁହଁର ଔଜଲ୍ୟ ସମାପ୍ତ ହୋଇଯାଏ । ଆମ ମୁହଁ ଶୁଖିଲା ହୋଇଯାଏ । ଆମ କଥା ନରମ ହୋଇଯାଏ । ହାତ-ଗୋଡ଼ ଦୁର୍ବଳ ହୋଇଯାଏ । ଆମର ସମସ୍ତ ଉତ୍ସାହ ଏବଂ ମନର ସମସ୍ତ ଉତ୍ସାହ, ଉଲ୍ଲାସ ସମାପ୍ତ ହୋଇଯାଏ । ନିରାଶା ତ' ଘେରେନାହିଁ, ହେଲେ କାମ ପ୍ରତି ଆମେ

ଉଦାସୀନ ହୋଇଯାଉ । ଅଳ୍ପ କିଛି କରିଦେଲେ, ସେହି ଦିଗରେ ହାଲୁକା ଚେଷ୍ଟା କରିଦେଲେ, ଏହା ପରେ ଥଣ୍ଡା ପଡ଼ିଯାଉ । ରୁଚି ସମାପ୍ତ ହୋଇଯାଏ ।

ଅନିଚ୍ଛାରେ ଯେବେ ଆମେ କୌଣସି କାମ କରୁ, ତେବେ ତାହା ଆମ ପାଇଁ ବୋଝ ହୋଇଯାଏ । ଯେତେବେଳେ କାମ ବୋଝ ହୋଇଯାଏ, ତେବେ ଆମେ ତାକୁ ଏଡ଼ାଇବାକୁ ଲାଗନ୍ତି, କିମ୍ବା ବେକାର ଭାବନ୍ତି । ଉଦାସୀନ ବ୍ୟକ୍ତି ନିରାଶା ଏବଂ ଆଳସ୍ୟ ଭରା ବ୍ୟକ୍ତି ଠାରୁ ଅଧିକ ଦୟନୀୟ ହୋଇଯାଏ । ଉଦାସୀନ ବ୍ୟକ୍ତି ତ ନିଜ ଜୀବନରେ ଏଭଳି ଠୋକର୍ ଖାଏ ଯେ ଏହାପରେ ତା'ର ଉଠିବା, ଆଗକୁ ବଢ଼ିବା ଅସମ୍ଭବ ହୁଏ । ଉଦାସୀନତା ମଣିଷକୁ ଜୀବନ୍ତ ଶବରେ ପରିଣତ କରିଦିଏ । ଏଥିପାଇଁ ଉଦାସୀନତାକୁ ଭୁଲ୍‌ରେ ମଧ୍ୟ ମନରେ ସ୍ଥାନ ଦେବା ଉଚିତ ନୁହେଁ । ନିଜ ମନ ସବୁବେଳେ ଉତ୍ସାହ ଏବଂ ଉମଙ୍ଗରେ ଭରି ରଖିବା ଉଚିତ । ଏଥିରୁ ଆପଣଙ୍କୁ ସୁଖ ମିଳିବ ।

ଉଦାସୀନତାର ଶୀକାର ହୋଇଥିବା ବ୍ୟକ୍ତି କୌଣସି କାମର ନୁହେଁ । ସେ ପାଣିର ଭଉଁରୀରେ ପଡ଼ିଯାଇଥିବା ମଣିଷ ପରି ଅବସ୍ଥାରେ ପଡ଼େ । ତା' ଭେଳା କେବେ କୂଳରେ ଲାଗେନାହିଁ । ତା' କାମରେ ସବୁବେଳେ ଅନ୍ଧକାର ଖେଳେଇ ହୋଇଥାଏ । ଏହି ଦୁନିଆର କୌଣସି ସୁଖ ତାକୁ ମିଳେନାହିଁ । ସେ ସବୁବେଳେ ମଦୁଆ ଭଳି ପ୍ରତି ପାଦରେ ଟଳମଳ ହୋଇ ନିଜ ଜୀବନ ବିତାଏ । ଦାର୍ଶନିକ ଇମର୍ସନଙ୍କ କହିବାନୁସାରେ ଆନନ୍ଦ ଏବଂ ଉତ୍ସାହ ଭରା ଜୀବନ ହିଁ ଆମ ମାନସୀକ ଉନ୍ନତି ଏବଂ ସଭ୍ୟତାର ଲକ୍ଷଣ ଅଟେ । ଯେଉଁ ମଣିଷ ମନରେ ଆନନ୍ଦ ଏବଂ ଉତ୍ସାହ ନଥାଏ, ସେ ଗୋଟିଏ ଜୀବନ୍ତ ଶବ ଭଳି । ଆନନ୍ଦ ଏବଂ ଉତ୍ସାହରେ ହିଁ ଆମେ ସବୁ ସୁଖ ପ୍ରାପ୍ତ କରି ପାରିବା ।

ଉଦାସୀନତା ଏକ ମନୋବିକାର:

ଉଦାସୀନତାକୁ ମଧ୍ୟ ଏକ ପ୍ରକାର ମନୋବିକାରର ସଂଜ୍ଞା ଦିଆଯାଇଛି । ମଣିଷର ଅସଫଳତା ଯୋଗୁ ନାନା ପ୍ରକାରର ମନୋବିକାର ମଧ୍ୟ ଆସିଥାଏ । ନିଜ ମନୋବିକାର ଉପରେ ନିୟନ୍ତ୍ରଣ ନ ରଖିପାରିବା କାରଣରୁ ହିଁ ଆମର ବହୁତ କାର୍ଯ୍ୟ ଅସଫଳ ହୋଇଯାଏ । ଆମେ ମନୋବିକାରର ଦାସ ହୋଇଯାଉ । ଖିନ୍ନତା କିମ୍ବା ଉଦାସୀନତା ଆମର ସମସ୍ତ ଉତ୍ସାହ ମାରିଦିଏ । ଆମେ ଅଳସୁଆ ହୋଇଯାଉ । କିଛି କରିବାକୁ ମନ ହୁଏନାହିଁ । ଆମେ ନିରାଶାଜନକ ଦଶାରେ ରହିବାକୁ ଲାଗୁ । ଆମର ସମସ୍ତ ମହତ୍ତ୍ୱାକାଂକ୍ଷା, ସମସ୍ତ କାର୍ଯ୍ୟକ୍ରମ ଅଟକିଯାଏ । ନିଜର ମନୋବିକାରର ଦାସ ହୋଇ ଆମେ ନିଜ ସୁନ୍ଦର ଜୀବନ ନଷ୍ଟ କରିଦେଉ । ଖିନ୍ନତା, ଉଦାସୀନତା ଭଳି ମନୋବିକାର ଯୋଗୁ ମଣିଷର ନିର୍ଣ୍ଣୟ ଶକ୍ତି କ୍ଷୀଣ ହୋଇଯାଏ । ସେ ସଠିକ ଏବଂ କର୍ମଠ ନିର୍ଣ୍ଣୟ ନେଇପାରେ ନାହିଁ । ତା' ବୁଦ୍ଧି ସାଧାରଣ କଥାରେ କାମ କରେନାହିଁ । ନିଜର ପଥ ସ୍ପଷ୍ଟ ରୂପେ ଦେଖିପାରେ

ନାହିଁ ଏବଂ ଜଣେ ବାଟଭୁଲା ବାଟୋଇ ପରି ଏପଟ-ସେପଟ ଘୁରି ବୁଲେ । କେବେ ମଧ୍ୟ ଉଦାସୀନ ହେବା ଉଚିତ ନୁହେଁ । ସବୁବେଳେ ନିଜ ମନକୁ ଉତ୍ସାହରେ ଭରି ରଖିବା ଉଚିତ ।

ଉଦାସୀନତା ଆପଣଙ୍କ ପଥର ସବୁଠାରୁ ବଡ଼ ବାଧକ ଅଟେ । ପ୍ରାୟ ଉଦାସୀନତା ଯୋଗୁ ଆପଣ ହାତରେ ହାତ ରଖି ବସିଯାନ୍ତି । କାମରେ ମନ ଲାଗେନାହିଁ । ମନ ଉଚାଟ ହୋଇଯାଏ । ଅଳ୍ପ କାମ କରି ରହିଯାନ୍ତି । ଶୀଘ୍ର କାମ କରିବାକୁ ମନ ହୁଏନାହିଁ । ଏହି କାରଣରୁ ଆପଣଙ୍କ ପ୍ରଗତିର ମାର୍ଗ ଅଟକି ଯାଏ । ମାନସିକ ଶକ୍ତିଗୁଡ଼ିକ ବିକ୍ଷିପ୍ତ ହୋଇଯାଆନ୍ତି । ଏକାଗ୍ରଚିତ ହୋଇ ଆପଣ କୌଣସି ସଠିକ୍ ନିର୍ଣ୍ଣୟ ନେଇପାରନ୍ତି ନାହିଁ । ଆପଣଙ୍କ ମନ ଦ୍ୱିଧା ଏବଂ ନାନା ପ୍ରକାରର ଆଶଙ୍କାରେ ଭରିଯାଏ । ମନ ଅସ୍ଥିର ହୋଇଯାଏ ଏବଂ ଆପଣ କିଛି ମଧ୍ୟ କରିବାର ନିର୍ଣ୍ଣୟ କରିପାରନ୍ତି ନାହିଁ । ଏହିସବୁ ସେତେବେଳେ ଆପଣଙ୍କ ବିପତ୍ତି, ଦୁଃଖ ଏବଂ ଅସଫଳତାର କାରଣ ହୋଇଯାଆନ୍ତି । ଆପଣଙ୍କ ସମ୍ପୂର୍ଣ୍ଣ ଭବିଷ୍ୟତ ଅନ୍ଧକାରମୟ ହୋଇଯାଏ । ଉଦାସୀନତାରୁ ରକ୍ଷା ପାଇବା ଆପଣଙ୍କ ପ୍ରଥମ କର୍ତ୍ତବ୍ୟ ଅଟେ ।

ଅସଫଳତା ସମ୍ମୁଖକୁ ଆସିଯାଏ କିମ୍ବା ଆପଣଙ୍କ କୌଣସି କାମ ନ ହୁଏ, ମନ ଭାଙ୍ଗିଯାଏ ତେବେ ଆପଣ ସେହି ସମୟରେ ନିଜ ମନ ଓ ମସ୍ତିଷ୍କକୁ ସ୍ଥିର ରଖନ୍ତୁ । ନିଜକୁ ଶାନ୍ତ ରଖନ୍ତୁ । ସେହି ସମୟରେ ଅସ୍ଥିର ହେବା କିମ୍ବା ଉଦାସୀନ ହୋଇ ନିରାଶରେ ବସିଗଲେ କାମ ହୋଇ ପାରିବ ନାହିଁ । ସେହି ସମୟରେ ସଂଯମତା ରକ୍ଷା କରନ୍ତୁ । ଏହି କଥାକୁ ସ୍ଥିର କରିନିଅନ୍ତୁ ଯେ ଯାହା ହୋଇଯାଇଛି, ବର୍ତ୍ତମାନ ତାହାକୁ ବଦଳା ଯାଇପାରିବ ନାହିଁ । ଯେତେବେଳେ ବଦଳା ଯାଇପାରିବ ନାହିଁ ତେବେ ଗରଗର ହେଲେ, ଛଟପଟ ହେଲେ ଲାଭ କ'ଣ ! ଆପଣଙ୍କ ପକେଟ୍‌ରେ ଶହେଟଙ୍କା ଥିଲା, ପଡ଼ିଗଲା । ଏବେ ତାହା ମିଳିବ ନାହିଁ । ଆପଣ କାନ୍ଦିଲେ, ଗରଗର ହେଲେ, ଛଟପଟ ହେଲେ କ'ଣ ସେହି ଟଙ୍କା ଆପଣଙ୍କ ପକେଟ୍‌କୁ ଆସିଯିବ ? ଏହା ତ' ଅସମ୍ଭବ କଥା । ସେ ତ' ଆଉ ଆସିବ ନାହିଁ । ତେବେ ଆପଣଙ୍କୁ ଏସବୁ କରିବାର ଆବଶ୍ୟକତା କ'ଣ ?

ଘରର କୌଣସି ସୁନ୍ଦର କ୍ରକରୀ ଯଦି କାହା ହାଁତରେ ଭାଙ୍ଗିଗଲା ତେବେ କ'ଣ ଆପଣ ପାଟିକଲେ, ସେହି ବ୍ୟକ୍ତିକୁ ପିଟିଲେ ତାହା ଯୋଡ଼ି ହୋଇଯିବ । ଅଥବା ଫେରି ଆସିବ ? ଯେତେବେଳେ ଏମିତି ହୋଇ ପାରିବ ନାହିଁ, ତେବେ ଏ ସବୁ କରିବାରେ ଆପଣଙ୍କର ଲାଭ କ'ଣ ? ଏହି କାରଣରୁ, ଆପଣ ଆପଣଙ୍କ ମନ ଉପରେ ନିୟନ୍ତ୍ରଣ ରଖନ୍ତୁ ।

ମନ ଉପରେ ନିୟନ୍ତ୍ରଣ:

ସଂଯମତା ରକ୍ଷା କରନ୍ତୁ । ଯେତେବେଳେ ଆପଣ ଏମିତି କରିବାକୁ ଲାଗିବେ, ସେତେବେଳେ ଆପଣଙ୍କ ମଧ୍ୟରେ ଆପେ ଆପେ ଏକ ପରିବର୍ତ୍ତନ ଆସିଯିବ । ବହୁତ

କାର୍ଯ୍ୟ ଆପଣଙ୍କୁ ଏମିତି ଲାଗିବ ଯେ ବ୍ୟର୍ଥ ଅଟେ । ଆପଣଙ୍କ ମଧ୍ୟରେ ଏକାଗ୍ରତା ଓ କ୍ଷମତା ଆସିଯିବ । ଏପଟ-ସେପଟ ବ୍ୟର୍ଥ ସମୟ ନଷ୍ଟ କରିବା ଦୂର ହୋଇଯିବ । ଆପଣ ନିଜର ଏକ ସିଦ୍ଧାନ୍ତ ତିଆରି କରନ୍ତୁ । ଯେ କୌଣସି କାର୍ଯ୍ୟ ଆପଣଙ୍କର କରିବାର ଅଛି, ତେବେ ପ୍ରଥମେ ଚିନ୍ତା କରନ୍ତୁ ଯେ କ'ଣ କରିବାର ଅଛି ଓ କେମିତି କରିବାକୁ ପଡ଼ିବ ଓ ତାହାର ଲାଭ କ'ଣ । ଏହି ପ୍ରକାରର ପ୍ରଶ୍ନର ଯେଉଁ ଉତ୍ତର ମିଳିବ, ତାହା ହିଁ ଠିକ୍ ହେବ ଓ ଆପଣ ଏହାକୁ କାର୍ଯ୍ୟକାରୀ କରି ନିଜ ଜୀବନ ଗଢ଼ିପାରିବେ । ବ୍ୟର୍ଥରେ ବହୁତ ବିପଦରୁ ଆପଣଙ୍କୁ ରକ୍ଷା ମିଳିପାରିବ । ଭଗବାନ ତ' ସବୁବେଳେ ଚାହାନ୍ତି ଯେ ପ୍ରତ୍ୟେକ ମଣିଷ ନିଜ ମନକୁ ସଂଯତ କରୁ । ଚଞ୍ଚଳ ମନକୁ ନିଜ ଆୟତ୍ତରେ ରଖିବାର ଶକ୍ତି ମଧ୍ୟ ଭଗବାନ ପ୍ରତ୍ୟେକ ମଣିଷକୁ ଦେଇଛନ୍ତି । ବର୍ତ୍ତମାନ ଯଦି ଆମେ ମଣିଷମାନେ ତାହାର ସଠିକ୍ ବ୍ୟବହାର କରିପାରିବା ନାହିଁ ତେବେ ଏଥିରେ ପରମାତ୍ମାଙ୍କ ଦୋଷ କେଉଁଠି !

ଭଗବାନ ରାଗିଛନ୍ତି ଅଥବା ଭାଗ୍ୟ ଖରାପ ହୋଇଯାଇଛି, ଏହି ପ୍ରକାରର କଥା କହି ଆପଣ ନିଜର ଦୁର୍ବଳତା ଉପରେ ପର୍ଦ୍ଦା ପକାନ୍ତି । ଆପଣ ଏହି କଥାକୁ କାହିଁକି ଦେଖନ୍ତି ନାହିଁ ଯେ ଏହା ମଧ୍ୟରେ କାରଣ କ'ଣ ? ଆପଣ କଣ ନିଜ ମନକୁ ଆୟତ୍ତରେ ରଖିଥିଲେ ? ଯଦି ଏମିତି ହୋଇଛି, ତେବେ ଏଥିପାଇଁ ପରମାତ୍ମା ଅଥବା ଭାଗ୍ୟକୁ ଦୋଷ ଦେବାର କାରଣ କ'ଣ ? ଆପଣ ନିଜେ ନିଜକୁ ଦୋଷୀ ମାନନ୍ତୁ ଓ ନିଷ୍ଠାର ସହ ସେହି କାର୍ଯ୍ୟକୁ କରନ୍ତୁ । ଦେଖନ୍ତୁ, କେମିତି ସେହି କାର୍ଯ୍ୟ ନ ହେଉଛି । ଏମିତି ହୁଏ ଯେ, ଗୋଟିଏ ସାମାନ୍ୟ ଆଘାତ ଲାଗିଲେ ଆମେ ଚାରି ଦିଗରୁ ନିରାଶ ହୋଇଯାଉ । ନିଜର ସାହସ ହରାଇ ଦେଉ । ନିଜ ମନର ସମସ୍ତ ଦ୍ୱାର ସବୁବେଳେ ଉତ୍ସାହ, ଉଲ୍ଲାସ ଓ ଆନନ୍ଦ ପାଇଁ ଖୋଲା ରଖନ୍ତୁ । ଉଦାସୀନତାକୁ ପାଖ ମାଡ଼ିବାକୁ ଦିଅନ୍ତୁ ନାହିଁ । ସମ୍ପୂର୍ଣ୍ଣ ମନଯୋଗ ସହ କାମ କରନ୍ତୁ । ଅଧା-ପନ୍ତରିଆ ମନରେ କରାଯାଇଥିବା କୌଣସି କାର୍ଯ୍ୟ ସଫଳ ହୋଇପାରେ ନାହିଁ । ମନର ସମସ୍ତ ବିକାର ଭାବ ଉପରେ ନିଜର ନିୟନ୍ତ୍ରଣ ରଖନ୍ତୁ । ଯେତେବେଳ ପର୍ଯ୍ୟନ୍ତ ଆପଣ ନିଜ ବ୍ୟବହାର ଏହି ପ୍ରକାରର କରିପାରିବେ ନାହିଁ, ସେତେବେଳ ପର୍ଯ୍ୟନ୍ତ ଆପଣଙ୍କ ସଫଳ ହେବା, ଉନ୍ନତି କରିବା ଏକଦମ ଅସମ୍ଭବ ଅଟେ । ଭଗବାନ ସମସ୍ତ ପ୍ରକାରର ଗୁଣ ଓ କ୍ଷମତା ପ୍ରତ୍ୟେକ ମଣିଷକୁ ଦେଇଛନ୍ତି, ଭଗବାନ କାହାକୁ କୌଣସିଥିରୁ ବଞ୍ଚିତ କରିନାହାନ୍ତି ।

ନିରପେକ୍ଷତା ଓ ସଚ୍ଚୋଟତାର ସହ ସେ ସମସ୍ତଙ୍କୁ ସବୁକିଛି ଦେଇଛନ୍ତି । ଏହି କଥା ଅଲଗା ଯେ ଆପଣ ତାକୁ ଜାଣିପାରନ୍ତି ନାହିଁ । ଭଗବାନ ସବୁକିଛି ଆପଣଙ୍କ ଭିତରେ ରଖିଛନ୍ତି । ଆପଣ ଯଦି ତାହାର ଉପଯୋଗ କରିବେ ନାହିଁ ତେବେ ଭଗବାନ କ'ଣ କରିପାରିବେ !

ଶରୀରକୁ ଦେଖନ୍ତୁ । ଭଗବାନ କେମିତି ତିଆରି କରିଛନ୍ତି । ଆପଣଙ୍କ ରକ୍ତରେ ରୋଗ କୀଟାଣୁ ସହ ଲଢ଼ିବାର ଶକ୍ତି ଦେଇଛନ୍ତି । ଆପଣଙ୍କ ରକ୍ତର ଲାଲ୍ ରକ୍ତ କଣିକା ଏହି କାର୍ଯ୍ୟ କରନ୍ତି । ଖାଦ୍ୟପେୟ ଶୁଦ୍ଧ ରଖିଲେ ଲାଲ୍ ରକ୍ତ କଣିକା ତିଆରି ହୁଏ । ଯଦି ଆପଣ ଖାଦ୍ୟପେୟ ଶୁଦ୍ଧ ରଖିବେ ନାହିଁ ଓ ଲାଲ୍ ରକ୍ତ କଣିକା ତିଆରି ହେବନାହିଁ, ଆପଣଙ୍କୁ ରୋଗ ମାଡ଼ିବସିବ, ତେବେ ଏଥିରେ ଦୋଷ କାହାର ? ଭଗବାନ ଆପଣଙ୍କ ଆଖିର ସୁରକ୍ଷା ପାଇଁ ପତା ତିଆରି କରିଛନ୍ତି । କିଛି ମଧ୍ୟ ଆଖି ଭିତରକୁ ପଶି ପାରେନାହିଁ । ଯଦି ପଶିଯାଏ ତେବେ ଆଖିର ଲୁହ ତାକୁ ଗୋଟିଏ କୋଣକୁ ନେଇଆସେ । ଆପଣଙ୍କ ଶରୀର ଉପରେ ସ୍ଥାନେ ସ୍ଥାନେ ଏଥିପାଇଁ ଲୋମ ରହିଛି । ଭଗବାନ ମଧ୍ୟ ଆପଣଙ୍କ ଶରୀରର ସମ୍ପୂର୍ଣ୍ଣ ଧ୍ୟାନ ରଖିଛନ୍ତି । ଏଥି ସହିତ ଆପଣଙ୍କୁ ସମସ୍ତ ଶକ୍ତି ଦେଇଛନ୍ତି । ସେହି ବୈଜ୍ଞାନିକଙ୍କ ଜୀବନ ଆପଣ ଦେଖନ୍ତୁ, ଯେଉଁମାନେ ଗୋଟିଏ ପରେ ଗୋଟିଏ ଆବିଷ୍କାର କରି ଯାଇଛନ୍ତି । କିଏ ଜାଣେ କେତେଥର ସେମାନେ ବିରକ୍ତି ଭାବ ପ୍ରକାଶ କରିଥିବେ । କେତେ ଥର ଅସଫଳତା ଯୋଗୁଁ ନିଜ ମୁଣ୍ଡ ବାଡ଼େଇଥିବେ । କିନ୍ତୁ ସେମାନେ କ'ଣ ନିରାଶ ହୋଇ ବସିଗଲେ ? ସେମାନେ ନିଜ କାର୍ଯ୍ୟରୁ ଓହରିଗଲେ ?

କଠିନ ପରିଶ୍ରମ:

ରେଡିୟମ୍‌ର ଆବିଷ୍କାର କରିବା ପାଇଁ କ୍ୟୁରି ଦମ୍ପତିଙ୍କୁ ତିନିଶହ ପ୍ରୟୋଗ କରିବାକୁ ପଡ଼ିଥିଲା । ପ୍ରତ୍ୟେକ ବୈଜ୍ଞାନିକଙ୍କୁ କଠିନ ପରିଶ୍ରମ କରିବାକୁ ପଡ଼ିଛି, ତେବେ ଯାଇ ସେମାନେ ଆବିଷ୍କାର କରିବାରେ ସଫଳ ହୋଇପାରିଲେ । ଏମାନଙ୍କ ଜୀବନରୁ ଆମକୁ ପ୍ରେରଣା ନେବା ଉଚିତ ଯେ କେଉଁଭଳି ଭାବେ ନିରନ୍ତର ସଂଘର୍ଷ କରି, ସାହସ ନ ହରାଇ, ସେମାନେ ଏହିସବୁ କରିବାରେ ଲାଗି ରହିଥିଲେ । ଆମେ ମଧ୍ୟ ସେମାନଙ୍କ ପରି କଠିନ ପରିଶ୍ରମ କରିବା ଶିଖିନେବା । ବାରମ୍ବାର ଅସଫଳତା ସତ୍ତ୍ୱେ ସେମାନେ କେବେ ବି ଉଦାସୀନ ହୋଇନାହାନ୍ତି । ହାତ ବାନ୍ଧି ବସି ଯାଇନାହାନ୍ତି । ଉଦାସୀନତାକୁ ନିଜ ପାଖ ମାଡ଼ିବାକୁ ଦେଇନାହାନ୍ତି । ବୈଜ୍ଞାନିକ ଏଡିସନ ଆଲ୍‌ବା ନିଜ ଆତ୍ମକଥାରେ ଲେଖିଛନ୍ତି ! ଯେତେବେଳେ ମୋ ପ୍ରୟୋଗ ଅସଫଳ ହୋଇଯାଏ, ସେତେବେଳେ ମୋତେ ବହୁତ କ୍ରୋଧ ଲାଗେ । କିନ୍ତୁ ତୁରନ୍ତ ତାକୁ କାବୁ କରିବା ମୁଁ ଶିଖି ଯାଇଥିଲି । ଉଦାସୀନତାକୁ ପାଖ ମାଡ଼ିବାକୁ ଦେଉନଥିଲି ଓ ନିଜ ଅସଫଳତା ଉପରେ ହିଁ ବିଚାର କରି ନୂଆ ଭାବରେ ଚିନ୍ତା କରୁଥିଲି ଯେ ଏମିତି କି ଭୁଲ୍ ରହିଛି, ଯେଉଁ କାରଣରୁ ଏହି କାର୍ଯ୍ୟ ହୋଇ ପାରୁନାହିଁ । ଏହିଭଳି ମୁଁ ତ୍ରୁଟି ବାଛିବାରେ ଲାଗିପଡୁଥିଲି । ଫଳ ସ୍ୱରୂପ ଗୋଟିଏ ପରେ ଗୋଟିଏ ଭୁଲ୍ କରୁଥିଲି ଓ ଆଶ୍ଚର୍ଯ୍ୟ ରୂପେ ସେତେବେଳେ ମୁଁ ଜାଣୁଥିଲି ଯେ ମୋର ଆବିଷ୍କାର ସଫଳ ହୋଇଯାଇଛି ।

ଏହା ସଫଳତାର ରହସ୍ୟ ଅଟେ । ଯେତେବେଳେ ଅଧିକାଂଶ ଆବିଷ୍କାର କରୁଥିବା ବୈଜ୍ଞାନିକ ଜୀବନରେ ସଫଳତା ପାଇଗଲେ ତେବେ ଆମ କାମ ତ' ସେମାନଙ୍କ ତୁଳନାରେ ଯଥେଷ୍ଟ ଛୋଟ । ଆମେ ତ' ତାଙ୍କ ପରିଶ୍ରମ ତୁଳନାରେ ବହୁତ କମ୍ ପରିଶ୍ରମରେ ଆମ କାମ କରି ପାରିବା । ସଂସାରର ଅଧିକାଂଶ ସଫଳ ମହାପୁରୁଷ ଏହା କହିଛନ୍ତି ଯେ ଯେତେବେଳେ ମଧ୍ୟ ଆପଣଙ୍କ ମଧ୍ୟରେ ଉଦାସୀନତା ଆସେ, ନିରାଶା ଛାଇଯାଏ, ତେବେ ଉତ୍ସାହ ଭଙ୍ଗ କରନ୍ତୁ ନାହିଁ ଓ ତୁରନ୍ତ ତାହାର କାରଣ ଉପରେ ବିଚାର କରନ୍ତୁ । ଏହିଭଳି ଆପଣଙ୍କ ମନ ଅନ୍ୟମନସ୍କ ହେବାରୁ ବର୍ତ୍ତିଯିବ, ଆପଣ ମନୋବିକାରର ଶିକାର ହୋଇ ପାରିବେନାହିଁ-ପ୍ରକୃତରେ ମନ ଉପରେ କାବୁ କରିବାର ଏହା ଅବ୍ୟର୍ଥ ପଥ ଅଟେ । ମନୁଷ୍ୟକୁ ଦୁର୍ବଳତାର ମୂର୍ତ୍ତି କୁହାଯାଏ । ଦୁର୍ଗୁଣର ଖଣି କୁହାଯାଇଛି । ଯାହା ହେଉ ନା କାହିଁକି, ପରିଶ୍ରମ ତ' କରିବା ଉଚିତ । ମନକୁ ନିଶ୍ଚିତ ଭାବେ ଆୟତ୍ତ କରିବା ଉଚିତ ।

ବିପଦରେ ମଧ୍ୟ ସୁଖର ଅନୁଭବ କରିବା, ବିପରୀତ ପରିସ୍ଥିତିରେ ମଧ୍ୟ ହସିବା ଏକ ସମସ୍ୟା ଅଟେ । ସମସ୍ୟା ପାଇଁ ତ' ପରିଶ୍ରମ ଓ ଦୃଢ଼ ନିଷ୍ଚୟ ଆବଶ୍ୟକ ଅଟେ । ଅତଏବ ଏହା ହିଁ ସବୁଠୁ ବଡ଼ କାର୍ଯ୍ୟ । ମନକୁ ଆୟତ୍ତ କରିବା ଏକ ପ୍ରକାରେ ଭଗବାନଙ୍କ ଭଜନ ମଧ୍ୟ ଅଟେ । ତାଙ୍କ ଶକ୍ତିଗୁଡ଼ିକୁ ଚିହ୍ନିବା ଓ ତାଙ୍କ ମୁତାବକ କାର୍ଯ୍ୟ କରିବା କ'ଣ ଈଶ୍ୱରୀୟ ପ୍ରାର୍ଥନା ନୁହେଁ? ଆମେ ଯଦି ତାଙ୍କ ପ୍ରତି ଏହିଭଳି କୃତଜ୍ଞତା ପ୍ରକଟ କରନ୍ତି, ତେବେ ସେ ପ୍ରସନ୍ନ ହୋଇଥାନ୍ତି । ଏହି ଆରାଧନା ଘଣ୍ଟ, ଘଣ୍ଟି, ଆରତୀ, ନାମ ଉଚ୍ଚାରଣ ଆଦିରୁ ଊର୍ଦ୍ଧ୍ୱରେ । ନିଜ ମନ ଉପରେ ନିୟନ୍ତ୍ରଣ ରଖନ୍ତୁ । ମନର ତମାମ୍ ମନୋବିକାରକୁ ଦୂରେଇ ଦିଅନ୍ତୁ ଓ ଉଦାସୀନତା, ବିଫଳତାକୁ ଭୁଲ୍‌ରେ ମଧ୍ୟ ପାଖକୁ ଆସିବାକୁ ଦିଅନ୍ତୁ ନାହିଁ । ଆପଣ ଉନ୍ନତି କରିପାରିବେ । ଯେଉଁ ମଣିଷ ସର୍ବଦା ପ୍ରସନ୍ନ ରୁହେ, ବହୁତ ବଡ଼ ସଙ୍କଟରେ ମଧ୍ୟ ଯାହାର ମୁହଁର ପ୍ରସନ୍ନତା କମ୍ ହୁଏନାହିଁ, ସେହି ମଣିଷ ବାସ୍ତବରେ ସୁଖୀ ଓ ସଫଳ ଅଟେ । ତାକୁ ସମ୍ପୂର୍ଣ୍ଣ ବିଶ୍ୱାସ ଥାଏ ଯେ ଯେଉଁ ସଙ୍କଟ ଆସିଛି, ତାହା କ୍ଷଣିକ ଅଟେ, ତୁରନ୍ତ ଚାଲିଯିବ ।

ନିରନ୍ତରତା:

ପ୍ରତ୍ୟେକ ବୁଦ୍ଧିମାନ ମଣିଷ ଏହି କଥାକୁ ଜାଣେ ଯେ, ସୁଖ ଅଥବା ଦୁଃଖ କ୍ଷଣିକ ହୋଇଥାଏ । ସେ ଏହି ସତ୍ୟକୁ ଜାଣେ ଯେ ମଣିଷର ଜୀବନ ଏକ ସମାନ ରୁହେନାହିଁ । ତା' ଜୀବନରେ ସମଧର୍ମୀ ଉତ୍‌ଥାନ-ପତନ ଲାଗିରୁହେ । ସେ ନା ସୁଖରେ ଖୁସି ହୁଏ, ନା ଦୁଃଖରେ ଦୁଃଖୀ । ସେ ସବୁବେଳେ ନିଜର ସମାନ ଅବସ୍ଥା ବଜାୟ ରଖେ । ଏହାର ବିପରୀତେ ଦୁଃଖରେ ଯେଉଁମାନେ ଉଦାସୀନ ହୋଇଯାନ୍ତି, କାନ୍ଦୁରା ମୁହଁ କରିଦିଅନ୍ତି ଓ ସାରା ଦୁନିଆରେ ନିଜର ଦୁଃଖ କାହାଣୀ କହି ବୁଲନ୍ତି, କ'ଣ ସେମାନେ

ନିଜ ଜୀବନରେ ସଫଳ ହୋଇପାରିବେ ? ଏମିତି ମଣିଷ କାପୁରୁଷ ଅଟନ୍ତି । ସେମାନଙ୍କ ମଧ୍ୟରେ କୌଣସି କାର୍ଯ୍ୟକୁ କରିବାର କ୍ଷମତା ନଥାଏ । ଆପଣଙ୍କ ଉପରକୁ ଦୁଃଖ ଆସିଲା, ଅଥବା କୌଣସି ବିପଦ ପଡ଼ିଲା, କ'ଣ ଆପଣ କହିପାରିବେ ଯେ ଆପଣ କାନ୍ଦିଲେ ତାହା ଶେଷ ହୋଇଯିବ ? ଆପଣ ନିରୁତ୍ସାହୀ ହେଲେ ଅଥବା ମୁହଁ ଓହଳାଇଲେ ଦୂର ହୋଇଯିବ ? ଏମିତି ତ' ଏ ଜୀବନରେ କଦାପି ସମ୍ଭବ ନୁହେଁ । ତେବେ ଦୁଃଖ ସମୟରେ କାହିଁକି ପ୍ରସନ୍ନ ରହିବା ଉଚିତ ନୁହେଁ ।

ଏହା ଏକ ମନୋବୈଜ୍ଞାନିକ ସତ୍ୟ ଓ ଏହି କଥାକୁ ଦେଖାଯାଇଛି ଏବଂ ପରୀକ୍ଷା ମଧ୍ୟ କରାଯାଇଛି ଯେ ଯେଉଁମାନେ ପ୍ରସନ୍ନତା ସହ ଦୁଃଖର ସାମ୍ନା କରନ୍ତି, ସେମାନଙ୍କ ଦୁଃଖ ଶୀଘ୍ର ଦୂର ହୋଇଯାଏ । ଯେତେବେଳେ କି ଉଦାସୀନ ଅଥବା ମୁହଁ ଓହଳାଇ ରହୁଥିବା ଲୋକଙ୍କ ଦୁଃଖ ଅଧିକ ସମୟ ପର୍ଯ୍ୟନ୍ତ ରହିଥାଏ । ଏହା ଏକ ପ୍ରକାରର ମନୋବୈଜ୍ଞାନିକ ସତ୍ୟ ମଧ୍ୟ ଅଟେ । ଅତଏବ ଜୀବନରେ ଯଦି ଆପଣ କିଛି କରିବାକୁ ଚାହୁଁଛନ୍ତି ତେବେ ଦୁଃଖରେ ମଧ୍ୟ ହସିବା ଓ ନିଜ ମୁହଁକୁ ହସ-ହସ ରଖିବା ଶିଖନ୍ତୁ । କାହାକୁ ଏହା ଜଣା ନପଡୁ ଯେ ଆପଣ ଦୁଃଖୀ ଅଛନ୍ତି । ଆପଣଙ୍କର କୌଣସି ଦୁଃଖ ଅଛି । ମାନି ନିଅନ୍ତୁ, ବର୍ତ୍ତମାନ ଆପଣଙ୍କ ପାଖରେ ଗୋଟିଏ ଟଙ୍କା ନାହିଁ । କ'ଣ ଆପଣ ଦୁଃଖ କଲେ, ମୁହଁ ଓହଳାଇଲେ ଟଙ୍କା ଆସିଯିବ ? ଆସିପାରିବ ନାହିଁ । ତେବେ ଆପଣଙ୍କର ଲାଭ କ'ଣ ? ଆପଣ କାହାକୁ ମଧ୍ୟ ଅନୁଭବ କରିବାକୁ ଦିଅନ୍ତୁ ନାହିଁ ଯେ ବର୍ତ୍ତମାନ ଆପଣ ଏଭଳି ଅବସ୍ଥାରେ ଅଛନ୍ତି । ଟଙ୍କା ଉପାର୍ଜନ କରିବାକୁ ଚେଷ୍ଟା କରନ୍ତୁ । ପ୍ରସନ୍ନତାରେ ରୁହନ୍ତୁ । ମୁହଁ ଓହଳାଇଲେ ଲୋକେ ଆପଣଙ୍କ ପରିସ୍ଥିତି ଜାଣିଯିବେ ଓ ଆପଣଙ୍କୁ ପରିହାସ କରିବେ । ଏହି କାରଣରୁ ଦୁଃଖରେ ମଧ୍ୟ ସନ୍ତୁଷ୍ଟ ରହିବା, ଆପଣଙ୍କ ଏକ ଗୁଣ ହେବା ଉଚିତ । ଏହି ଗୁଣ ଯୋଗୁଁ କେବେ କାହାକୁ ଏହି କଥା ଜଣା ହିଁ ପଡ଼ିବ ନାହିଁ ଯେ ଆପଣ କୌଣସି ଦୁଃଖରେ ଅଛନ୍ତି ଅଥବା ନାହାନ୍ତି । ଏହିଭଳି ଆପଣଙ୍କୁ ଲୋକେ ସବୁବେଳେ ସନ୍ତୁଷ୍ଟ ଥିବା ଦେଖି ଭାବିବେ ଯେ ଆପଣଙ୍କ ପରି ସୁଖୀ ଆଉ କେହି ନାହାନ୍ତି । ଆପଣ ନିଜର ଶୁଖିଲା ମୁହଁ ଦେଖାଇ ବାସ୍ତବରେ ଅନ୍ୟର ଉପହାସର ମାଧ୍ୟମ ହୁଅନ୍ତି । ଅତି ବେଶୀରେ ଲୋକେ ଆପଣଙ୍କ ପ୍ରତି ସେମାନଙ୍କ ସହାନୁଭୂତି ବ୍ୟକ୍ତ କରି ଏହା କହିବେ ଯେ ବିଚରା ବହୁତ ଦୁଃଖରେ ଅଛି । ଏଥିରୁ ଅଧିକ ତ' କେହି କିଛି ଆପଣଙ୍କ ପାଇଁ କରିପାରିବେ ନାହିଁ ।

ଯେତେବେଳେ ଆପଣ ବର୍ତ୍ତମାନରେ ଜାଣନ୍ତି ଯେ, ଏହି ଦୁଃଖ ଆପଣଙ୍କୁ ଭୋଗ କରିବାକୁ ପଡ଼ିବ । ଆପଣଙ୍କ ବ୍ୟତୀତ ଅନ୍ୟ କେହି ଏହାର ଭାଗୀଦାର ହୋଇପାରିବ ନାହିଁ, ତେବେ ଆପଣ ଏଥିପାଇଁ ନିଜ ମୁହଁ କାହିଁକି ଓହଳାନ୍ତି ? ଆପଣ କାହିଁକି କାନ୍ଦୁରା ମୁହଁ କରନ୍ତି ? ଏହିଭଳି କଲେ ଆପଣଙ୍କ ଦୁଃଖ ତ' ଆହୁରି ବଢ଼ିଯିବ । ଏଥିସହ ଆପଣଙ୍କ

ମନ ନିରାଶାରେ ଭରିଯିବ । ଆପଣଙ୍କ ଦକ୍ଷତା ମଧ୍ୟ କମ୍ ହୋଇଯିବ । ଯେଉଁ ଦୁଃଖ ଦୁଇ ଦିନରେ ସରିବାକୁ ଥିବ, ତାହା ଆପଣଙ୍କ ଏହି କ୍ରିୟାରେ ଚାରି ଦିନରେ ସରିବ । ନିଜର କାନ୍ଦୁରା ମୁହଁ କରି, ଦୁଃଖ, ଉଦାସୀନତା ପ୍ରକଟ କରି ଆପଣ ଆପଣଙ୍କ ଦୁଃଖର ସମୟ ବଢ଼ାଇ ଦିଅନ୍ତି । ଆପଣ ଦୁଃଖ ଅଥବା ପ୍ରତିକୂଳ ପରିସ୍ଥିତିରେ ନିଜ ମୁହଁ ଶୋକାବହ କରି ଦିଅନ୍ତି, ନିଜ ମନ ଛୋଟ କରିଦିଅନ୍ତି, ଓ ନିରାଶରେ ରହିଯାଆନ୍ତି । କ'ଣ କେବେ ଆପଣ ଚିନ୍ତା କରିଛନ୍ତି ଏଥିରେ କ୍ଷତି କାହାର ହେଉଛି ? ଏମିତି କରି ଆପଣ ନିଜେ ନିଜ ପାଦରେ କୁରାଢ଼ୀ ମାରନ୍ତି । ନିଜର କ୍ଷତି ଆହୁରି ଅଧିକ କରନ୍ତି ।

କ'ଣ ଯାହା କିଛି ହୋଇଯାଇଛି, ଚାଲିଯାଇଛି, ଆପଣ ଦୁଃଖ କଲେ ଠିକ୍ ହୋଇପାରିବ ? ଯେତେବେଳେ ଠିକ୍ ହୋଇପାରିବ ନାହିଁ, ତେବେ ଆପଣ ଦୁଃଖ କଲେ ଲାଭ କ'ଣ । ଏଥିପାଇଁ ଯେଉଁ ସଙ୍କଟ ଆସୁ, ପ୍ରତିକୂଳ ପରିସ୍ଥିତି ଆସୁ, ନିଜ ମନ ସଦା ସନ୍ତୁଷ୍ଟ ରଖିବା ଉଚିତ୍ । କାହାକୁ ଏହି କଥାର ଅନୁଭବ ନ ହେଉ ଯେ ଆପଣ ବର୍ତ୍ତମାନ ଦୁଃଖ ଅଥବା କୌଣସି ପ୍ରକାରର ବିପଦରେ ଅଛନ୍ତି । ସେତେବେଳେ ଆପଣ ଦେଖିବେ ସେହି ସଙ୍କଟ ବହୁତ ଶୀଘ୍ର ଆପଣଙ୍କ ପାଖରୁ ଚାଲିଯିବ ।

ଯେତେବେଳେ ଆପଣ ସଙ୍କଟକୁ ଅନୁଭବ କରିବେ ତେବେ ସେ ଜମି ରହିବ । ଯେତିକି ଅନୁଭବ କରିବେ, ସେ ସେତିକି ହିଁ ରହିବ । ସଙ୍କଟ କିମ୍ବା ଦୁଃଖ ଅଥବା କୌଣସି କ୍ଲେଶକୁ ଦେଖି, ଅନୁଭବ କରି ବ୍ୟସ୍ତ ହେବା ଉଚିତ ନୁହେଁ, ବରଂ ଓଠରେ ହସ ଆଣି ସବୁକିଛି ସହିଯିବା ଉଚିତ । ସେତିକି ବେଳେ ମଜା ଆସିବ, ଯେତେବେଳେ ଏ ପ୍ରକାରର ସ୍ଥିତି ଆସିଲେ ଖୁବ୍‌ଶୀଘ୍ର, ଦୁଇଗୁଣା ପରିଶ୍ରମରେ କାର୍ଯ୍ୟ ଆରମ୍ଭ କରାଯାଏ । ପ୍ରସିଦ୍ଧ ଦାର୍ଶନିକ କାର୍ଲାଇଲଙ୍କ କଥାନୁସାରେ କିଛି ଲୋକ ଜୀବନ ସାରା କାଙ୍ଗାଳ ହୋଇ ରହିବା, ଦୁଃଖ ସହିବା ପାଇଁ ହିଁ ଜନ୍ମ ନିଅନ୍ତି । ଏମିତି ଲୋକ କେବଳ ନିଜ ଜୀବନ ନଷ୍ଟ କରନ୍ତି ନାହିଁ, ବରଂ ତାଙ୍କ ଆଖ-ପାଖର ଲୋକଙ୍କୁ ନିଜ ଦୁଃଖଭରା କାହାଣୀ ଶୁଣାଇ, ନିଜ ଅବସ୍ଥା ଦେଖାଇ ଉଦାସୀନତା, ନିରାଶା ଉତ୍ପନ୍ନ କରନ୍ତି । ନିଜ ଆଖପାଖର ଲୋକଙ୍କୁ ମଧ୍ୟ ହତୋତ୍ସାହିତ କରି ସେମାନେ ଏକ ପ୍ରକାରର ମାନସିକ ବିଷ ଖେଳାଇ ଦିଅନ୍ତି । ସେମାନେ ମିଳା-ମିଶା କରୁଥିବା ପ୍ରତ୍ୟେକ ବ୍ୟକ୍ତି ମନରେ ଅନ୍ଧକାରମୟ, ନିରାଶାଜନକ ବିଚାର ଉତ୍ପନ୍ନ କରନ୍ତି । ଏହିଭଳି ସେମାନେ ନିଜର ନିରୁତ୍ସାହର ଭୟାବହ ଅନ୍ଧକାର ପ୍ରତ୍ୟେକ ବ୍ୟକ୍ତି ମନରେ ଖେଳାଇ ଦିଅନ୍ତି । ସେମାନଙ୍କୁ ବିଶ୍ୱାସ ହୋଇଯାଏ ଯେ ଆନନ୍ଦ ନାମକ ବସ୍ତୁ ସେମାନଙ୍କ ପାଇଁ ତିଆରି ହୋଇନାହିଁ । ନିରୁତ୍ସାହ କୌଣସି ପ୍ରକାରେ ସେମାନଙ୍କ ମନରୁ ଯାଏନାହିଁ । ଏଭଳି ବ୍ୟକ୍ତି ସର୍ବଦା ନିରାଶ ହୋଇ ରୁହନ୍ତି । ଏହିସବୁ ସେମାନଙ୍କ ଭ୍ରମ ହୋଇଥାଏ । ସେମାନଙ୍କୁ ନିଜର ବାସ୍ତବିକ ଶକ୍ତି ଓ କ୍ଷମତାର ଧାରଣା ନଥାଏ । ଏହା ସତ୍ୟ ଯେ କୌଣସି ମଣିଷ ଏହି ଦୁନିଆରେ ଦୁଃଖୀ ଅଥବା ଦରିଦ୍ର ହୋଇ ରହିବା ପାଇଁ

ଜନ୍ମ ନେଇନାହିଁ । ନା କାହାକୁ ନିଜର ନିରୁତ୍ସାହ, ନିରାଶାର ଅନ୍ଧକାର ଖେଳାଇବାର ଅଧିକାର ଅଛି, ଭଗବାନ କେବେ ଏହା ଚାହାନ୍ତି ନାହିଁ । ସେ କେବଳ ଗୋଟିଏ ବ୍ୟବସ୍ଥା ତିଆରି କରିଛନ୍ତି, ତୁମେ ଯେମିତି କରିବ, ସେମିତି ଭରଣା କରିବ ଓ ଭୋଗିବ । ଏହି ବ୍ୟବସ୍ଥା ଯୋଗୁଁ ଆପଣ ଯେମିତି କରନ୍ତି, ସେମିତି ଫଳ ପାଆନ୍ତି । ସେତେବେଳେ ଏହା ଉପରେ ଦୁଃଖ କରିବା ଓ କାନ୍ଦିବା ଆଦୌ ଉଚିତ ନୁହେଁ । ଯଦି ଦୁଃଖ ଅଥବା କୌଣସି କଷ୍ଟ ଆପଣଙ୍କ ଉପରକୁ ଆସୁଛି, ତେବେ କ'ଣ ସେ ଆପେ-ଆପେ ଆସିଛି, କେହି ଆପଣଙ୍କ ଉପରେ ଦୋଷ ଲଦିଦେଇଛି ? ଆପଣଙ୍କ ଅଭିଯୋଗ ଭୁଲ୍ ଅଟେ । ସବୁ ନିଜ ଯୋଗୁଁ ହୋଇଛି । ଯେ କୌଣସି ସଙ୍କଟ, ଦୁଃଖ ଆସେ, ଏହି କଥାର ତଟସ୍ଥ ବିବେଚନା କରି ଆପଣ ନିଜେ ଜାଣି ପାରିବେ ।

ଆପଣଙ୍କୁ ନିର୍ଦ୍ଧାରିତ ତାରିଖରେ ଏକ ବ୍ୟକ୍ତିକୁ କାମ କରି ଦେବାର ଅଛି, ଓ ସେ ଶୀଘ୍ର ଆପଣଙ୍କୁ ପାଉଣା ଦେବାରେ ରାଜି ଅଛି । ସେହି ଦିନ ତାହାର ବାହାରକୁ ଯିବାର କାର୍ଯ୍ୟକ୍ରମ ମଧ୍ୟ ଅଛି । ଯଦି ଆପଣ ସେହି ଦିନ କାର୍ଯ୍ୟ ସମ୍ପୂର୍ଣ୍ଣ କରି ନ ଦିଅନ୍ତି ତେବେ ପାଉଣା ଅଟକିଯିବ । ସେହି ଲୋକ ମଧ୍ୟ ବାହାରେ । ବର୍ତ୍ତମାନ ଆପଣ ଦୁଃଖ ପାଉଛନ୍ତି ତ' ଏଥିରେ ଦୋଷ କାହାର ? ସବୁ ପ୍ରକାରର ଯେ କୌଣସି ପରିଣାମ ସାମ୍ନାକୁ ଆସେ, ସେଥିପାଇଁ ଆପଣ ହିଁ ଉତ୍ତରଦାୟୀ । ଏହି କାରଣରୁ, ନିଜ ପରିଣାମ ଉପରେ ଆପଣ ଦୁଃଖୀ, ନିରାଶ କାହିଁକି ହୁଅନ୍ତି ? ଆପଣଙ୍କ ନିଜର କର୍ମ ତ' ସାମ୍ନାକୁ ଆସିଛି ।

ଆପଣଙ୍କୁ ନିରୁତ୍ସାହ, ନିରାଶ ହେବାର କୌଣସି ଅଧିକାର ନାହିଁ । ଯେମିତି ଆମେ ବୁଣିଲେ, ସେମିତି ଫଳ ଫଳିଲା ।

ଅତଏବ ଜୀବନରେ ଯେତେବେଳେ ନିରାଶା ଅଥବା ନିରୁତ୍ସାହ କ୍ଷଣ ଆସିବ ତେବେ ସେଗୁଡ଼ିକୁ ମନ ଉପରେ ପ୍ରଭାବ ପକାଇବାକୁ ଦିଅନ୍ତୁ ନାହିଁ । ସବୁ ନିଜର ହିଁ ପରିଣାମ ମାନି ପ୍ରସନ୍ନତା ସହ ତାକୁ ସହ୍ୟ କରନ୍ତୁ । ପ୍ରାୟତଃ ଅଧିକାଂଶ ଲୋକ ନିରୁତ୍ସାହ ଓ ନିରାଶ ହେବାରୁ ହାତ ବାନ୍ଧି ବସିଯାନ୍ତି, ମାଛି ଘଉଡ଼ାନ୍ତି । ଏହା ଜୀବନର ସବୁଠୁ ବଡ଼ ପରାଜୟ । କେବେ ମଧ୍ୟ ଏ ପ୍ରକାର କରିବା ଉଚିତ ନୁହେଁ । ଦୁଃଖ ଓ ଉଦାସୀନତା ଓ ନିରାଶାକୁ ଭୁଲି ଆଗକୁ ଚାଲନ୍ତୁ । ପ୍ରଗତିର ରାସ୍ତା ଆପଣଙ୍କ ପାଇଁ ଖୋଲିଯିବ ।

୩. ସ୍ୱପ୍ନ ଓ ଅଭିଳାଷ

ଅଧିକାଂଶ ଲୋକଙ୍କ ମୁଣ୍ଡରେ ଏହି କଥା ଘର କରିଯାଇଛି ଯେ ଯାହା ଭାଗ୍ୟରେ ଲେଖା ହୋଇଥାଏ, ତାହା ଅବଶ୍ୟ ଫଳିବ । ଭାଗ୍ୟ ବିନା କେଉଁଠି କିଛି ହୁଏନାହିଁ ।

ଆମେ ସ୍ୱପ୍ନ ଦେଖୁ ଓ ଇଚ୍ଛା କରୁ । ଯେତେବେଳେ ଆମେ ଆମଠାରୁ ବେଶୀ ସୁଖୀ-ସମ୍ପନ୍ନ ଅନ୍ୟ କୌଣସି ବ୍ୟକ୍ତିକୁ ଦେଖୁ, ତେବେ ଆମେ ତା' ଉପରେ ଈର୍ଷା କରୁ । ଆମର ମନ ବିଚଳିତ ହୋଇଉଠେ । ଆମେ ମଧ୍ୟ ତା' ଭଳି ସୁଖ-ସମ୍ପତ୍ତି ପ୍ରାପ୍ତ କରିବାକୁ ଚାହୁଁ । ଆମେ ଯେତେବେଳେ ପ୍ରାପ୍ତ କରି ନପାରୁ, ତେବେ ହାତବାନ୍ଧି ପରିସ୍ଥିତି ସହ ବୁଝାମଣା କରିନେଉ । ଏଠାରେ ଆମେ ସମସ୍ତେ ଏହା ନିଜ-ନିଜ ଭାଗ୍ୟର ଖେଳ ବୋଲି ଭ୍ରମରେ ପଡ଼ିଯାଉ । ସେହି ବ୍ୟକ୍ତିର ଭାଗ୍ୟରେ ସମସ୍ତ ସୁଖ ଲେଖାଅଛି । ଏହି ବ୍ୟକ୍ତି ଭାଗ୍ୟରେ ସୁଖ ଲେଖାନାହିଁ । ଅତଏବ ଅଳ୍ପ ଚେଷ୍ଟା କରି ଚୁପ୍ ହୋଇଯାଉ । ବସ୍ତୁତଃ ଏହି 'ଭାଗ୍ୟ' ଶବ୍ଦ ମଣିଷ ସମାଜକୁ ସବୁଠାରୁ ଅଧିକ ପଥଭ୍ରଷ୍ଟ କରିଛି । ଏହି ଭାଗ୍ୟବାଦିତା ନାନା ପ୍ରକାରର ଭ୍ରାନ୍ତିକୁ ବହୁତ ଗଭୀର ପର୍ଯ୍ୟନ୍ତ ଖେଳାଇ

ରଖିଛି । ଅଧିକାଂଶ ଲୋକଙ୍କ ମୁଣ୍ଡରେ ଏହି କଥା ଘର କରିଯାଇଛି ଯେ ଯାହା ଭାଗ୍ୟରେ ଲେଖା ହୋଇଥାଏ, ତାହା ଅବଶ୍ୟ ଫଳିବ । ଭାଗ୍ୟ ବିନା କେଉଁଠି କିଛି ହୁଏନାହିଁ । ସୁଖ-ସମ୍ପତ୍ତି, ସବୁକିଛି କେବଳ ଭାଗ୍ୟରୁ ହୋଇଥାଏ । ଅନେକ ଲୋକକଥା ପ୍ରଚଳିତ ଅଛି । ସେ ଚାନ୍ଦିର ଚାମଚ ମୁହଁରେ ନେଇ ଜନ୍ମ ହୋଇଛି । ଭାଗ୍ୟ ରେଖାକୁ ଏଡ଼ାଯାଇ ପାରିବନାହିଁ । ମଣିଷ ଭାଗ୍ୟର ଦାସ ଅଟେ ।

ଏହି ପ୍ରକାରର ସମସ୍ତ ଲୋକକଥା ଆଜି ମଧ୍ୟ ଅଧିକାଂଶ ମାନବ ସମାଜକୁ କୁଣ୍ଠିତ କରି ରଖିଛି । ଅତଏବ ଆମେ ସବୁ ସ୍ୱପ୍ନ ଓ ସବୁ ଇଚ୍ଛା ଭାଗ୍ୟ ହାତରେ ଛାଡ଼ି ଦେଇଛୁ । ସ୍ୱପ୍ନ ପୂରଣ ହେବା ନ ହେବା, ଭାଗ୍ୟ ଉପରେ ନିର୍ଭର କରେ । ତର୍କର କଷଟି ପଥରରେ ଓ ବ୍ୟାବହାରିକ ଦୁନିଆରେ ଭାଗ୍ୟ ସମ୍ବନ୍ଧିତ ଧାରଣାଗୁଡ଼ିକ ଏକଦମ୍ ମିଛ ସାବ୍ୟସ୍ତ ହୋଇଛି । ଏମିତି ଅଧିକାଂଶ ବ୍ୟକ୍ତି ଅଛନ୍ତି ଯାହାଙ୍କ ହାତରେ ନା ଭାଗ୍ୟ ରେଖା ଅଛି ନା ସୂର୍ଯ୍ୟ ରେଖା । ଏହା ସତ୍ତ୍ୱେ ସେମାନଙ୍କ ଜୀବନ ବହୁତ ସମୃଦ୍ଧ ଅଟେ । ସେମାନେ ବହୁତ ଖ୍ୟାତି ମଧ୍ୟ ପାଇଛନ୍ତି । ଅନେକଙ୍କ ହାତରେ ଜୀବନ ରେଖା ମଧ୍ୟ ନ ଥାଏ, କିନ୍ତୁ ସେମାନେ ଦୀର୍ଘାୟୁ ହେଉଥିବା ନଜରକୁ ଆସିଛି ।

ନିରନ୍ତର ପରିଶ୍ରମ:

ଜଣେ ଲୋକକୁ ପାଖାପାଖି ସମସ୍ତ ଜ୍ୟୋତିଷ ଓ ହସ୍ତରେଖା ବିଶେଷଜ୍ଞ କହି ଦେଇଥିଲେ ଯେ, ସେ ଧନଶାଳୀ ହୋଇପାରିବେ ନାହିଁ, କିନ୍ତୁ ନିଜ ଜୀବନର ସତୁରି ବର୍ଷରେ ଯେତେବେଳେ ସେ ମୃତ୍ୟୁବରଣ କଲେ, ସେତେବେଳେ ସେ ଅରବପତି ଥିଲେ । ଆଉ ଜଣେ ବ୍ୟକ୍ତିକୁ ମୁଁ ଜାଣିଛି । ସେ ପ୍ରଥମେ ବୁଲି-ବୁଲି, ଗାଇ-ଗାଇ ଲୋକଗୀତର ଛୋଟ-ଛୋଟ ପୁସ୍ତକ ବିକ୍ରି କରୁଥିଲେ, କିନ୍ତୁ ଆଜି ସେ ଲକ୍ଷପତି ପ୍ରକାଶକ ଅଟନ୍ତି । ସେହି ବ୍ୟକ୍ତି କହିଛନ୍ତି ଯେ, ସେ ପରିଶ୍ରମ କରି ଚାଲିଲେ । ସେ ପ୍ରତ୍ୟେକ କାମ ଚତୁରତାର ସହ କଲେ । ଏହାର ଫଳ ସେ ପାଇଲେ । ସେ ବିଲ୍‌କୁଲ ଭାଗ୍ୟବାଦୀ ନଥିଲେ । ଏହିଭଳି ଜୋନାଥନ ନାମକ ଜଣେ ବ୍ୟକ୍ତି ନିହାତି ଅପରିଷ୍କାର ବେଶ ଧାରଣ ଜଣେ ଜ୍ୟୋତିଷ, ହସ୍ତରେଖା ବିଶେଷଜ୍ଞଙ୍କ ପାଖକୁ ଗଲେ । ସେ କାନ୍ଦୁରିଆ ମୁହଁ କରି ରଖିଥିଲେ । ତାକୁ ନିଜ ଭାଗ୍ୟ ବିଷୟରେ ପଚାରିଲେ । ଉତ୍ତର ମିଳିଲା, ଏ ସମୟରେ ତା' ଜୀବନ କଷ୍ଟମୟ ଅଟେ । ପାଞ୍ଚ ବର୍ଷ ପର୍ଯ୍ୟନ୍ତ ଏହା ଚାଲିବ । ତେବେ ଯାଇ ସାମାନ୍ୟ ଉନ୍ନତି ହେବ । ସେ ଚୁପ୍‌ଚାପ ଫେରିଆସିଲେ । ଯଦି ହସ୍ତରେଖା ଓ ଭବିଷ୍ୟ ବାଣୀ ଉଚିତ୍ ବିଜ୍ଞାନ ଅଟେ, ତେବେ ବେଶଭୂଷାରୁ ନୁହେଁ, ହାତରୁ ହିଁ ସେ କୋଟିପତି ବୋଲି ଜଣାପଡ଼ିଯାଏ । ଭାଗ୍ୟ, ହସ୍ତରେଖା ବୋଲି କିଛି ନାହିଁ । ଜୀବନ ଉପରେ ଏଗୁଡ଼ିକର କିଛି ପ୍ରଭାବ ପଡ଼େନାହିଁ । ଆମ ସ୍ୱପ୍ନ, ଆମ ଇଚ୍ଛା ସେଗୁଡ଼ିକ ଦ୍ୱାରା କେବେ ବି ପ୍ରଭାବିତ ହୁଅନ୍ତି ନାହିଁ ।

ଭାବୁଥିବେ ଯେତେବେଳ ପର୍ଯ୍ୟନ୍ତ କି ସେ ନିଜେ ଏଥିରେ ମନା ନକରିଛି । ଏହି ପ୍ରକାରେ ପ୍ରତ୍ୟେକ ଡାକ୍ତରଙ୍କୁ ପ୍ରତ୍ୟେକ ରୋଗୀ ସମ୍ମୁଖରେ ଏହା ସିଦ୍ଧ କରିବା ଆବଶ୍ୟକ ନଥାଏ କି ସେ ଚିକିତ୍ସା ସମ୍ବନ୍ଧୀୟ ପାଠ୍ୟକ୍ରମ ପଢ଼ିଛି ଏବଂ ଏହା ସହ ଜଡ଼ିତ ସମସ୍ତ ପରୀକ୍ଷା ଆଦି ଦେଇଛି । ଧ୍ୟାନ ଦେବା ଯୋଗ୍ୟ କଥା ଏହା କି ଅଯୋଗ୍ୟତାକୁ ସ୍ୱୀକାର କରିବା ଏବଂ ତିଳେ ମାତ୍ର ସନ୍ଦେହକୁ ସ୍ଥାନ ଦେବା ହିଁ ଅସଫଳତାକୁ ନିମନ୍ତ୍ରଣ କରିବା ।

ଆପଣଙ୍କ ରାସ୍ତା କେତେ କଣ୍ଟକିତ ହେଉ ନା କାହିଁକି, ଅନ୍ୟମାନଙ୍କ ମନରେ ଆପଣଙ୍କ ପ୍ରତି ଯେଉଁ ବିଶ୍ୱାସ ରହିଛି ତାକୁ ଶେଷ କରିବାରେ ଆପଣଙ୍କ ମନର ସନ୍ଦେହ ଏବଂ ସଂଶୟାତ୍ମକ କାର୍ଯ୍ୟ ହିଁ କାରଣ ହୋଇଥାଏ । ଆପଣଙ୍କ ଭିତରର ଏହି ସନ୍ଦେହକୁ ଆପଣଙ୍କ ସମ୍ପର୍କରେ ଆସୁଥିବା ଲୋକ ବହୁ ଶୀଘ୍ର ଅନୁଭବ କରି ନିଅନ୍ତି । ଅନେକ ବ୍ୟକ୍ତିଙ୍କ ଅସଫଳ ହେବାର କାରଣ ଏହା ହୋଇଥାଏ କି ସେ ନିଜ ପରାଜିତ ମନୋବୃତି ସବୁ ଜାଗାରେ ପ୍ରକାଶ କରେ । ଯଦି ଆପଣ କୌଣସି ସଂସ୍ଥାର ମାଲିକ ଅଟନ୍ତି ତେବେ ଆପଣଙ୍କୁ ନିଜ କର୍ମକର୍ତ୍ତାଙ୍କ ଠାରେ ଏହା ପ୍ରକାଶ କରିବା ଦରକାର କି ଆପଣ ବିଜେତା ଭାବେ କାର୍ଯ୍ୟ ଆରମ୍ଭ କରିଛନ୍ତି ଏବଂ ନିଜର ଆତ୍ମବିଶ୍ୱାସ ଦ୍ୱାରା ଏହି କାର୍ଯ୍ୟକୁ ସଫଳତାର ଶୀଖର ପର୍ଯ୍ୟନ୍ତ ନେଇଯିବେ । ଯଦି ଆପଣ ନିଜ ସଂସ୍ଥାର କର୍ମଚାରୀଙ୍କ ସମ୍ମୁଖରେ ଦୁର୍ବଳ, ପରାଜିତ, ମାଡ଼ ଖାଇବା ଭଳି ଏବଂ ଭାଙ୍ଗି ପଡ଼ିଥିବା ବ୍ୟକ୍ତିର ଆଦେଶ ଉପସ୍ଥିତ କରିବେ ତେବେ ଆପଣଙ୍କ ସଂସ୍ଥାରେ ସନ୍ଦେହ ଏବଂ ନିରାଶାର ବାତାବରଣ ଛାଇଯିବ ।

ନିଜ କାର୍ଯ୍ୟରେ ଦକ୍ଷତା:

ଆପଣଙ୍କ କର୍ମଚାରୀ ଆପଣଙ୍କ ଭାବ-ଭଙ୍ଗିମା ଏବଂ ବ୍ୟବହାରରେ ହିଁ ଏହା ଅନୁମାନ କରନ୍ତି କି ଆପଣ ଜଣେ ସଫଳ ବ୍ୟକ୍ତି ଅଥବା ଅସଫଳ ବ୍ୟକ୍ତି । ନିଜର ଆତ୍ମବିଶ୍ୱାସ ଅନ୍ୟ ଉପରେ ପ୍ରକଟ କରିବା ପାଇଁ ଏହା ଆବଶ୍ୟକ ଅଟେ କି ଆପଣ ନିଜକୁ ନିଜେ ଦୃଢ଼ ରହିବା, ଆପଣଙ୍କ ଠାରେ ସ୍ୱାଗ୍ରହ ରହିବା । ସେଲ୍ସମ୍ୟାନ୍‌ଙ୍କ ପାଇଁ ତ ଏହା ବହୁତ ଜରୁରୀ ଅଟେ । ବେପାରୀ, ସେଲ୍ସମ୍ୟାନ୍ କିମ୍ବା କୌଣସି ଷ୍ଟୋର୍ ମାଲିକଙ୍କୁ ଏହି ପ୍ରକାର ଆତ୍ମବିଶ୍ୱାସର ବିକାଶ କରିବାକୁ ପଡ଼ିଥାଏ କି ସେ ତତ୍‌କ୍ଷଣାତ ନିଜ ଗ୍ରାହକଙ୍କ ଉପରେ ନିଜ ସମ୍ମୋହନ ଶକ୍ତିର ପ୍ରଭାବ ପକାଇ ପାରିବ । ଅଧିକାଂଶ ଗ୍ରାହକ ଅନିଶ୍ଚୟ ସ୍ଥିତିରେ ରହିଥାନ୍ତି । ସେଲ୍ସମ୍ୟାନ୍ ହିଁ ତାଙ୍କ ଅନିଶ୍ଚୟକୁ ହଟାଇ ତାଙ୍କୁ ଗୋଟେ-ଅଧେ ଜିନିଷ କିଣିବା ନିଷ୍ପତ୍ତିକୁ ନେଇ ଆସନ୍ତି । ସେ ନିଜର ଆତ୍ମବିଶ୍ୱାସ ଦ୍ୱାରା ଗ୍ରାହକଙ୍କୁ ଏହା ଅନୁଭବ କରାଇ ଦିଅନ୍ତି କି ତାକୁ ସେହି ବସ୍ତୁ କିଣିବାକୁ ପଡ଼ିବ ଯାହାକୁ ସେଲ୍ସମ୍ୟାନ୍ ପ୍ୟାକ୍ କରିବା ଆରମ୍ଭ କରି ଦେଲାଣି । ଏହା ସେଲ୍ସମ୍ୟାନ୍‌ର ଦକ୍ଷତାର ହିଁ ଏକ ଅଙ୍ଗ ଅଟେ, କିନ୍ତୁ ଯେତେବେଳ ପର୍ଯ୍ୟନ୍ତ ତା ବ୍ୟବହାରରେ ଦୃଢ଼ତା, ନିଶ୍ଚୟ ଏବଂ ଆତ୍ମବିଶ୍ୱାସ ନଥିବ, ସେତେବେଳ ପର୍ଯ୍ୟନ୍ତ ଏହି କଥାଗୁଡ଼ିକ ଗ୍ରାହକଙ୍କୁ ଆକର୍ଷିତ କରିପାରିବ ନାହିଁ । ଯଦି

ଗ୍ରାହକଙ୍କୁ ସେଲ୍ସମ୍ୟାନ୍ ଉପରେ ଅବିଶ୍ୱାସ ହୋଇଯିବ ତେବେ ସେ କିଣିବାର ନିଷ୍ପଯକୁ ସଙ୍ଗେ ସଙ୍ଗେ ସ୍ଥଗିତ କରିଦିଏ । ଆତ୍ମବିଶ୍ୱାସ ଭରା ମାନସିକ ପ୍ରବୃତିଗୁଡ଼ିକୁ ଅନ୍ୟ ପର୍ଯ୍ୟନ୍ତ ପହଞ୍ଚାଇବାର ସବୁଠୁ ଅଧିକ ଆବଶ୍ୟକତା ଅଧ୍ୟାପକଙ୍କୁ ପଡ଼ିଥାଏ । ଜଣେ ସ୍ଥିର ସ୍ୱଭାବର ଅଧ୍ୟାପକ ଅବ୍ୟବସ୍ଥିତ ଛାତ୍ରଙ୍କ ଠାରୁ ମଧ୍ୟ ଭଲ କାମ ଆଦାୟ କରିପାରିବ । ତା'ର କାମ ବହୁ କଠିନ ହୋଇଥାଏ ।

ସ୍ୱାର୍ଥ ଏବଂ ସହାନୁଭୂତି ରହିତ ସ୍ୱଭାବ ଅଧ୍ୟାପକଙ୍କୁ ତାଙ୍କ ଛାତ୍ର ଶୀଘ୍ର ଚିହ୍ନି ନିଅନ୍ତି । ତାଙ୍କୁ ଏହା ବୁଝା ପଡ଼ିବା ଦରକାର କି ବସ୍ତୁତଃ ଅଧ୍ୟାପକ ତାଙ୍କୁ ସାହାଯ୍ୟ କରିବାକୁ ଚାହୁଁଛନ୍ତି । ଛୋଟ ପିଲା ଏବଂ ଯୁବକଙ୍କ ମନକୁ ଶୀଘ୍ର ପ୍ରଭାବିତ କରାଯାଇପାରେ, ହେଲେ ଏହା ସେତେବେଳେ ହେବ ଯେବେ ତାଙ୍କୁ ଏହା ବିଶ୍ୱାସ ହେବ କି ଅଧ୍ୟାପକ ବାସ୍ତବରେ ତାଙ୍କ ପ୍ରତି ରୁଚି ରଖୁଛନ୍ତି । କାର୍ଲାଇଲ ଲେଖିଛନ୍ତି- ଆପଣ ନିଜ ବିଚାର ଦ୍ୱାରା ହିଁ ନିଜ ଭାଗ୍ୟ ଉପରେ ବିଜୟ ହାସଲ କରନ୍ତି । ଯଦି ଆପଣ ଏହା ବୁଝିନିଅନ୍ତି କି ମନୁଷ୍ୟ କିମ୍ବା ସଂଗଠନର ଭାଗ୍ୟ-ନିର୍ମାଣରେ ବିଚାର ହିଁ ଏକମାତ୍ର କାରଣ ଅଟେ ତେବେ ଆପଣଙ୍କୁ ହାତରେ ଖଣ୍ଡା ଧରିବା ଆବଶ୍ୟକ ପଡ଼ିବ ନାହିଁ । ଯେମିତି ଆପଣଙ୍କ ବିଚାର ହେବ, ନିଶ୍ଚିତ ରୂପେ ପରିଣାମ ମଧ୍ୟ ଏହାର ଅନୁରୂପ ହେବ । ସଫଳତା କେବଳ ଏହି କଥା ଉପରେ ଆଶ୍ରିତ ନୁହେଁ କି ଆପଣଙ୍କ ମଧ୍ୟରେ କେତେ ଉତ୍ସାହ ଏବଂ କେତେ ଆତ୍ମବିଶ୍ୱାସ ଅଛି କିମ୍ବା ଅନ୍ୟ ବ୍ୟକ୍ତି ଆପଣଙ୍କ ଉପରେ କେତେ ବିଶ୍ୱାସ କରୁଛନ୍ତି । ଆତ୍ମବିଶ୍ୱାସ ମଧ୍ୟ ସଫଳତାର ମୁଖ୍ୟ କାରଣ ଗୁଡ଼ିକ ମଧ୍ୟରେ ଗୋଟିଏ ।

ହେଲେ ଅନ୍ୟମାନେ ଆପଣଙ୍କ ଉପରେ ସେତେବେଳେ ବିଶ୍ୱାସ କରିବେ ଯେବେ ଆପଣଙ୍କ ନିଜ ଭିତରେ ଆତ୍ମବିଶ୍ୱାସ ଥିବ । ଅନ୍ୟମାନେ ଆପଣଙ୍କ ଉପରେ ବିଶ୍ୱାସ କରିବା ଆପଣଙ୍କ ନିଜ ଆତ୍ମବିଶ୍ୱାସର ହିଁ ପ୍ରତିବିମ୍ବ ଅଟେ । ଏହା ଆପଣଙ୍କ ବ୍ୟକ୍ତିତ୍ୱର ହିଁ ପ୍ରଭାବ ଅର୍ଥାତ୍ ନିଜ ମନର ପ୍ରବୃତି ଦ୍ୱାରା ହିଁ ଆପଣ ଅନ୍ୟମାନଙ୍କ ବିଶ୍ୱାସ ହାସଲ କରିବାରେ ସମର୍ଥ ହୋଇ ପାରିବେ । କୌଣସି କାର୍ଯ୍ୟକୁ ଉତ୍ସାହପୂର୍ବକ କରିବାର ଆପଣଙ୍କ ଦୃଢ଼ ଇଚ୍ଛା-ଶକ୍ତି ସଂକ୍ରାମକ ପ୍ରଭାବ ରଖେ, ତାହା ଅନ୍ୟମାନଙ୍କ ଉପରେ ଅବଶ୍ୟ ପ୍ରଭାବ ପଡ଼ିଥାଏ । ଆପଣଙ୍କ ସମ୍ପର୍କରେ ଆସୁଥିବା ଲୋକଙ୍କ ଉପରେ ଏହାର ପ୍ରଭାବ ଅବଶ୍ୟ ପଡ଼ିଥାଏ ଯେଉଁମାନଙ୍କ ଉପରେ ଆପଣ କୌଣସି ପ୍ରକାର ଅଧିକାର ସାବ୍ୟସ୍ତ କରିବାକୁ ଚାହୁଁଛନ୍ତି କିମ୍ବା ଯେଉଁମାନଙ୍କୁ ଆପଣ ପ୍ରଭାବିତ କରିବାକୁ ଚାହୁଁଛନ୍ତି । ଯଦି ଆପଣ ଆପଣଙ୍କ ବ୍ୟକ୍ତିତ୍ୱକୁ ଆତ୍ମବିଶ୍ୱାସର ବାତାବରଣରେ ଘେରାଇ ରଖିଥିବେ ତେବେ ଏହି କଥାର ଅନ୍ୟ ଲୋକଙ୍କ ଉପରେ ଯାଦୁ ଭଳି ପ୍ରଭାବ ପଡ଼ିଥାଏ ।

ଯଦି ଆପଣ ଏହି କଥାକୁ ସମ୍ପୂର୍ଣ୍ଣ ଆପଣେଇବାକୁ ଅଭ୍ୟାସ କରନ୍ତି ତେବେ ଆପଣଙ୍କୁ ଆପେ ଜଣା ପଡ଼ିଯିବ କି ଅନ୍ୟମାନେ ମଧ୍ୟ ସେଥିରେ କେତେ ଜଲ୍‌ଦି ପ୍ରଭାବିତ ହେଉଛନ୍ତି । ଏହା ସହିତ ଆପଣ ଠିକ୍ କାର୍ଯ୍ୟକୁ ମଧ୍ୟ ହାତକୁ ନେବେ । ଅନ୍ୟମାନଙ୍କୁ

ମଧ୍ୟ ବିଶ୍ୱାସ ହୋଇଯିବ କି ସେହି କାର୍ଯ୍ୟ ଆପଣ ଅବଶ୍ୟ ପୂର୍ଣ୍ଣ କରିଦେବେ । ଏହି ଗୋଟିଏ ଗୁଣ ଦ୍ୱାରା ମନୁଷ୍ୟର ସ୍ଥାୟୀ ପ୍ରତିଷ୍ଠା ହୋଇଯାଏ । ଯେଉଁ ମନୁଷ୍ୟ ହାତକୁ ନେଇଥିବା କାମକୁ ସମ୍ପୂର୍ଣ୍ଣ କରିବାର ନିଜ ଯୋଗ୍ୟତାରେ ପୂର୍ଣ୍ଣ ଶ୍ରଦ୍ଧା ଏବଂ ବିଶ୍ୱାସ ରଖନ୍ତି, ସେମାନଙ୍କ ଚରିତ୍ର ଉଚ୍ଚ, ଦୃଢ଼ ଏବଂ ସୃଜନାତ୍ମକ ଗୁଣଯୁକ୍ତ ହୋଇଥାଏ । ଯେବେ ଆପଣଙ୍କୁ ଏହି ବିଶ୍ୱାସ ହୋଇଥାଏ କି ଏହା ତ ଆପଣଙ୍କ ନିଜ ଅଧିକୃତ କ୍ଷେତ୍ର, ତେବେ ଏହି ଆତ୍ମବିଶ୍ୱାର ପ୍ରଭାବ ଅନ୍ୟମାନଙ୍କ ଉପରେ ପଡ଼ିଥାଏ । ଆପଣଙ୍କ ଠାରେ ଆତ୍ମବିଶ୍ୱାସ ଥିବ ତ ଆପଣଙ୍କ କଥାରେ ମଧ୍ୟ ଆତ୍ମବିଶ୍ୱାସ ବାହାରିବ ।

ତେବେ ଅନ୍ୟ ମନୁଷ୍ୟ ଆପେ ଏହା ବୁଝିଯିବେ କି ଏହା ଭିତରେ ସଫଳ ହେବାର ଶକ୍ତି ଏବଂ ଗୁଣ ଅଛି । ସେହି ସମୟରେ ଆପଣଙ୍କ ବାବଦରେ ଯଦି ଅନ୍ୟମାନଙ୍କ ମନରେ କୌଣସି ସନ୍ଦେହ ଥିବ ତେବେ ତାହା ମଧ୍ୟ ଚାପି ହୋଇଯିବ । ଆପଣଙ୍କ ଦୃଢ଼ ନିଶ୍ଚୟ ହିଁ ଅନ୍ୟ ଲୋକଙ୍କ ମନରେ ଆପଣ ହାସଲ କରିଥିବା ବିଶ୍ୱାସର ପ୍ରେରଣା ଭରିଯାଏ । ଅନେକ ସମୟରେ ଲୋକେ ସେହି ମନୁଷ୍ୟ ଉପରେ ବିଶ୍ୱାସ କରନ୍ତି ଯାହାର କୌଣସି କାର୍ଯ୍ୟକ୍ରମ ହୋଇଥାଏ, ଯଦ୍ୱାରା ଏହା ଜଣାଯାଏ କି ସେ କି ଇଚ୍ଛା ରଖେ। ସେ ଅସ୍ଥିର ଏବଂ ଚଞ୍ଚଳ ହୁଏନାହିଁ ଏବଂ କିଛି କାମ କରି ଦେଖାଏ ।

ସେମାନଙ୍କୁ ଏମିତି ପ୍ରତୀତ ହୁଏ କି ସଂସାରର ପ୍ରତ୍ୟେକ ବସ୍ତୁ ତାଙ୍କର ସାଥ୍ ଦେଉଛି ଏବଂ ସମସ୍ତ ବ୍ୟକ୍ତି ଏମିତି ଆତ୍ମବିଶ୍ୱାସପୂର୍ଣ୍ଣ ବ୍ୟକ୍ତିର ସାଥ୍ ଦେବାକୁ ଆଗେଇ ଆସନ୍ତି, ତା'ର ସହାୟକ ହୋଇଯାନ୍ତି । ଯେଉଁ କଥା କମ୍ ଆତ୍ମବିଶ୍ୱାସ ଥିବା ବ୍ୟକ୍ତିକୁ ଆହୁରି ଦୁର୍ବଳ କରିଦିଏ, ସେହି କଥା ଦୃଢ଼ ଆସ୍ଥା ଏବଂ ଆତ୍ମବିଶ୍ୱାସ ଥିବା ବ୍ୟକ୍ତିକୁ ବଳ ପ୍ରଦାନ କରନ୍ତି । ବିଶ୍ୱର ନିୟମ ଅଟେ କି ଲୋକେ ଉଦୟ ହେଉଥିବା କିମ୍ବା ଉପରକୁ ଉଠୁଥିବା ସୂର୍ଯ୍ୟଙ୍କୁ ଅର୍ଘ୍ୟ ଦିଅନ୍ତି । ସେହି ଭଳି ଯେଉଁ ମନୁଷ୍ୟ ଉପରକୁ ଉଠୁଥାଏ, ସମସ୍ତ ବିଶ୍ୱ ମନକୁ ମନ ତାର ସହାୟତା କରିବାକୁ ଲାଗେ, ତାହାର ଜୟ-ଜୟକାର ସ୍ଲୋଗାନ ଦିଏ, ହେଲେ ତଳକୁ ଖସୁଥିବା ବ୍ୟକ୍ତିକୁ ଧକ୍କା ଖାଇବାକୁ ହିଁ ପଡ଼ିଥାଏ ।

ବିଶ୍ୱାସର ଶକ୍ତି:

ଯେଉଁ ବ୍ୟକ୍ତିକୁ ନିଜ ଉପରେ ବିଶ୍ୱାସ ନାହିଁ, ତା ଉପରେ ଦୁନିଆ କେମିତି ବିଶ୍ୱାସ କରିନେବ? ବିଶ୍ୱ ଏମିତି ଲୋକର ହିଁ ପ୍ରଶଂସା କରେ ଯିଏ ନିଜ ଉପରେ ବିଶ୍ୱାସ ରଖେ । ଏଭଳି ମନୁଷ୍ୟକୁ ଯେତେ ପରିହାସ କରାଯାଉ, ତା ବିରୋଧରେ ଯେତେ ଲେଖାଯାଉ, ତା ସମ୍ବନ୍ଧରେ ଯେତେ ଆଲୋଚନା କରାଯାଉ ନା କାହିଁକି ତାକୁ ତଳକୁ ଖସାଯାଇ ପାରିବନି । ନିର୍ଧନତାରେ ସେ ନିରୁତ୍ସାହିତ ହୁଏ ନାହିଁ, ଦୁର୍ଭାଗ୍ୟ ତାକୁ ଦୋହଲାଇ ପାରିବନି, କଷ୍ଟ ତାକୁ ତା ମାର୍ଗରୁ ବିଚଳିତ କରି ପାରେନାହିଁ । ଯେଉଁ ବ୍ୟକ୍ତିଙ୍କ ମୁହଁରେ ଦୃଢ଼ ନିଶ୍ଚୟ ଝଲସେ ଏବଂ ଲୁହା ଭଳି ଯାହାର ଦୃଢ଼ ଇଚ୍ଛା ଶକ୍ତି ହୋଇଥାଏ, ସେ

ଅଧା ଲଢ଼େଇ ତ କାମ ଆରମ୍ଭ କରିବା ପୂର୍ବରୁ ଜିତିଯାଏ । ମୁଁ ଜଣେ ଏମିତି ମଣିଷକୁ ଜାଣିଛି, ଯିଏ ଯେଉଁ କାମକୁ ହାତକୁ ନିଏ ତାହାକୁ ଉତ୍ତମ ଢ଼ଙ୍ଗରେ ପୂର୍ଣ୍ଣ କରି ଦେଖାଏ, କାହିଁକି ନା ସେ କେବେ ନିଜ ଯୋଗ୍ୟତା ଉପରେ ସନ୍ଦେହ କରେନାହିଁ ।

ବେଳେ ବେଳେ ଏମିତି ଦେଖାଯାଏ କି ତା'ର ଆତ୍ମବିଶ୍ୱାସ ଅହଂକାରର ସୀମା ପର୍ଯ୍ୟନ୍ତ ପହଞ୍ଚିଯାଇଛି ଏବଂ ଲୋକେ ତା ପ୍ରତି ବିରକ୍ତ ହେବାକୁ ଲାଗୁଛନ୍ତି, ହେଲେ କିଛି ସମୟ ପରେ ଲୋକଙ୍କୁ ତା ସମ୍ମୁଖରେ ନିଜ ପରାଜୟ ସ୍ୱୀକାର କରିବାକୁ ପଡ଼ିଥାଏ । ଏହାର ବିପରୀତ, କିଛି ଏମିତି ମଣିଷଙ୍କୁ ମଧ ମୁଁ ଭଲ ଭାବେ ଜାଣିଛି, ଯେଉଁମାନେ ସମ୍ପୂର୍ଣ୍ଣ ଶିକ୍ଷିତ, ଯାହାଙ୍କ ବିଚାର ସଶକ୍ତ ଅଟେ, ତାଙ୍କର ବହୁତ ଚିନ୍ତା-ବିଚାରଧାରା ମଧ ଅଛି, ହେଲେ ଯେବେ ତାଙ୍କ ସମ୍ମୁଖରେ କୌଣସି କାର୍ଯ୍ୟ ଆସେ ତେବେ ସେ ସଂଶୟରେ ପଡ଼ି ଏହା ଭାବିବାକୁ ଲାଗନ୍ତି କି ତାଙ୍କୁ ସେହି କାମରେ କ୍ଷତି ହେବ ନା ଲାଭ । ସେମାନେ କୌଣସି ନିଷ୍ପତ୍ତି ହିଁ କରି ପାରନ୍ତି ନାହିଁ ଏବଂ ନାନା ପ୍ରକାର ସନ୍ଦେହରେ ପଡ଼ି ରହନ୍ତି, ସେହି ସମୟ ମଧରେ ଦୃଢ଼ ଆତ୍ମବିଶ୍ୱାସ ଥିବା ବ୍ୟକ୍ତି ସେହି କାର୍ଯ୍ୟକୁ ପୂର୍ଣ୍ଣ କରି ପକାନ୍ତି । ଦୃଢ଼ ଆତ୍ମବିଶ୍ୱାସୀ ବ୍ୟକ୍ତି ନିଜ ବିରୋଧୀମାନଙ୍କୁ ମଧ ବାଧ କରିଦିଅନ୍ତି କି ସେମାନେ ଏହି ଦୃଢ଼ ଆତ୍ମବିଶ୍ୱାସୀ ବ୍ୟକ୍ତିଙ୍କୁ ସୁଯୋଗ୍ୟ ମାନନ୍ତୁ ଏବଂ ବିଶ୍ୱାସ କରନ୍ତୁ । କୌଣସି ବ୍ୟକ୍ତି ଠାରେ ସାଧାରଣ ଯୋଗ୍ୟତା ଥାଉ ନା କାହିଁକି, ହେଲେ ଯଦି ତା ମଧରେ ଆକ୍ରାମକ ଢଙ୍ଗର ଦୃଢ଼ ଆତ୍ମବିଶ୍ୱାସ ଥିବ ତେବେ ସେ ବିଶିଷ୍ଟ ବ୍ୟକ୍ତି ହୋଇପାରିବ ଏବଂ କାମ ମଧ ବହୁତ ଅଧିକ କରିଚାଲିବ ।

ଏହାର ବିପରୀତ ଅନ୍ୟ ଲୋକ, ଯାହାଙ୍କ ମଧରେ ଯୋଗ୍ୟତା ତ ଅସାଧାରଣ ଅଛି, ହେଲେ ଯିଏ ଭୟାଳୁ ଏବଂ ସଂକୋଚ କରୁଛନ୍ତି, ଯାହାଙ୍କ ମଧରେ ଆତ୍ମବିଶ୍ୱାସ ପରିମାଣ କମ୍, ଏମିତି ଲୋକ କେବେ ସଫଳ ହୋଇ ପାରିବ ନାହିଁ । ଜଣେ ଅଧ୍ୟାପକ, ଯାହାଙ୍କ ଜ୍ଞାନ ସାଧାରଣ ହୋଇଥିବ, କିନ୍ତୁ ଯାହାଙ୍କ ମଧରେ ଦୃଢ଼ ଆତ୍ମବିଶ୍ୱାସ ଥିବ, ସେ ଆତ୍ମବିଶ୍ୱାସ କମ୍ ଥିବା ଅନ୍ୟ ବିଦ୍ୱାନ ଅଧ୍ୟାପକଙ୍କ ଠାରୁ ନିଶ୍ଚୟ ଅଧିକ ସଫଳ ହୁଅନ୍ତି । ଅଧ୍ୟାପକଙ୍କ ଏହି କଥା ଆଦର୍ଶ ଦୃଷ୍ଟିରୁ ନ୍ୟାୟଯୁକ୍ତ ନହେଲେ ମଧ ପୃଥିବୀରେ ଏହା ହିଁ ହୋଇଆସୁଛି । ଏହାର ପ୍ରତିକାର ଏହା କି ବୁଦ୍ଧିମାନ ଏବଂ ଯୋଗ୍ୟ ବ୍ୟକ୍ତିଙ୍କୁ ନିଜ ଭିତରେ ଆତ୍ମବିଶ୍ୱାସର ଜ୍ୟୋତି ଉଜାଗର କରିବାକୁ ପଡ଼ିବ । ଆପଣଙ୍କ ପ୍ରତ୍ୟେକ କାମ ଏବଂ ବେପାର ଏହି କଥା ଉପରେ ଆଧାରିତ କି ଅନ୍ୟମାନେ ଏହା ଜାଣନ୍ତୁ ଏବଂ ସେମାନଙ୍କୁ ଏହା ବିଶ୍ୱାସ ହେଉ କି ଆପଣ କାମ କରିପାରିବେ, ଆପଣ ଯୋଜନା ଗୁଡ଼ିକୁ ସମ୍ପୂର୍ଣ୍ଣ କରିପାରିବେ, ଆପଣ ଉତ୍ତମ ଉତ୍ପାଦନ କରିପାରିବେ, ଆପଣ କର୍ମକର୍ତ୍ତାଙ୍କୁ ଅନୁଶାସନରେ ରଖିପାରିବେ ଏବଂ ଆପଣ ଏମିତି ସମସ୍ତ କାମକୁ ସୁବ୍ୟବସ୍ଥିତ ଢଙ୍ଗରେ କରିପାରିବେ, ଯାହା ମାଲିକ ଚାହାନ୍ତି ।

୪. ମାର୍ଗଦର୍ଶକ ଶକ୍ତି

ନିଜ ଭିତରେ ଏବଂ ଚାରିଆଡ଼େ ସବୁବେଳେ ଏମିତି ପରିସ୍ଥିତି ତିଆରି କର ଯାହା ଆପଣଙ୍କୁ ସଫଳତାର ସନ୍ଦେଶ ଦେବ । ଆପଣଙ୍କ ଆଚାର-ବ୍ୟବହାର, କଥା-ଚାଲି, ବେଶଭୂଷା, ଗତିବିଧି ଏବଂ ପ୍ରତ୍ୟେକ କାମ ଏମିତି ହେବା ଦରକାର ଯେଉଁଥିରେ ସଫଳତାର ଆଭାସ ମିଳୁଥିବ ।

ଯଦି ଆପଣ ଏହି କ୍ଷଣ ଗରୀବ ଏବଂ ବେକାର ଅଛନ୍ତି ତେବେ ଦମ୍ଭର ସହ ହୃଦୟକୁ ସାହସରେ ଭରି ଦିଅନ୍ତୁ । ଅଭାବ ଏବଂ ନିର୍ଦ୍ଧନତାର ବିଚାରକୁ ନିଜ ମନରୁ କାଢ଼ି ବାହାରକୁ ଫୋପାଡ଼ି ଦିଅନ୍ତୁ । ସେତେବେଳେ ସମ୍ପନ୍ନତା, ସମୃଦ୍ଧି ଏବଂ ସମସ୍ତ ପ୍ରକାର ଭଲ ପଦାର୍ଥ ଚିତ୍ରର କଳ୍ପନା କରନ୍ତୁ, କାହିଁକିନା ଏହିସବୁ ବସ୍ତୁ ଆପଣଙ୍କୁ ଭଗବାନଙ୍କ ତରଫରୁ ମିଳିବାର ଅଛି । ମିଳିବ ନୁହେଁ ବରଂ ମିଳିଯାଇଛି, ସେଗୁଡ଼ିକୁ ହାତ ବଢ଼ାଇ ଗ୍ରହଣ କରନ୍ତୁ । ଧର୍ମଗ୍ରନ୍ଥ ଗୁଡ଼ିକୁ ପଢ଼ନ୍ତୁ ଏବଂ ଆପଣ ନିର୍ଦ୍ଧନ, ଦୁଃଖୀ କିମ୍ବା ଅଭାଗା ବୋଲି ଦୃଢ଼ତାର ସହ ମନା କରିଦିଅନ୍ତୁ । ବିଶ୍ୱର ସମସ୍ତ ମହତ୍ୱପୂର୍ଣ୍ଣ ବସ୍ତୁ

ହାସଲ କରିବା ଆପଣଙ୍କ ଜନ୍ମସିଦ୍ଧ ଅଧିକାର । ଆପଣ ମହାନ ଏବଂ ସୌଭାଗ୍ୟଶାଳୀ ବ୍ୟକ୍ତି ଅଟନ୍ତି, ଆପଣଙ୍କ ମଧ୍ୟରେ ମହାନ ଜ୍ୟୋତି ରହିଛି, ଶକ୍ତି ଅଛି, ଆପଣ ସର୍ବଗୁଣ ସମ୍ପନ୍ନ ଏବଂ ମହାନ ଶକ୍ତିଶାଳୀ ମାନବ, ଆପଣଙ୍କୁ ଅବଶ୍ୟ ସଫଳତା ମିଳିବ । ଯେବେ ଆପଣଙ୍କ ହୃଦୟରେ ଏହି ପ୍ରକାର ବିଚାର ଆସିଯିବ, ତେବେ ଆପଣଙ୍କୁ ସଫଳ ହେବାରେ ବେଶି ସମୟ ଲାଗିବନି ।

ଏହି ଜଡ଼ ପ୍ରକୃତିର ବସ୍ତୁ ଗୁଡ଼ିକ ଆପଣଙ୍କ ଉତ୍ସାହ ସମ୍ମୁଖରେ ନିର୍ଜୀବ ଅଟନ୍ତି । ସେଗୁଡ଼ିକ କୌଣସି ବାଧା ଦେଇ ପାରିବେନି । ଉଠନ୍ତୁ, ଦମ୍ଭ ଧରନ୍ତୁ, ଆଗକୁ ବଢ଼ନ୍ତୁ ଏବଂ ସଫଳତାକୁ ଧରିନିଅନ୍ତୁ । ଆପଣ ଅମୃତର ପୁତ୍ର ଅଟନ୍ତି, ବାରମ୍ବାର ଏହି କଥାକୁ ମନେ ମନେ ଭାବନ୍ତୁ ଏବଂ ବିଶ୍ୱାସ ଜନ୍ମାଇ ରଖନ୍ତୁ କି ଯେବେ ଭାଗବାନ ହିଁ ଆପଣଙ୍କ ମନରେ କିଛି ବନିବାର, କିଛି ଉପଯୋଗୀ କାମ କରିବାର ଭାବନା ଉତ୍ପନ୍ନ କରିଛନ୍ତି ତେବେ ସେ ସେହି ମହତ୍ୱାକାଂକ୍ଷାକୁ ପୂର୍ଣ୍ଣ କରିବାର ସୁଯୋଗ ମଧ୍ୟ ଆପଣଙ୍କୁ ଅବଶ୍ୟ ପ୍ରଦାନ କରିବେ । ଆଖି ଖୋଲି ଦେଖନ୍ତୁ, ଆପଣଙ୍କ ଆଗକୁ-ପଛକୁ, ବାମକୁ-ଡାହାଣକୁ, ପ୍ରତି ପାଦରେ ସୁଯୋଗ ବିଛାଡ଼ି ହୋଇ ପଡ଼ିଛି । ସେଗୁଡ଼ିକର ଊଣା ନାହିଁ । ସୁଯୋଗର ଭଣ୍ଡାର ଅନନ୍ତ ଅଟେ ।

କ୍ରିୟାଶୀଳତା:

ଆପଣଙ୍କୁ କେବଳ ଉଠିବାର ଆବଶ୍ୟକତା ରହିଛି, ସେଗୁଡ଼ିକୁ ଦେଖିବାର, ନିଜ ଆତ୍ମବିଶ୍ୱାସକୁ ପରଖିବାର ଏବଂ ଏହି ପ୍ରକାର ଦୃଢ଼ ନିଶ୍ଚୟର ସାହାରା ନେଇ କ୍ରିୟାଶୀଳ ହେବାର । ଯେବେ ଆପଣ କାର୍ଯ୍ୟ ସିଦ୍ଧି କରିବା ପାଇଁ ପ୍ରସ୍ଥାନ କରିବେ ତେବେ ସବୁ ଦିଗରୁ ଆପଣଙ୍କ ବିଜୟର ଧ୍ୱନୀ ବାଜି ଉଠିବ । ନିଜ ଭିତରେ ଏବଂ ଚାରିଆଡ଼େ ସବୁବେଳେ ଏମିତି ପରିସ୍ଥିତି ତିଆରି କର ଯାହାଂ ଆପଣଙ୍କୁ ସଫଳତାର ସନ୍ଦେଶ ଦେବ । ଆପଣଙ୍କ ଆଚାର-ବ୍ୟବହାର, କଥା-ଚାଲି, ବେଶଭୁଷା, ଗତିବିଧି ଏବଂ ପ୍ରତ୍ୟେକ କାମ ଏମିତି ହେବା ଦରକାର ଯେଉଁଥିରେ ସଫଳତାର ଆଭାସ ମିଳୁଥିବ । ନିଜ ଚାରିପଟେ ସବୁବେଳେ ସଫଳତାର ବାତାବରଣ ବଜାୟ ରଖନ୍ତୁ ଏବଂ ସଦା ସେଥିରେ ଘେରା ଜୀବନ ମାର୍ଗ ଉପରେ ଆଗକୁ ବଢ଼ି ଚାଲନ୍ତୁ । ଆଶା ଏବଂ ବିଶ୍ୱାସ, କେବଳ ଏହି ଦୁଇ ଶବ୍ଦ ଯୋଗୁ ହିଁ ଆପଣଙ୍କୁ ଆଶ୍ଚର୍ଯ୍ୟଜନକ ଲାଭ ମିଳିବ ।

ସକାଳୁ ଯେବେ ଆପଣ ବିଛଣାରୁ ଉଠିବେ ତେବେ ଭଗବାନଙ୍କୁ ଧନ୍ୟବାଦ ଦେଇ ଦିନ ତମାମର ସୁନିଶ୍ଚିତ ଯୋଜନା ତିଆରି କରନ୍ତୁ । ସେହି କ୍ଷଣ ଆପଣଙ୍କ ମନ ସଫଳତା, କାର୍ଯ୍ୟସିଦ୍ଧି, ସମୃଦ୍ଧି ଏବଂ ନିଜ କାର୍ଯ୍ୟର ତାଳମେଳ ଭାବନାରେ ପରିପୂର୍ଣ୍ଣ ହେବା ଦରକାର । ଆପଣ ଏଥି ପାଇଁ କୌଣସି ବାକ୍ୟ, କୌଣସି ସୁକ୍ତି, କୌଣସି ଉଦ୍ଦେଶ୍ୟ ନିଜ ମନ ଭିତରେ ବାରମ୍ବାର ଦୋହରାଇ ଚାଲନ୍ତୁ । ଯଦି ଚାହୁଁଛନ୍ତି, ତେବେ ଅନ୍ୟ କୌଣସି ବିଦ୍ୟାର ଆଶ୍ରୟ ମଧ୍ୟ ନେଇ ପାରିବେ । ଯଦି ଆପଣ ଆପଣଙ୍କ ଦିନର

ଆରମ୍ଭ ଏହି ପ୍ରକାରେ କରିବେ ତେବେ ଆପଣ ଅନୁଭବ କରିବେ କି ଆପଣଙ୍କ ସାରା ଦିନର କାମରେ କୌଣସି ବାଧା-ବିଘ୍ନ ଆସିବ ନାହିଁ । ଯଦି ଆସେ, ତେବେ ସେଗୁଡ଼ିକ ଆପଣଙ୍କ ସହାୟକ ଭାବେ ଆପଣଙ୍କ ପାଇଁ ବରଦାନ ସିଦ୍ଧ ହେବ । ହୋଇପାରେ କୌଣସି କାର୍ଯ୍ୟକୁ କଲାବେଳେ ଆପଣଙ୍କୁ ଆପଣଙ୍କ ଯୋଗ୍ୟତା ଉପରେ ସନ୍ଦେହ ଆସୁଛି । ଏଭଳି ସ୍ଥିତିରେ ତୁରନ୍ତ ଅନୁଶାସନର ସାହାରା ନେଇ ନିଜ ଆତ୍ମବିଶ୍ୱାସକୁ ଦୃଢ଼ କରନ୍ତୁ । ଆପଣଙ୍କୁ ଏହା ସ୍ପଷ୍ଟ ହୋଇଯିବା ଦରକାର କି ସନ୍ଦେହ ମିଥ୍ୟା ଅଟେ । ଏହା ତ ଆପଣଙ୍କ ମନର ଦୁର୍ବଳତା । ଏହାକୁ କାଢ଼ି ଦିଅନ୍ତୁ, ଏମିତି କଲେ ଆପଣଙ୍କୁ ଆପଣଙ୍କ କ୍ଷମତା ଉପରେ ବିଶ୍ୱାସ ହୋଇଯିବ । ନିଜକୁ ଚିହ୍ନିବାକୁ ଚେଷ୍ଟା କରନ୍ତୁ । କ'ଣ ଆପଣଙ୍କୁ ଜଣା ନାହିଁ କି ଶକ୍ତିର ଅପାର ଭଣ୍ଡାର ଆପଣଙ୍କ ଭିତରେ ଲୁଚି ରହିଛି ?

ନିଜ ମହାନତାକୁ ଜାଣନ୍ତୁ, ତା ଉପରେ ସବୁବେଳେ ଦୃଷ୍ଟି ରଖି ଆଗକୁ ଯିବାକୁ ପ୍ରୟାସ କରନ୍ତୁ । ଏମିତି କରିବା ଦ୍ୱାରା ଆପଣଙ୍କୁ କୌଣସି ପ୍ରକାର ଦୋଷ ବିଚଳିତ କରି ପାରିବ ନାହିଁ । ଲୁଚି ରହିଥିବା ନିଜ ଶକ୍ତିକୁ ଜାଣିବା କିମ୍ବା ତା ସହ ସାକ୍ଷାତ କରିବା ଅର୍ଥ ହିଁ ତାକୁ ପାଇଯିବା । ଏଥିପାଇଁ, ହେ ଅମୃତ-ପୁତ୍ର ! ଉଠନ୍ତୁ ଏବଂ ଯେତେ ଶୀଘ୍ର ହୋଇପାରେ ଏହି ତଥ୍ୟକୁ ଜାଣି ନିଅନ୍ତୁ । ସଫଳତା ଆପଣଙ୍କ ପାଦ ତଳେ ପ୍ରଣାମ କରିବାକୁ ଲାଗିବ ଏବଂ କିଛି ଦିନ ମଧ୍ୟରେ ଆପଣଙ୍କୁ ଜଣା ପଡ଼ିଯିବ କି ଏହି ପ୍ରକାର ବିଚାର, ଆଦର୍ଶ ଏବଂ ଭାବନା ଦ୍ୱାରା ଆପଣଙ୍କ ସମ୍ପୂର୍ଣ୍ଣ ଜୀବନର ଦୃଷ୍ଟିଭଙ୍ଗୀ ପରିବର୍ତ୍ତନ ହୋଇଯାଇଛି । ଯେ କୌଣସି ସମସ୍ୟାର ସମାଧାନ ପାଇଁ ଆପଣଙ୍କୁ ଆପେ ଆପେ ନୂତନ ଉପାୟ ଦେଖାଯିବ । ଆପଣଙ୍କ ପାଇଁ ଜୀବନର ଏକ ନୂଆ ଅର୍ଥ ମିଳିଯିବ । ଆପଣ ଲଗାତର ଏହି ପ୍ରକାର ଭାବନାଗ୍ରସ୍ତ ରହି, ପରିସ୍ଥିତି ଗୁଡ଼ିକ ସହ ପୂର୍ଣ୍ଣ ରୂପେ ତାଲମେଳ ସ୍ଥାପିତ କରି, ସେଗୁଡ଼ିକ ସହ ପୂର୍ଣ୍ଣ ସାମଞ୍ଜସ୍ୟ ସ୍ଥାପିତ କରି, ଯେ କୌଣସି ପ୍ରତିକୂଳ ପରିସ୍ଥିତି ଉପରେ ବିଜୟ ପାଇ ପାରିବେ । ଏପରି ବିଚାର, କଳ୍ପନା ଠାରୁ ମଧ୍ୟ ଅଧିକ ଶକ୍ତିଶାଳୀ । ଏହି କାରଣରୁ, ଆପଣ ପ୍ରସନ୍ନ ଏବଂ ସନ୍ତୋଷ ରହି ପାରିବେ ।

ଏହାଦ୍ୱାରା ଆପଣଙ୍କ ସ୍ୱାସ୍ଥ୍ୟରେ ଉନ୍ନତି ଘଟିବ । ଆପଣଙ୍କ ବ୍ୟକ୍ତିତ୍ୱର ବିକାଶ ମଧ୍ୟ ହେବ । ଆପଣଙ୍କ ବ୍ୟକ୍ତିଗତ ଶକ୍ତିକୁ ବଢ଼ାଇବାରେ ସହାୟତା ମିଳିବ । ଆପଣଙ୍କ ବିଚାର ମହାଶକ୍ତିଶାଳୀ ହେବ । ଏହି ବିଶ୍ୱରେ ଏମିତି ଅନେକ ବ୍ୟକ୍ତି ଅଛନ୍ତି, ଯେଉଁମାନେ ନିଜ ମନୋଭାବକୁ ନିଜ ଚେଷ୍ଟା ଅନୁରୂପ କରିପାରନ୍ତି ନାହିଁ ଏବଂ ଏଥିପାଇଁ ସବୁବେଳେ ଦୁର୍ବଳ, ଅସଫଳ ଏବଂ କମ୍ ଶକ୍ତିଶାଳୀ ହୋଇ ରହନ୍ତି । ଏମିତି ଲୋକଙ୍କ ଜୀବନ କେବେ ମଧ୍ୟ ଉଚିତ ମାର୍ଗରେ ଯାଇପାରେ ନାହିଁ । ସେମାନେ କୌଣସି ଜିନିଷ ପାଇଁ ଉପର ଦେଖାଣିଆ ଚେଷ୍ଟା କରନ୍ତି ଏବଂ ତାଙ୍କ ମନରେ ଅନ୍ୟ କୌଣସି ଜିନିଷ ପାଇଁ ଆଶା ରହିଥାଏ । ଏମିତି ଲୋକଙ୍କୁ ସଫଳତା କିମ୍ବା ବିଜୟର

ହର୍ଷୋଲ୍ଲାସ କେବେ ମଧ୍ୟ ମିଳିପାରିବ ନାହିଁ । ଯେତେବେଳ ପର୍ଯ୍ୟନ୍ତ ଆପଣଙ୍କ ମନୋଭାବ ହିଁ ଆପଣଙ୍କ ଚେଷ୍ଟାର ଅନୁରୂପ ହେବ ନାହିଁ, ସେତେବେଳ ପର୍ଯ୍ୟନ୍ତ ଆପଣଙ୍କୁ କୌଣସି କାର୍ଯ୍ୟରେ ସଫଳତା ମିଳିପାରିବ ନାହିଁ । ଗୋଟିଏ ପଟେ ଧନ-ପ୍ରାପ୍ତିର ଇଚ୍ଛା କରିବା ଏବଂ ଅନ୍ୟ ପଟେ ଆପଣ ଦରିଦ୍ର ଅଟନ୍ତି ବୋଲି କହିବା- ଏମିତି ସ୍ଥିତିରେ ଆପଣ କଣ, କେହି ମଧ୍ୟ, କିଛି ବି କରି ପାରିବନି, କାହିଁକିନା ଏହି ପ୍ରକାର ବିଚାରରେ ଆପଣଙ୍କ ଧନ ଅର୍ଜନ କରିବା ଶକ୍ତି, ସେହି ବ୍ୟକ୍ତି ଭଳି ହୋଇଯିବ, ଯିଏ ପୂର୍ବ ଦିଗକୁ ଯିବାକୁ ଚାହୁଁଛି, କିନ୍ତୁ ତା' ପାଦ ପଶ୍ଚିମ ଦିଗକୁ ଉଠୁଛି । ଯେଉଁ ବ୍ୟକ୍ତି ନିଜ ଯୋଗ୍ୟତା ଉପରେ ସନ୍ଦେହ କରେ, ସେ ନା ତ ଅନ୍ୟ କାହାର ଭଲ କରିପାରିବ ଏବଂ ନା ନିଜ ପାଇଁ କିଛି କରିପାରିବ । ସେ ତ କେବଳ ନିଜ ଶକ୍ତିକୁ କ୍ଷୟ କରିଥାଏ । ଏହିଭଳି, ତା ଅସଫଳତାର ସୁଯୋଗ ବଢ଼ିଚାଲେ । ଏମିତି ବ୍ୟକ୍ତି କେବେ ମଧ୍ୟ ସଫଳ ହୋଇ ପାରିବେ ନାହିଁ ।

ବୈଚାରିକ ଦୃଢ଼ତା:

କେବଳ ସେହି ବ୍ୟକ୍ତି ସଫଳ ହୁଅନ୍ତି ଯେଉଁମାନେ ସବୁବେଳେ ନିଜ ମନ ଭିତରେ ସୁଖ ଏବଂ ସମୃଦ୍ଧିର ବିଚାରକୁ ଦୃଢ଼ତାପୂର୍ବକ ବାନ୍ଧି ରଖନ୍ତି । ଏହି ସମୟରେ ଆପଣଙ୍କ ଯେଉଁ ସ୍ଥିତି ଅଛି, ତାହା ଆପଣଙ୍କ ବିଚାର ଗୁଡ଼ିକର ପରିଣାମ ଅଟେ- ସଦା ଏହା ହିଁ ହୁଏ । ଯଦି ଆପଣ ଦରିଦ୍ରତାପୂର୍ଣ୍ଣ ବିଚାରକୁ ନିଜ ମନରେ ସ୍ଥାନ ଦେବେ ତେବେ ଆପଣ କେବେ ମଧ୍ୟ ଧନୀ ହୋଇପାରିବେ ନାହିଁ । ଯଦି ଆପଣଙ୍କ ମନରେ ଭଲ ବିଚାର ଥିବ ଏବଂ ଆପଣ ଦରିଦ୍ରତା, ନିର୍ଧନତା, ଗରିବୀ ଆଦି ବିଚାର ଗୁଡ଼ିକୁ ପଛ କରିଦେବେ, ତେବେ ଆପଣଙ୍କର ଛାଏଁ ଉନ୍ନତି ହେବାକୁ ଲାଗିବ ଏବଂ ସରଳତାପୂର୍ବକ ଆପଣ ସମୃଦ୍ଧି ଆଡ଼କୁ ଆଗେଇ ଚାଲିବେ । ଯଦି ଆପଣ ନିଜର ସମସ୍ତ ଶକ୍ତି ଧନବାନ ହେବାରେ ଲଗାଇଛନ୍ତି, ତେବେ ଆପଣଙ୍କୁ ଭୁଲ୍‌ରେ ମଧ୍ୟ ଗରିବୀ, ଦରିଦ୍ରତା ଏବଂ ଅସଫଳତା ଆଦିର ଡରକୁ ନିଜ ମନ ମଧ୍ୟରେ କୌଣସି ସ୍ଥାନ ଦେବା ଉଚିତ ନୁହେଁ ।

ଏହି କଥା ଠିକ ଭାବେ ଜାଣିବା ଦରକାର କି ଯଦି ଆପଣ ବିପରୀତ ଭାବନାରେ କାମ ଆରମ୍ଭ କରୁଛନ୍ତି, ତେବେ ଆପଣଙ୍କ ମନରେ ଭୟ ଏବଂ ଆଶଙ୍କା ରହିବ । ଏହାର ଫଳ ସ୍ୱରୂପ, ଆପଣଙ୍କ ମନରେ ଆତ୍ମବିଶ୍ୱାସ ଉତ୍ପନ୍ନ ହୋଇପାରିବ ନାହିଁ ଏବଂ ଏଭଳି ସ୍ଥିତିରେ ଯେତେ ଯତ୍ନ କଲେ ମଧ୍ୟ ଆପଣ ସଫଳ ହୋଇ ପାରିବେନି । ଇଂରାଜୀରେ ଏକ ଲୋକକଥା ଅଛି କି ଯେବେ ମେଣ୍ଢା- ମେଁ...ମେଁ କରିବାକୁ ଲାଗେ, ତେବେ ତା ମୁହଁରୁ ଘାସ ଖସିଯାଏ । ଆପଣ ଯେବେ ନିଜ ଭାଗ୍ୟକୁ ନିନ୍ଦା କରନ୍ତି ଏବଂ କହନ୍ତି- ମୁଁ ଏହି କାମ କରି ପାରିଲିନି, ମତେ ସୁଯୋଗ ମିଳିଲା ନାହିଁ, ଅନ୍ୟମାନଙ୍କ ଭଳି ବୁଦ୍ଧି ମୋର ନାହିଁ କିମ୍ବା ଭାଗ୍ୟ ଅଥବା ଭଗବାନ ମୋ ପାଇଁ ମୁହଁ ମୋଡ଼ି ଦେଇଛନ୍ତି, ତେବେ ମେଣ୍ଢାର କଥା ଆପଣଙ୍କ ଉପରେ ଲାଗୁ ହେବ । ଏମିତି

କହି ଆପଣ ନିଜେ ନିଜ ଉପରକୁ ସମସ୍ୟା ଆଣନ୍ତି । ଏହିପରି ଆପଣ ସେହି ତତ୍ତ୍ୱ ଗୁଡ଼ିକୁ ପ୍ରୋତ୍ସାହନ ଦିଅନ୍ତି, ଯାହା ଆପଣଙ୍କ ଶକ୍ତି ଏବଂ ସମୃଦ୍ଧିର ଅନ୍ତ କରି ଦିଅନ୍ତି । ନିରାଶା ଏବଂ ଉତ୍ସାହହୀନ ବିଚାର ଦ୍ୱାରା ଆପଣ ନିଜ ଚାରିପାଖେ ଥିବା ବାୟୁମଣ୍ଡଳକୁ ମଧ୍ୟ ଦୂଷିତ କରିଦିଅନ୍ତି । ଏଭଳି କୁବିଚାରପୂର୍ଣ୍ଣ ସଂସ୍କାର ଆପଣଙ୍କ ମନରେ ବସା ବାନ୍ଧନ୍ତି । ବିଚାର ତ ସଂକ୍ରାମକ ଅଟନ୍ତି, ହେଲେ ସେଥିରେ ଏକ ବିଶେଷତା ହେଲା ଯେ ସେଗୁଡ଼ିକ ଚୁମ୍ବକ ଭଳି ଗୁଣ-ଧର୍ମୀ ପଦାର୍ଥ ଗୁଡ଼ିକୁ ନିଜ ଆଡ଼କୁ ଟାଣନ୍ତି । ଏହିପରି ଉତ୍ସାହ ଏବଂ ଉଲ୍ଲାସ ପୂର୍ଣ୍ଣ ବିଚାରର ନମୂନା ଆପଣଙ୍କ ଭାବନା ଅଟେ । ଯଦି ଆପଣ କୌଣସି ପ୍ରକାର ବେପାର କରୁଛନ୍ତି ଏବଂ ଆପଣଙ୍କ ମନରେ ନିଜ ବେପାର ପ୍ରତି ଛୋଟ ବିଚାର ରହିଛି ଏବଂ ଆପଣ ସବୁବେଳେ ଏହା ଚିନ୍ତା କରୁଛନ୍ତି କି- ଆଜିକାଲି ସମୟ ବହୁତ ଜଟିଳ- ବଜାର ବହୁତ ମାନ୍ଦା ହୋଇଯାଉଛି- ତେବେ ଏହି ବିଚାରର ପରିଣାମ ବହୁତ ଘାତକ ସିଦ୍ଧ ହେବ ।

ଏ ପ୍ରକାରର ମୂର୍ଖତାପୂର୍ଣ୍ଣ ବିଚାର ଦ୍ୱାରା ଆପଣଙ୍କ ବ୍ୟବସାୟର ପ୍ରଗତି ମାର୍ଗ ଆପେ ବନ୍ଦ ହୋଇ ଚାଲିବ । ହୋଇପାରେ ଆପଣ ସଫଳତା ପାଇଁ ହାଡ଼ଭଙ୍ଗା ପରିଶ୍ରମ କରୁଛନ୍ତି, ହେଲେ ଯଦି ଆପଣଙ୍କ ବିଚାରରେ ଅସଫଳତାର ଭୟ ରହିଛି, ତେବେ ଆପଣଙ୍କ ପରିଶ୍ରମ ବ୍ୟର୍ଥ ହୋଇଯିବ ଏବଂ ଆପଣଙ୍କୁ ନିରାଶା ବ୍ୟତୀତ ଆଉ କିଛି ମିଳିବ ନାହିଁ । ବହୁ ବ୍ୟକ୍ତି କେବଳ ଅସଫଳ ହେବାର ଭୟପୂର୍ଣ୍ଣ ବିଚାର ଯୋଗୁଁ ହିଁ ନିଜ ଶକ୍ତିଗୁଡ଼ିକୁ ବ୍ୟର୍ଥ କରିଦିଅନ୍ତି । ଏବଂ ସଫଳତା ହାସଲ କରି ପାରନ୍ତି ନାହିଁ । ଆପଣଙ୍କୁ ଦରକାର ଆପଣ ପ୍ରତ୍ୟେକ କାମକୁ ଆଶାବାନ, ଉଜ୍ଜ୍ୱଳ ଏବଂ ସୁନିଶ୍ଚିତାତ୍ମକ ଦୃଷ୍ଟିରେ ଦେଖନ୍ତୁ ଏବଂ ଏହା ଦୃଢ଼ ବିଶ୍ୱାସ ରଖନ୍ତୁ କି ଯାହା କିଛି ହେବ, ଭଲ ଏବଂ ଉତ୍ତମ ହିଁ ହେବ । ସଦା ଅସତ୍ୟ ଉପରେ ସତ୍ୟର ହିଁ ବିଜୟ ହୁଏ ।

ଆପଣଙ୍କୁ ଏହା ମାନି ଚାଲିବାକୁ ହେବ କି ବିଚାର ଏବଂ କାର୍ଯ୍ୟର ଏକତା ଏବଂ ସ୍ୱାସ୍ଥ୍ୟ ହିଁ ସତ୍ୟ, ବିରୋଧାଭାସ ଏବଂ ବ୍ୟାଧି ଅସତ୍ୟ । ଥରେ ଯଦି ଆପଣ ଏହି ସତ୍ୟକୁ ଆପଣାଇ ନେବେ ତେବେ ଆପଣ ଆଶାବାଦୀ ହୋଇଯିବେ । ଏଥିରେ ଆପଣଙ୍କୁ କେବଳ ବ୍ୟକ୍ତିଗତ ଜୀବନରେ ଲାଭ ମିଳିବନି, ବରଂ ସାରା ବିଶ୍ୱ ଏଥିରୁ ପ୍ରେରଣା ପାଇପାରିବ । ଆଶା ଆପଣଙ୍କ ଜୀବନରେ ଅମୃତ ଭଳି କାମ କରିଥାଏ । ଯେଉଁଭଳି ବୃକ୍ଷ-ଲତା ସୂର୍ଯ୍ୟଙ୍କ କିରଣରୁ ଶକ୍ତି ସଞ୍ଚୟ କରି ବଞ୍ଚି ରହନ୍ତି, ସେହି ପ୍ରକାର ଆଶାବାଦରୁ ଆପଣଙ୍କ ମଧ୍ୟରେ ନବଜୀବନର ସଞ୍ଚାର ହୋଇଥାଏ । ମନରୂପୀ ସୂର୍ଯ୍ୟରୁ ଫୁଟୁଥିବା କିରଣରୁ ହିଁ ଆପଣଙ୍କ ଜୀବନ ବୃକ୍ଷ ବିକଶିତ ଏବଂ ପଲ୍ଲବିତ ହୋଇଥାଏ । ଏଥିରୁ ଆପଣଙ୍କ ମାନସିକ ଶକ୍ତିଗୁଡ଼ିକ ପ୍ରସ୍ଫୁଟିତ ହୁଏ ଏବଂ ବିକଶିତ ହୁଏ । ଏହାର ବିପରୀତ, ନିରାଶାପୂର୍ଣ୍ଣ ବିଚାର ଆପଣଙ୍କୁ କେବେ ମଧ୍ୟ ଉନ୍ନତି କରିବାକୁ ଦିଏନାହିଁ । ଏହି ପ୍ରକାର, ଯେଉଁ ବ୍ୟକ୍ତି ସବୁ କଥା ଏବଂ ବସ୍ତୁକୁ ନିରାଶାଜନକ ଭାବେ ଦେଖନ୍ତି

ଏବଂ ସଦା ଅସଫଳତାର ବିଚାରକୁ ମନ ମଧ୍ୟରେ ସ୍ଥାନ ଦେଉଥାନ୍ତି, ସେମାନେ ସବୁବେଳେ ଦୁଃଖୀ ଏବଂ ଦାରିଦ୍ର୍ୟତାରେ ଘେରି ରହନ୍ତି, କେବେ ଉଠି ପାରନ୍ତି ନାହିଁ।

କୌଣସି ଅନ୍ୟ ପଦାର୍ଥ ନିଜ ବିପରୀତ ଗୁଣ-ଧର୍ମର ପଦାର୍ଥକୁ ନିଜ ଆଡ଼କୁ ଆକର୍ଷିତ କରି ପାରନ୍ତି ନାହିଁ। ସେଗୁଡ଼ିକ ମଧ୍ୟରେ ଏଭଳି ଶକ୍ତି ନଥାଏ। ପ୍ରତ୍ୟେକ ପଦାର୍ଥ ସମାନ ଗୁଣ-ଧର୍ମୀ ବସ୍ତୁକୁ ହିଁ ନିଜ ଆଡ଼କୁ ଆକର୍ଷିତ କରନ୍ତି। ଯଦି ଆପଣ ସୁଖୀ ଏବଂ ସମୃଦ୍ଧ ହେବାକୁ ଚାହାନ୍ତି ତେବେ ସୁଖ ଏବଂ ସମୃଦ୍ଧିପୂର୍ଣ୍ଣ ବିଚାର ଗୁଡ଼ିକୁ ହିଁ ନିଜ ମନ ମଧ୍ୟରେ ସ୍ଥାନ ଦିଅନ୍ତୁ। ଏହା ଦ୍ୱାରା ଆପଣଙ୍କ ଆତ୍ମାରେ ଉଦାରତା ଭାବ ଜାଗ୍ରତ ହେବ। ଯିଏ ଗରିବୀ ଏବଂ ନିର୍ଦ୍ଧନତାକୁ ଡରେ, ନିର୍ଦ୍ଧନତା ତା' ପାଖକୁ ଆସିଥାଏ। ଏଥିପାଇଁ, ଯଦି ଆପଣ ଧନୀ ହେବାକୁ ଚାହୁଁଛନ୍ତି, ତେବେ ଆପଣଙ୍କୁ ନିର୍ଦ୍ଧନତାର ବିଚାର ତ୍ୟାଗ କରିବାକୁ ପଡ଼ିବ। ଏଥି ସହିତ, ସେହି ସବୁ ବିଚାର ଗୁଡ଼ିକ ସହ ସମ୍ପର୍କ ଛିଣ୍ଡାଇବାକୁ ପଡ଼ିବ, ଯେଉଁଥିରୁ ଆପଣଙ୍କୁ କୌଣସି ପ୍ରକାରର ଭୟ ଲାଗୁଛି। ସମସ୍ତ ପ୍ରକାରର ନିରାଶାଜନକ ବିଚାରକୁ ସମାପ୍ତ କରି ଦିଅନ୍ତୁ, ସେଗୁଡ଼ିକୁ ଭୁଲି ଯାଆନ୍ତୁ ଏବଂ ମନରୁ ସବୁଦିନ ପାଇଁ ବାହାର କରି ଦିଅନ୍ତୁ। ଯଦି ବିଚାର ଆପଣଙ୍କ ବିକାଶକୁ ଅଟକାଉଛି, ଆପଣଙ୍କୁ ଦରକାର କି ଆପଣ ନିଜ ମନ ଭିତରେ ସେହି ପଦାର୍ଥ ସମ୍ବନ୍ଧୀୟ ବିଚାର ଗୁଡ଼ିକୁ ସ୍ଥାନ ଦିଅନ୍ତୁ, ଯାହାକୁ ପ୍ରାପ୍ତ କଲେ ଆପଣଙ୍କୁ ପ୍ରସନ୍ନତା ମିଳି ପାରିବ। ଏପରି କଲେ ଆପଣ ଇଚ୍ଛା କରୁଥିବା ପଦାର୍ଥ ଗୁଡ଼ିକ ଆପଣା ଛାଏଁ ଆପଣଙ୍କ ଆଡ଼କୁ ଆକର୍ଷିତ ହେବାକୁ ଲାଗିବେ। ଆପଣଙ୍କ କାର୍ଯ୍ୟ ଏବଂ ତା ପ୍ରତି ଉତ୍ପନ୍ନ ମନୋଭାବର ନିବିଡ଼ ସମ୍ପର୍କ ରହିଛି। ଏହା ଆପଣ ନିଶ୍ଚିତ ଜାଣି ନିଅନ୍ତୁ କି କାମ ପ୍ରତି ଉତ୍ପନ୍ନ ଅସାମଞ୍ଜସ୍ୟ, ସନ୍ଦେହ ଅଥବା ଅନ୍ୟାନ୍ୟ ବିଚାର ତାକୁ କେବେ ସିଦ୍ଧ ହେବାକୁ ଦେବେନାହିଁ।

ଏହି ପ୍ରକାର ଆପଣଙ୍କର କେବେ ଉନ୍ନତି ହୋଇ ପାରିବନି ଏବଂ ଆପଣ ସବୁଦିନ ପାଇଁ ବ୍ୟସ୍ତ ବିବ୍ରତ ରହିବେ। ଯଦି ଆପଣ ଏହା ଚିନ୍ତା କରି ଚାଲିବେ କି ଆମେ କ'ଣ କରିପାରିବୁ, ଆମକୁ ତ ବାଧ୍ୟ ହୋଇ ଏହି କାମ କରିବାକୁ ପଡୁଛି- ଏଥିରୁ ସୁଖିଲା ରୁଟି ହିଁ ମିଳିବ ଏବଂ ଭଗବାନ ଆମକୁ ଏଥିପାଇଁ ତିଆରି କରିଛନ୍ତି କି ଆମେ ସଦା ଏମିତି ପରିଶ୍ରମ କରିଚାଲୁ ଏବଂ ଏପରି ସ୍ଥିତିରେ ପଡ଼ି ରହୁ- ନିଶ୍ଚିତ ଜାଣି ନିଅନ୍ତୁ କି ଆପଣଙ୍କୁ ଏହି ବିଚାର ଗୁଡ଼ିକର ପ୍ରଭାବରୁ କେହି ବଞ୍ଚାଇ ପାରିବେ ନାହିଁ। ଆପଣଙ୍କୁ ସାରା ଜୀବନ ଏଭଳି ଚକ୍କି ପେଶିବାକୁ ପଡ଼ିବ। ଏହା ଆପଣଙ୍କୁ ନିଶ୍ଚିତ ମାନିବାକୁ ପଡ଼ିବ କି ଆପଣ ଏହି ପ୍ରକାର ବିଚାରର କୁପ୍ରଭାବରୁ କେବେ ବାହାରି ପାରିବେନି ଏବଂ ନା ସେଥିରୁ କୌଣସି ଲାଭ ଉଠାଇ ପାରିବେ। ହଁ, ଯଦି ଏହିଭଳି ନିକୃଷ୍ଟ ବିଚାର ବଦଳରେ ଆପଣ ନିଜ ଭବିଷ୍ୟତକୁ ଉଜ୍ଜ୍ୱଳ ଭାବିବେ ଏବଂ ମାନିବେ କି ଶୀଘ୍ର ଆପଣଙ୍କ ଜୀବନର ଦୁଃଖଦ ଅଧ୍ୟାୟ ଶେଷ ହେବାକୁ ଯାଉଛି, ତେବେ ଆପଣଙ୍କୁ ସୁଖ ଏବଂ ଶାନ୍ତି ହାସଲ ହେବ।

ଉଚ୍ଚାଭିଳାଷ:

ଏହା ଭାବି ଯଦି ଆପଣ ନିଶ୍ଚିତ ଭାବେ ନିଜ କାର୍ଯ୍ୟରେ ଲାଗି ରୁହନ୍ତି ତେବେ ଆପଣଙ୍କୁ ଆପଣଙ୍କ ଲକ୍ଷ୍ୟ ପ୍ରାପ୍ତ ହେବ, ହେଲେ ଏହି ସଫଳତା ପ୍ରାପ୍ତି ପାଇଁ ଆପଣଙ୍କ ମଧ୍ୟରେ ଦୃଢ଼ ବିଶ୍ୱାସ ତ ନିହାତି ଆବଶ୍ୟକ। ଏଥି ସହ ଆପଣଙ୍କ ମଧ୍ୟରେ କାର୍ଯ୍ୟର ଅନୁରୂପ ଯୋଗ୍ୟତା ମଧ୍ୟ ଦରକାର। ଦୃଢ଼ ବିଶ୍ୱାସରେ ଏକ ବିଶିଷ୍ଟ ପ୍ରକାରର ଉତ୍ପାଦକ ଶକ୍ତି ଥାଏ, ଯାହା ଦ୍ୱାରା କାର୍ଯ୍ୟ ସମ୍ପନ୍ନ ହୋଇଥାଏ। ଏହି ଶକ୍ତି ଦ୍ୱାରା ହିଁ ଆପଣଙ୍କ ମନୋବାଞ୍ଛା ପୂର୍ଣ୍ଣ ହୋଇଥାଏ। ଆମକୁ ଆଜି ପର୍ଯ୍ୟନ୍ତ ଏମିତି ଜଣେ ଲୋକ ମିଳିନାହିଁ, ଯାହାର ନିଜ ଉପରେ ଭରସା ଥିବ, ଯାହା ମନରେ ଦୃଢ଼ ବିଶ୍ୱାସ ଥିବ ଏବଂ ଯିଏ ନିଜ ଲକ୍ଷ୍ୟରେ ପହଞ୍ଚିବା ପାଇଁ ମନ, ପ୍ରାଣ ଦେଇ କାମ କରୁଥିବ ହେଲେ ତାକୁ ସଫଳତା ପ୍ରାପ୍ତ ହୋଇନଥିବ। ଆପଣଙ୍କୁ ମନେରଖିବା ଦରକାର କି ପ୍ରତ୍ୟେକ ଉଚ୍ଚାଭିଳାଷ ପ୍ରଥମେ ଆପଣଙ୍କ ମନରେ ଆତ୍ମ-ପ୍ରେରଣା ରୂପେ ଜନ୍ମ ନିଏ, ଯଦି ଆପଣ ଉଚିତ ପ୍ରଚେଷ୍ଟା କରିବେ ତେବେ ଆପଣଙ୍କ ଅଭିଳାଷ ଅବଶ୍ୟ ପୂର୍ଣ୍ଣ ହେବ। ଏଣୁ ଆପଣଙ୍କୁ ଦରକାର ଆପଣ ଉଚ୍ଚ ଏବଂ ମହାନ ବିଚାର ଗୁଡ଼ିକୁ ନିଜ ମନ ଭିତରେ ସ୍ଥାନ ଦିଅନ୍ତୁ। ଆପଣ ଯାହା କିଛି କରିବାକୁ ଚାହୁଁଛନ୍ତି, ସେହି ସମ୍ବନ୍ଧରେ କୌଣସି ସନ୍ଦେହ କିମ୍ବା ସଂଶୟ ଆପଣଙ୍କ ମନରେ ରହିବା ଉଚିତ ନୁହେଁ। ସଂଶୟ ଏବଂ ସନ୍ଦେହରୁ ହିଁ ଆପଣଙ୍କ ଉତ୍ପାଦକ କାର୍ଯ୍ୟ-ଶକ୍ତି କ୍ଷୀଣ ହୋଇଥାଏ ଏବଂ ଆଶା ପୂରଣ ହୋଇପାରେ ନାହିଁ। ଆପଣ ନିଜ ମନକୁ ଆଶ୍ୱାସନା ଦେଉଥିବା ଦରକାର କି ଯାହା ଆପଣ ପାଇବାକୁ ଚାହୁଁଛନ୍ତି, ତାହା ଅବଶ୍ୟ ହାସଲ ହେବ। ଆପଣଙ୍କୁ ଏହା ନିହାତି ମନେ ରଖିବା ଦରକାର କି ଆପଣ ବିଶ୍ୱରେ ସଫଳତା, ବିଜୟ ଏବଂ ସୁଖ ପ୍ରାପ୍ତ କରିବାକୁ ଜନ୍ମ ନେଇଛନ୍ତି।

ଯଦି ଆପଣ ଥରେ ଏହି ଦୃଢ଼ ସଂକଳ୍ପ କରିନେବେ କି "ଆପଣଙ୍କୁ ଏହି ସବୁ ହାସଲ କରିବା ଦରକାର" ତେବେ ବିଶ୍ୱର କୌଣସି ଶକ୍ତି ଆପଣଙ୍କୁ ଏସବୁ ପାଇବାରୁ ବଞ୍ଚିତ କରି ପାରିବ ନାହିଁ। ଏ ପ୍ରକାରର ଆଶାବାଦୀ ବିଚାର ଗୁଡ଼ିକୁ ନିଜ ମନ ଭିତରେ ବାରମ୍ବାର ଦୋହରାଇବା ଦ୍ୱାରା ଆପଣଙ୍କ ବିଜୟ ସୁନିଶ୍ଚିତ ହୋଇଯାଏ ଏବଂ ଆପଣଙ୍କ ଦ୍ୱାରା ଅଭିଳାଷିତ ପଦାର୍ଥ ଚମତ୍କାର ଢଙ୍ଗରେ ଆପଣଙ୍କ ନିକଟକୁ ଚାଲି ଆସନ୍ତି, ହେଲେ ଏହି ଇଚ୍ଛାଗୁଡ଼ିକ ପ୍ରତି ତିଳେମାତ୍ର ସଂଶୟ କିମ୍ବା ସନ୍ଦେହ ଆପଣଙ୍କ ମନରେ ନଥିବା ଦରକାର। ଭଗବାନଙ୍କ ଇଚ୍ଛା କି ମନୁଷ୍ୟ ନିଜ ନିକୃଷ୍ଟ ପରିସ୍ଥିତିର ଦାସ ହୋଇ ନରହୁ। ସେ ଏହାକୁ ଜିତି ସୁଖ-ସୁବିଧା ଗୁଡ଼ିକର ଉପଯୋଗ କରୁ। ଭଗବାନ ଏହି କାମକୁ ସମ୍ପୂର୍ଣ୍ଣ କରିବା ପାଇଁ ଆମକୁ ମାନସିକ ଶକ୍ତି ରୂପୀ ସେବକଙ୍କ ସେନା ପ୍ରଦାନ କରିଛନ୍ତି।

ଯଦି ଆପଣ ଏହି ସେବକ-ସେବିକାଙ୍କ ଉପରେ ଭରସା ରଖିବେ ତେବେ ଆପଣ ଯାହା ଚାହିଁବେ ତାହା ପ୍ରାପ୍ତ ହେବ। କିଛି ଲୋକ ଏହା ଭାବି ରହିଥାନ୍ତି କି ଦେଖିବା

ଆଗକୁ କ'ଣ ହେଉଛି ? ଏହି ଲୋକଙ୍କ ମଧ୍ୟରେ ସେହି ଶକ୍ତି ନଥାଏ କି ସେମାନେ ପ୍ରତିକୂଳ ପରିସ୍ଥିତିଗୁଡ଼ିକୁ ନିଜର ଅନୁକୂଳ କରିପାରିବେ । ଏପରି ଲୋକ ସଫଳତା ହାସଲ କରିପାରିବେ ନାହିଁ । ମନ ଚାହୁଁଥିବା କାର୍ଯ୍ୟ ସେହି ଲୋକ କରିପାରିବେ, ଯାହାଙ୍କ ପ୍ରବୃତ୍ତି ନିଶ୍ଚୟାତ୍ମକ ଅଟେ । ଦୃଢ଼ ଏବଂ ନିଶ୍ଚୟାତ୍ମକ ପ୍ରବୃତ୍ତିର ମନୁଷ୍ୟ ହିଁ ସଂସାରରେ ମହାନ କାର୍ଯ୍ୟ କରିପାରନ୍ତି । ବହୁ ବାର ଏମିତି ମଧ୍ୟ ହୁଏ କି ଅନ୍ୟ ଲୋକଙ୍କ ନିରାଶାବାଦୀ ବିଚାରରେ ପ୍ରଭାବିତ ହୋଇ ନିଶ୍ଚୟାତ୍ମକ ସ୍ୱଭାବର ବ୍ୟକ୍ତି ମଧ୍ୟ ନିଜର ଆତ୍ମବିଶ୍ୱାସ ହରାଇ ବସନ୍ତି ଏବଂ ହର୍ଷୋଲ୍ଲାସ ସ୍ଥାନରେ ସବୁବେଳେ ନିରାଶାର ବାତାବରଣରେ ରହିବାକୁ ଲାଗନ୍ତି । କେହି ତାଙ୍କୁ ନିଜ କାର୍ଯ୍ୟର ଜ୍ଞାନ ନଥିବା କହନ୍ତି, ତ' କେହି କହନ୍ତି କି ତୁମର ଅନୁଭବ ନାହିଁ । ସେମାନେ ସେହି ଲୋକଙ୍କ କବ୍‌ଜାରେ ରହିଯାନ୍ତି ଏବଂ କାର୍ଯ୍ୟ ସମ୍ପନ୍ନ କରିବାର ଉତ୍ପାଦକ-ଶକ୍ତି ହରାଇ ବସନ୍ତି । ସେମାନେ ଅଗ୍ରଣୀ ହେବା ସ୍ଥାନରେ ପଛୁଆ ହୋଇଯାନ୍ତି ଏବଂ ଜୀବନରେ ମଧ୍ୟ ପଛୁଆ ହୋଇ ଯାଆନ୍ତି । ଆପଣଙ୍କ ଆତ୍ମା ଏକ ଅଦ୍ଭୁତ ଏବଂ ଅନନ୍ତ ଶକ୍ତିର ଭଣ୍ଡାର । ସମ୍ଭବତଃ ଆପଣ ଏହାର ବିବେଚନା କରି ପାରିବେନି, ହେଲେ ଏହାକୁ ଅନୁଭବ କରିପାରିବେ । ଏହି ବିଚିତ୍ର ଶକ୍ତି ଆପଣଙ୍କ ନିଶ୍ଚୟକୁ କାର୍ଯ୍ୟରେ ପରିଣତ କରିଦିଏ । ଉଦାହରଣ ସ୍ୱରୂପ, ଯଦି ଆପଣ ଏହା ମାନି ନିଅନ୍ତି କି ଆପଣ ଦୀନହୀନ ଏବଂ ତୁଚ୍ଛ, ଅନ୍ୟ ବ୍ୟକ୍ତି ଆପଣଙ୍କ ଠାରୁ ଭଲ ଅଟନ୍ତି, ତେବେ ଏହି ବିଚାର ଆପଣଙ୍କ ଆତ୍ମା ଉପରେ ଅଙ୍କିତ ହୋଇଯିବ ଏବଂ ଆପଣ ବାସ୍ତବରେ ଦୀନହୀନ, ତୁଚ୍ଛ ଏବଂ ଅଯୋଗ୍ୟ ହୋଇଯିବେ । ଏହାର ବିପରୀତ ଯଦି ଆପଣ ଏହା ମାନି ଚାଲିବେ କି ଆପଣ ମଧ୍ୟ ସଂସାରର ସମସ୍ତ ଶ୍ରେଷ୍ଠ ପଦାର୍ଥର ଅଧିକାରୀ ଏବଂ ସେଗୁଡ଼ିକ ଉପରେ ଆପଣଙ୍କ ଅଧିକାର ଅଛି ଏବଂ ଏହା ମାନି ନିଅନ୍ତି କି ଦୁଃଖ, ବ୍ୟାଧି ସହ ଆପଣଙ୍କ କୌଣସି ସମ୍ପର୍କ ନାହିଁ, ତେବେ ଆପଣଙ୍କ ମନର ଉତ୍ପାଦକ କାର୍ଯ୍ୟ-ଶକ୍ତି ବଢ଼ିବ ଏବଂ ଏହା ଦ୍ୱାରା ଆପଣଙ୍କ ସମସ୍ତ ଅଭିଳାଷା ପୂର୍ଣ୍ଣ ହୋଇ ଚାଲିବ । ପ୍ରମୁଖ ଭାବେ ବିଚାର ଦୁଇ ପ୍ରକାରର । ଗୋଟିଏ ବିଚାର ଏହା ହୋଇଥାଏ, ଯାହା ଦ୍ୱାରା ଆପଣଙ୍କ ଶରୀର, ଆପଣଙ୍କ ମନ, ଆପଣଙ୍କ ଆତ୍ମା ପୁଷ୍ଟ ହୁଏ, ଶକ୍ତି ପ୍ରାପ୍ତ କରେ, ଏବଂ ଅନ୍ୟଟି ହେଲା, ଯଦ୍ୱାରା ଆପଣଙ୍କ ଆତ୍ମା ଓ ଶରୀର ଦୁର୍ବଳ, ଏବଂ ଦୀନ-ହୀନ ହୁଏ । ପ୍ରଥମ ବିଚାରଟି ରକ୍ଷକ ଏବଂ ଦ୍ୱିତୀୟ ବିଚାର ଭକ୍ଷକ ହୋଇଥାଏ । ଆପଣଙ୍କ ବିଚାରଶୀଳ ଶକ୍ତି କେତେ ଶକ୍ତିଶାଳୀ ଏବଂ ସ୍ଥିର ଅଟେ ଏହା ଆପଣଙ୍କ କାର୍ଯ୍ୟ ସମ୍ପାଦନ ଦକ୍ଷତାରୁ ଜଣା ପଡ଼ିଯାଏ । ବହୁ ମନୁଷ୍ୟ ଏତେ ଦୁର୍ବଳ ବିଚାର ଶକ୍ତିର ହୋଇଥାନ୍ତି କି ସେମାନଙ୍କ ମନ୍ଦ ସାମାନ୍ୟ କାର୍ଯ୍ୟ କରିବାକୁ ମଧ୍ୟ ପଛଘୁଞ୍ଚା ଦିଏ ।

ଏଥିପାଇଁ ସେମାନେ ଦୁନିଆରେ କୌଣସି ବଡ଼ କାମ କରି ପାରନ୍ତି ନାହିଁ । କୌଣସି ମନୁଷ୍ୟର ବିଚାର ଶକ୍ତି ଦୁର୍ବଳ କିମ୍ବା ସ୍ଥିର ହେବା ତା କଥାରୁ ଜଣା ପଡ଼ିଯାଏ । ବହୁତ ଲୋକଙ୍କ ବିଚାର-ଶକ୍ତି ଏତେ ବଳଶାଳୀ ଏବଂ ଠୋସ୍ ହୋଇଥାଏ କି ସେମାନେ

ଅନ୍ୟ ଉପରେ ତୁରନ୍ତ ନିଜର ପ୍ରଭାବ ପକାଇ ପାରନ୍ତି । ତାଙ୍କୁ ଦେଖିବା କ୍ଷଣି ଅନ୍ୟ ମନୁଷ୍ୟଙ୍କ ମଧ୍ୟରେ ନୂତନ ତନ୍ତୁର ସଞ୍ଚାର ହୁଏ । ଏମିତି ମନୁଷ୍ୟଙ୍କ ପାଇଁ ଦୁନିଆରେ ଆପେ ଆପେ ରାସ୍ତା ତିଆରି ହୋଇଯାଏ । ଦୁନିଆକୁ ଏପରି ଲୋକ ହିଁ ସଞ୍ଚାଳନ କରନ୍ତି । ସେମାନଙ୍କ ଗୋଟିଏ ଶବ୍ଦରେ ଦୁନିଆରେ ବଡ଼ ବଡ଼ କାମ ସମ୍ପୂର୍ଣ୍ଣ ହୋଇଥାଏ, କାହିଁକିନା ଅନେକ ଲୋକ ମହାନ ଆତ୍ମାର ଆଦେଶ ପାଳନ କରିଥାନ୍ତି । କୌଣସି ଦିବ୍ୟ ପୁରୁଷ ସହ ପ୍ରଥମ ଥର ସାକ୍ଷାତ କଲେ ଆପଣଙ୍କୁ ନିଜ ଶରୀରରେ ନୂଆ ଜୀବନର ସଞ୍ଚାର ହେବା ଅନୁଭବ ହୁଏ ।

ଆପଣ ତାଙ୍କୁ ଜାଣିନଥିଲେ ମଧ୍ୟ ତାଙ୍କ ଉପରେ ଆପଣଙ୍କ ବିଶ୍ୱାସ ହୋଇଯାଏ । ଆପଣ ଏହା ଅନୁଭବ କରନ୍ତି କି ତାଙ୍କ ମଧ୍ୟରେ କୌଣସି ଦିବ୍ୟ ଶକ୍ତି ଅଛି, ଯାହା ବଳରେ ସେ ବିଶ୍ୱର ସଂଚାଳନ କିମ୍ବା ମହାନ କାର୍ଯ୍ୟ କରି ପାରନ୍ତି । ଏହାର ବିପରୀତ ଯଦି ଆପଣ କୌଣସି ପତିତ ଅଥବା ବିପଥଗାମୀ ପୁରୁଷ ସହ ସାକ୍ଷାତ କରନ୍ତି ତେବେ ଆପଣଙ୍କୁ ଅନୁଭବ ହେବ କି ଏହି ବ୍ୟକ୍ତି ପତିତ ଏବଂ ସେ ବିପଥଗାମୀ ଅଟନ୍ତି । ଯଦି ଆପଣ ଚାହାନ୍ତି କି ପ୍ରତ୍ୟେକଙ୍କୁ ଆପଣଙ୍କ ଶକ୍ତିର ପରିଚୟ ମିଳିବା ଦରକାର ତେବେ ଆପଣଙ୍କୁ ନିଜ ଶକ୍ତିର ବିସ୍ତାର କରିବାକୁ ହେବ । ଯଦି ଆପଣଙ୍କ ମଧ୍ୟରେ ନିଜକୁ ଚରିତ୍ରବାନ ରଖିବାର ସାହସ ଅଛି ତେବେ ଆପଣଙ୍କୁ ସ୍ଥାୟୀ ସଫଳତା ହାସଲ ହେବ ଏବଂ ଆପଣ ବିଜୟର ଅଧିକାରୀ ହେବେ । ଆପଣଙ୍କୁ ଏହା ମନେ ରଖିବାକୁ ପଡ଼ିବ ଯେ ଯଦି ଆପଣ ଏହି ବିଦ୍ୟା ନଜାଣି ଦୁନିଆରେ ପ୍ରବେଶ କରିବେ ତେବେ ସୁଶିକ୍ଷିତ ହୋଇଥିଲେ ମଧ୍ୟ ଆପଣଙ୍କୁ ସଫଳତା ହାସଲ ହେବନାହିଁ, କାହିଁକିନା ଆପଣଙ୍କ ମନରେ ଯେଉଁ ଡର ଏବଂ ଆଶଙ୍କା ଅଛି, ତାହା ଆପଣଙ୍କ ସ୍ୱାଭାବିକ ଶକ୍ତିକୁ ଶେଷ କରିଦିଏ ଏବଂ ଆପଣ ବହୁତ କଠିନ ପରିସ୍ଥିତିରେ ଛନ୍ଦି ହୋଇଯାନ୍ତି ।

ସଂସାରରେ ଶାସ୍ତ୍ର ଜ୍ଞାନ ଅପେକ୍ଷା ଯଦି ଆପଣ କେବଳ ଏତିକି ଜାଣିନେବେ କି ଆପଣ ନିଜ ଉତ୍ପାଦକ-ଶକ୍ତିର ରକ୍ଷା କେମିତି କରିପାରିବେ, ତେବେ ଏହା ପର୍ଯ୍ୟାପ୍ତ ହେବ । ଆପଣ ପ୍ରାୟ ଦେଖିଥିବା ବହୁ ଉପାଧିକାରୀ ମନୁଷ୍ୟ ନିଜର ନକାରାତ୍ମକ ମାନସିକ ପ୍ରବୃତ୍ତି ଯୋଗୁ କିଛି କରିପାରନ୍ତି ନାହିଁ ଏବଂ ଅସଫଳ ହୋଇ ରହନ୍ତି । ଆପଣ ନିଜ ଅବିକସିତ ଶକ୍ତିଗୁଡ଼ିକୁ ସୁସଂଗଠିତ କରି ସଶକ୍ତ ଏବଂ ମଜବୁତ କରିବା ଦରକାର । ଏମିତି କରିବା ଦ୍ୱାରା ଆପଣଙ୍କୁ ସଫଳତା ହାସଲ ହେବ ଏବଂ ଆପଣଙ୍କ ଭବିଷ୍ୟତ ସୁଖମୟ ହୋଇଯିବ । ଯଦି ଆପଣଙ୍କୁ ଏହି ଅନୁଭବ ହୁଏ କି ଆପଣ କୌଣସି କାମ କରିବାରେ ଅସମର୍ଥ ଅଟନ୍ତି, ତେବେ ଆପଣ ନିଜ ମନର ଏହି ନକାରାତ୍ମକ ପ୍ରବୃତ୍ତିକୁ ଦୂର କରିବାକୁ ପ୍ରୟାସ କରନ୍ତୁ । ନିଶ୍ଚୟାତ୍ମକ ପ୍ରବୃତ୍ତିକୁ ଜାଗ୍ରତ କରି ନିଜର ସମ୍ପାଦନ-ଶକ୍ତି ବିକଶିତ କରନ୍ତୁ ।

ନିଶ୍ଚୟାତ୍ମକ ବିଚାରରୁ ନିର୍ମାଣ-ଶକ୍ତି ବଢ଼େ, ଯେବେ ନକାରାତ୍ମକ ବିଚାର ଦୁର୍ବଳତା ବିକଶିତ କରିଥାଏ । ଏଇଥି ପାଇଁ ସମୟେ-ସମୟେ ଆପଣ ନିଜ ମନକୁ ବେକାର ବିଚାରରୁ ମୁକ୍ତ ରଖନ୍ତୁ । ଆପଣ ଏହା ନିଶ୍ଚୟ ଜାଣିଥିବେ କି ଯେମିତି ମଞ୍ଜି ବୁଣିବା ସେମିତି ଫଳ-ଫୁଲ ପାଇବା । ଏହିଭଳି ଆପଣ ନିଜ ମନରେ ମଧ୍ୟ ଯେମିତି ମଞ୍ଜି ବୁଣିବେ, ଆପଣଙ୍କୁ ଫଳ ମଧ୍ୟ ସେମିତି ମିଳିବ । ଯଦି ଆପଣ ନିଜ ମନରେ ଦୁଃଖ-କଷ୍ଟ, ଦରିଦ୍ରତା, କ୍ଲେଶ ଏବଂ କପଟ ଭାବ ରଖିବେ ତେବେ ଆପଣଙ୍କୁ ସୁଖ, ସମୃଦ୍ଧି, ପ୍ରେମ ଏବଂ ସନ୍ତୋଷ କେମିତି ହାସଲ ହେବ? ଯଦି ଆପଣ ଏବେଠାରୁ ନିଜ ମନ, ବଚନ ଏବଂ କର୍ମରେ ଏହି ବିଶ୍ୱାସ କରିନିଅନ୍ତି କି ଆପଣ ବର୍ତ୍ତମାନ ସେମିତି ଅଟନ୍ତି ଯେମିତି ହେବାକୁ ଆପଣ ଚାହୁଁଛନ୍ତି, ତେବେ ଆପଣଙ୍କୁ କିଛି ଦିନ ମଧ୍ୟରେ ଅନୁଭବ ହେବ କି ଆପଣଙ୍କ ଆଦର୍ଶ ସିଦ୍ଧ ହେଉଛି ଏବଂ ଆପଣ ସେଇଆ ହେବାକୁ ଯାଉଛନ୍ତି, ଯେମିତି ଆପଣ ହେବାକୁ ଚାହୁଛନ୍ତି ।

ହେଲେ ଏଥିପାଇଁ ଆପଣଙ୍କୁ ସେହି ଗୁଣ ଗୁଡ଼ିକର ଆବଶ୍ୟକତା ହେବ ଯାହା ଆପଣଙ୍କୁ ଉପରକୁ ଉଠାଇ ଆପଣଙ୍କ ଆତ୍ମାକୁ ଦିବ୍ୟ କରିବ, ଯଦ୍ୱାରା ଆପଣଙ୍କ ଉତ୍ପାଦକ-ଶକ୍ତି ବଢ଼ିବା ସହ ନିରୁପାୟ, ଦୁଃଖ ଏବଂ ଦରିଦ୍ରତାର ଅନ୍ତ ଘଟିବ । ମନୁଷ୍ୟ ମଧ୍ୟରେ ଯେବେ ଉତ୍ପାଦକ-ଶକ୍ତିର କ୍ଷୟ ହେବାକୁ ଲାଗେ ତେବେ ତାଙ୍କ ମନ, ଆତ୍ମା ଏବଂ ଶରୀରର ପୁନର୍ଗଠନ ହେବା ବନ୍ଦ ହୋଇଯାଏ । ସେମାନେ ସେହି ବୃକ୍ଷ ସମାନ ହୋଇଯାନ୍ତି, ଯାହା ସୂର୍ଯ୍ୟ କିରଣ ଏବଂ ବର୍ଷା ଅଭାବରୁ ରୁଗ୍‌ଣ ହୋଇ ଶୁଖିବାକୁ ଲାଗେ । ଏହି ଅବସ୍ଥା ମନୁଷ୍ୟର ହୋଇଯାଏ । ଯେବେ ମନୁଷ୍ୟ ନିଜ ମନୋଭାବକୁ ସଂଯତ ତଥା ସୁନିଶ୍ଚିତ କରିନିଏ ତେବେ ତା ମଧ୍ୟରେ ଖରାପ ବିଚାରରୁ ଉଦ୍ଧାର ପାଇବା ପାଇଁ ଶକ୍ତି ଆସିଯାଏ । ଏହିଭଳି ସେମାନେ ଖରାପ ବିଚାର ପ୍ରଭାବରୁ ଦୂରେଇ ରହନ୍ତି ।

ଯଦି ନିଜ ମନୋଭାବକୁ ଖରାପ ଦିଗକୁ ଯିବାକୁ ଦିଅନ୍ତି, ତେବେ ଆପଣ ଜାଣି-ଶୁଣି ଭ୍ରଷ୍ଟ ବିଚାର କବଳରେ ବାନ୍ଧି ହୋଇଯାନ୍ତି । ଯଦି ଆପଣ ନିଜ ମନକୁ କୌଣସି ନିଶ୍ଚିତ କାର୍ଯ୍ୟ ଆଡ଼କୁ ଲଗାଇ ଦେବେ, ତେବେ ଆପଣଙ୍କ ଆତ୍ମୀୟ ଶକ୍ତି ଏବଂ ଗୁଣର ବିକାଶ ହେବ ଏବଂ ଆପଣଙ୍କୁ ଏମିତି ଅଲୌକିକ ସାଧନ ମିଳି ଚାଲିବ ଯାହା ବଳରେ ଆପଣଙ୍କ ସମସ୍ତ କାର୍ଯ୍ୟ ସଫଳ ହୋଇଚାଲିବ । ଆପଣଙ୍କୁ ମନେ ରଖିବା ଦରକାର କି ବିରୋଧାଭାଷୀ ବିଚାର ପରିଶ୍ରମକୁ ବ୍ୟର୍ଥ କରିଦିଏ । ଯଦି ଆପଣ ନିଜ ମଧ୍ୟରେ କାର୍ଯ୍ୟ-ସମ୍ପାଦନର କ୍ଷମତା ଉତ୍ପନ୍ନ କରିବାକୁ ଚାହୁଁଛନ୍ତି, ତେବେ ଆପଣଙ୍କୁ ମନ ଭିତରେ ତଲ୍ଲୀନତା, ଏକାଗ୍ରତା ଏବଂ ମାନସିକ-ଶକ୍ତି ସହ ସ୍ୱତନ୍ତ୍ର ବିଚାର ମଧ୍ୟ ଉତ୍ପନ୍ନ କରିବାକୁ ପଡ଼ିବ । ଅର୍ଥାତ୍ ଆପଣଙ୍କ ବିଚାର ଜୀବନଦାୟୀ ହେବା ଦରକାର, ମରଣଦାୟୀ ନୁହେଁ । ସାହସ ଏବଂ ଆତ୍ମବିଶ୍ୱାସ ଯୁକ୍ତ ମନୋଭାବରେ ବହୁତ ବଳ ରହିଛି । ଏହାଦ୍ୱାରା ସଫଳତା ଅନିର୍ବାର୍ଯ୍ୟ ହୋଇଯାଏ । ଯେଉଁ ବ୍ୟକ୍ତିଙ୍କୁ ସଦା ନିରାଶା, ଅସଫଳତା ଏବଂ

ପରାଜୟର ମୁହଁ ଦେଖିବାକୁ ପଡ଼େ, ଏକାଗ୍ରତା ଏବଂ ସାହସରେ ପରିପୂର୍ଣ୍ଣ ମନୋଭାବ ଆପଣାଇ ଡର, ଚିନ୍ତା, ଗରିବୀ, ବେସାହାରା, ବ୍ୟାଧିରୁ ଉଦ୍ଧାର ପାଇ ସେମାନେ ମଧ୍ୟ ସଫଳତା ପାଇପାରିବେ ଏବଂ ବିଜୟକୁ ନିଜ ସାଥୀ କରିପାରିବେ । ଆପଣଙ୍କ ସଫଳତାର ଚାବିକାଠି ଏହା ଯେ ଅନ୍ୟ ବ୍ୟକ୍ତି ଆପଣଙ୍କ ଉପରେ କେଉଁ ପର୍ଯ୍ୟନ୍ତ ଏବଂ କେତେ ବିଶ୍ୱାସ କରୁଛନ୍ତି ତାହା ଖୋଜନ୍ତୁ ।

ଯଦି ସେମାନେ ଆପଣଙ୍କ ଉପରେ ଭରସା କରୁ ନାହାନ୍ତି ଏବଂ ଆପଣଙ୍କୁ ଦୁର୍ବଳ ଭାବୁଛନ୍ତି, ତେବେ ଆପଣଙ୍କୁ ବୁଝିବାକୁ ହେବ କି ଆପଣଙ୍କ ମନୋଭାବ ଦୁର୍ବଳ ଏବଂ ଆପଣ କୌଣସି ମହତ୍ୱପୂର୍ଣ୍ଣ ପଦବୀରେ ପହଞ୍ଚିବା କଷ୍ଟସାଧ୍ୟ । ବିଜୟୀ ହୋଇ ବଞ୍ଚିଥିବା ଏବଂ ଆଜୀବନ ଦୁର୍ବଳ ହୋଇ ରହୁଥିବା ଲୋକଙ୍କ ମଧ୍ୟରେ ଆକାଶ-ପାତାଳ ଫରକ । ଆମେରିକାର ରାଷ୍ଟ୍ରପତି ରୁଜବେଲ୍ଟଙ୍କ ତୁଳନା କୌଣସି ଭୀରୁ, ଦୁର୍ବଳ ଏବଂ ଚାମଚାଗିରି କରୁଥିବା ଲୋକଙ୍କ ସହ କରାଯାଏ, ତେବେ ଆପଣଙ୍କୁ ପାର୍ଥକ୍ୟ ଭଲ ଭାବେ ଜଣାପଡ଼ିବ । ବିଶ୍ୱରେ ବୀରଙ୍କୁ ହିଁ ସମ୍ମାନ କରାଯାଏ, ଡରୁଆ ଏବଂ ଦାସତ୍ୱ ପ୍ରବୃତିର ଲୋକଙ୍କୁ ନୁହେଁ, କାହିଁକିନା ବୀର ମଣିଷର ବିଜୟ ହେବା ସମସ୍ତଙ୍କୁ ବିଶ୍ୱାସ ହୋଇଥାଏ । ଆପଣ ନିଜର ବିଚାର ଶକ୍ତି ଦ୍ୱାରା ହିଁ ନିଜ ମଧ୍ୟରେ ବିଶ୍ୱାସ ଉତ୍ପନ୍ନ କରିପାରିବେ, ହେଲେ ଯଦି ଆପଣଙ୍କ ବିଚାର ଓ ମନୋଭାବରେ ସତେଜତା ଏବଂ ଶକ୍ତି ନାହିଁ, ତେବେ ଆପଣ ସଂସାରରେ କୌଣସି ଗୌରବପୂର୍ଣ୍ଣ ପଦବୀରେ ସୁଶୋଭିତ ହୋଇପାରିବେ ନାହିଁ । ଅନେକ ଥର ବହୁ ଲୋକ ଏହି କଥା ଉପରେ ଆଶ୍ଚର୍ଯ୍ୟ ହୋଇଥାନ୍ତି କି ଲୋକେ ସେମାନଙ୍କୁ ଏତେ ଛୋଟ ଏବଂ ତୁଚ୍ଛ କାହିଁକି ଭାବନ୍ତି ? ସେମାନଙ୍କ ମହତ୍ୱ କାହିଁକି ଗ୍ରହଣ କରାଯାଏ ନାହିଁ ?

ଏହାର ସ୍ପଷ୍ଟ କାରଣ ଏହା ଯେ ଏହି ଲୋକେ ନା ବିଜେତା ହୋଇଥାନ୍ତି ଏବଂ ନା ବିଜେତାଙ୍କ ଭଳି ବ୍ୟବହାର କରନ୍ତି । ସେମାନଙ୍କ ମନରେ ବିଜେତାଙ୍କ ସମ ଉତ୍ସାହପୂର୍ଣ୍ଣ ବିଚାର ନଥାଏ । ସେମାନେ ଏହା ଭୁଲିଯାନ୍ତି କି ଶକ୍ତିର ରହସ୍ୟକୁ ନ ବୁଝି କେହି ମଧ୍ୟ ପ୍ରଭାବଶାଳୀ ହୋଇ ପାରିବ ନାହିଁ । ନିଷ୍ଠୟାତ୍ମକ ପ୍ରବୃତିର ଲୋକଙ୍କର ହିଁ ପ୍ରଭାବ ଥାଏ । ବୀର ବ୍ୟକ୍ତି ପ୍ରଥମେ ନିଜ ଉପରେ, ନିଜ ମନ ଉପରେ ବିଜୟ ପ୍ରାପ୍ତ କରେ, ସେତେବେଳେ ଯାଇ ସେ ବିଶ୍ୱକୁ ଜୟ କରିପାରେ । ଆପଣ ନିଜ ଛୁଆଙ୍କ ମନରେ ମଧ୍ୟ ବିଜୟ ଓ ସଫଳତାର ବିଚାର ଭରି ଦିଅନ୍ତୁ । ସେମାନଙ୍କ ମନରେ ଏହି ବିଶ୍ୱାସ ଜନ୍ମାଇବାକୁ ପଡ଼ିବ କି ସେମାନଙ୍କ ଜୀବନ ସଫଳତା ପ୍ରାପ୍ତ କରିବା ପାଇଁ ହୋଇଛି । ବିଶ୍ୱରେ ବିଜୟୀ ମଣିଷଙ୍କୁ ହିଁ ଆଦର ମିଳେ ବୋଲି ସେମାନଙ୍କୁ ସ୍ପଷ୍ଟ କରାଇବାକୁ ପଡ଼ିବ । ଅସଫଳ ଅଥବା ପରାଜିତ ବ୍ୟକ୍ତିଙ୍କୁ ସମସ୍ତଙ୍କ ଅତ୍ୟାଚାର ସହିବାକୁ ପଡ଼ିଥାଏ ।

ସେମାନଙ୍କୁ ସବୁ ଜାଗାରେ ଅପମାନିତ ହେବାକୁ ପଡ଼େ ଏବଂ ଠୁକର ଖାଇବାକୁ ପଡ଼ିଥାଏ । ଏହି କଥା ସତ ଯେ ବିଜୟ ହିଁ ଜୀବନ ଏବଂ ପରାଜୟ ହେଉଛି ମୃତ୍ୟୁ ।

ଦୁନିଆକୁ ପ୍ରବେଶ କରିବା ବେଳେ ପ୍ରତ୍ୟେକ ଯୁବକଙ୍କୁ ଏହି ବିଚାର ନେଇ କାମ ଆରମ୍ଭ କରିବା ଦରକାର କି ମୁଁ ବିଶ୍ୱ ବିଜୟୀ ହେବାକୁ ଆସିଛି । ତାକୁ ନିଜ କ୍ଷମତା ଉପରେ ସମ୍ପୂର୍ଣ୍ଣ ବିଶ୍ୱାସ ରହିବା ଦରକାର । ସେ ଯେଉଁ କାମ କିମ୍ୱା ବ୍ୟବସାୟରେ ନିପୁଣତା ହେବାକୁ ଚାହୁଁଛି ତାକୁ ସେହି କାମରେ ଲାଗିଥିବା ସମ୍ପନ୍ନ, ସମ୍ଭ୍ରାନ୍ତ ବ୍ୟକ୍ତିଙ୍କ ଭଳି ବ୍ୟବହାର କରିବା ଦରକାର । ଏହି ସଂସାରରେ ଯେ କୌଣସି ଲୋକର ଆକଳନ କରିବା ତା କାମ, କଥା ନୁହେଁ । ତେଣୁ ବ୍ୟକ୍ତିଙ୍କୁ ଦରକାର କି ସେ ସତ କଥା କହୁ ଏବଂ ସତ୍ୟର ଉନ୍ମୋଚନ କରୁ । ଆପଣଙ୍କ ଚିକ୍କଣ କଥାରେ ଅନ୍ୟମାନେ ପ୍ରଭାବିତ ହେବେ ନାହିଁ । ଅନ୍ୟ ଉପରେ ପ୍ରଭାବ ପକାଇବାକୁ ହେଲେ ସତ କଥା ହିଁ କହିବାକୁ ପଡ଼ିବ । ଯଦି ଆପଣଙ୍କ ମନରେ ଅନ୍ୟମାନଙ୍କ ପ୍ରତି ହିଂସା ଏବଂ ଦ୍ୱେଷର ନିଆଁ ଜଳୁଛି ଏବଂ ଆପଣଙ୍କ ମନ ଦୁର୍ବଳ ଅଛି ତେବେ ବହୁ ଶୀଘ୍ର ଏହି କଥା ଅନ୍ୟମାନଙ୍କୁ ଜଣା ପଡ଼ିଯିବ ।

ଆପଣ କଥାରେ ଦୁନିଆକୁ ଭଣ୍ଡାଇ ପାରିବେ, ହେଲେ ଆପଣଙ୍କ ମନ ତ ସବୁ କିଛି ଜାଣିଛି ଯେ ଆପଣଙ୍କ ଭିତରେ କ'ଣ ଅଛି । ଯେତେବେଳ ପର୍ଯ୍ୟନ୍ତ ଆପଣଙ୍କ ମନର ଖରାପ ବିଚାର ବଦଳି ନାହିଁ, ସେତେବେଳ ଯାଏଁ ଆପଣଙ୍କ ମାନସିକ ସ୍ଥିତି ମଧ୍ୟ ବଦଳି ପାରିବ ନାହିଁ । ଯେତେବେଳ ପର୍ଯ୍ୟନ୍ତ କୌଣସି ବ୍ୟକ୍ତି ଏହା ଭାବେ କି ମୁଁ ନିଚ୍ଚ ଅଟେ, ମୁଁ ଦୁଃଖ ସହିବା ପାଇଁ ଦୁନିଆକୁ ଆସିଛି, ମୁଁ ଅସହାୟ ଏବଂ ମୁଁ ଭାଗ୍ୟଶାଳୀ ହେବାକୁ ଚାହୁଁଛି ହେଲେ ଆଶା ଦିଶୁନି । ଏବେ ଆପଣ କୁହନ୍ତୁ, ଏଭଳି ବିଚାର ଯାହାର ଥିବ ସେ କେମିତି ନିଜ ଜୀବନରେ ଐଶ୍ୱର୍ଯ୍ୟ ଆଣିପାରିବ ?

ଯାହା ମନରେ ଭୟ ଏବଂ ଆଶଙ୍କା ରହିଛ, ସେ ସ୍ୱପ୍ନରେ ମଧ୍ୟ ଧନବାନ ହୋଇ ପାରିବ ନାହିଁ । ଏହାର ବିପରୀତ, ଯଦି ତାକୁ ନିଜ କାର୍ଯ୍ୟଶକ୍ତି ଉପରେ ଭରସା ହୋଇଯିବ ଏବଂ ସେ ନିଜ ବିଚାର ଗୁଡ଼ିକୁ ବଦଳାଇ ଦିଏ, ସେଗୁଡ଼ିକୁ ସମୃଦ୍ଧିଶାଳୀ ଏବଂ ଐଶ୍ୱର୍ଯ୍ୟବାନ କରେ, ତେବେ ସେ ଦିନେ ନିଶ୍ଚୟ ନିଜ ଲକ୍ଷ୍ୟ ପ୍ରାପ୍ତ କରିପାରିବ । ନିଶ୍ଚୟାତ୍ମକ ପ୍ରବୃତି ମଣିଷ ଜୀବନରେ ମାର୍ଗଦର୍ଶକ ଶକ୍ତି ଭାବେ କାର୍ଯ୍ୟ କରେ, କିନ୍ତୁ ଏହି ପ୍ରବୃତିକୁ କେବଳ ସେହି ବ୍ୟକ୍ତି କାମରେ ଲଗାଇ ପାରିବ, ଯିଏ ଯାହା ଭାବୁଥିବ, ତାହା ମଧ୍ୟ କରୁଥିବ । ତଥା ଭାବିଥିବା ଏବଂ ସୁନିଶ୍ଚିତ ପଥରୁ ବିଚଳିତ ହୁଏନାହିଁ ।

କେବଳ ଏପରି ଦୃଢ଼ ନିଶ୍ଚୟୀ ଲୋକଙ୍କ ପାଇଁ ବିଶ୍ୱ ରାସ୍ତା ଖୋଲା ରଖେ । ଯାହା ମଧ୍ୟରେ ଏମିତି ଦୃଢ଼ ନିଶ୍ଚୟ ନାହିଁ, ସେମାନଙ୍କ ପଥରେ ପ୍ରତିବନ୍ଧକ ଲାଗି ରହେ ଏବଂ ସେମାନେ ଠୁକର ଖାଇ ମୁହଁମାଡ଼ି ପଡ଼ନ୍ତି । ଇମର୍ସନଙ୍କ କଥାନୁସାରେ- ଦୃଢ଼ ନିଶ୍ଚୟ ଏବଂ ପରିଶ୍ରମ ଦ୍ୱାରା ବ୍ୟକ୍ତି ସୁଦୂର ଆକାଶରେ ଦେଖାଯାଉଥିବା ତାରାଙ୍କ ନିକଟକୁ ମଧ୍ୟ ପହଞ୍ଚି ପାରିବ । ହେଲେ ସବୁବେଳେ ସଂଶୟ ଭିତରେ ଗୁଡ଼େଇ ହେଉଥିବା

ବ୍ୟକ୍ତି କେବେ ନିଜ ଲକ୍ଷ୍ୟ ସ୍ଥଳରେ ପହଞ୍ଚି ପାରେନାହିଁ । କାର୍ଯ୍ୟ-ସିଦ୍ଧି ପାଇଁ ମନୁଷ୍ୟ ମଧ୍ୟରେ ବିଶ୍ୱାସ ରହିବା ନିହାତି ଆବଶ୍ୟକ । ବିଶ୍ୱାସ ହିଁ କାର୍ଯ୍ୟସିଦ୍ଧିର ଜନକ ଅଟେ । ଏହା ଦ୍ୱାରା ବ୍ୟକ୍ତିର ଯୋଗ୍ୟତାକୁ ଅଧିକ ବଳ ମିଳେ । ପୂର୍ବରୁ ଦିଆଯାଇଥିବା ଅନେକ ଉଦାହରଣରୁ ଆପଣଙ୍କୁ ଏହା ସ୍ପଷ୍ଟ ହୋଇଯାଇଥିବ କି ବିଶ୍ୱାସ ଯୋଗୁ ବ୍ୟକ୍ତିର ମାନସିକ ଶକ୍ତିକୁ ସାହାରା ମିଳେ । ଏବଂ ତାହା ବହୁ ଗୁଣ ବଢ଼ିଯିବାରୁ ଆପଣଙ୍କ ବିଚାର କ୍ଷିପ୍ର ହୋଇଥାଏ ।

ଆପଣଙ୍କ ବିଶ୍ୱାସ ଦ୍ୱାରା, ଆପଣଙ୍କ ବିଚାରରେ ସ୍ଥିରତା ମଧ୍ୟ ଆସିଥାଏ । ଆପଣଙ୍କ ମଧ୍ୟରେ ଯଦି ଧାରଣା ଶକ୍ତି କମ୍ ଥାଏ, ଆପଣଙ୍କ ବିଚାର ଦୁର୍ବଳ ଥାଏ ତେବେ କୌଣସି କାର୍ଯ୍ୟ ପାଇଁ ଆପଣ କରୁଥିବା ଚେଷ୍ଟା ବେକାର ହୋଇଯିବ । ପ୍ରାୟ ବ୍ୟକ୍ତିଙ୍କ ଠାରେ ଏହି ଦୋଷ ଦେଖାଯାଏ କି ସେମାନେ କେବେ ହେଲେ ନା ଗମ୍ଭୀର ଏବଂ ସୁଦୃଢ଼ ଭାବନା ଆଣନ୍ତି ଏବଂ ନା ତାକୁ ସ୍ଥିର ରଖିପାରନ୍ତି । ସେମାନେ ଏକ ପ୍ରକାର ଉପର ସ୍ତରରେ ରହନ୍ତି । କଥାର ଗଭୀରତାକୁ ବୁଝନ୍ତି ନାହିଁ । ଏମିତି ଲୋକଙ୍କ ନିର୍ମାଣ-କାର୍ଯ୍ୟ ପରିବର୍ତ୍ତିତ ହୋଇଥାଏ । ସେମାନଙ୍କ କାର୍ଯ୍ୟ କରିବାର ନିଶ୍ଚୟ ଅସ୍ଥିର ହୋଇଥାଏ ତଥା ସାମାନ୍ୟ ବାଧାରେ ଭାଙ୍ଗି ଯାଆନ୍ତି ଏବଂ ବ୍ୟସ୍ତ ବିବ୍ରତ ହୋଇପଡ଼ନ୍ତି । କୌଣସି କବିଙ୍କ କଥାନୁସାରେ- ନିକୃଷ୍ଟ ଚିନ୍ତାଧାରା ଲୋକେ ପ୍ରତିବନ୍ଧକ ଭୟରେ କୌଣସି କାର୍ଯ୍ୟ ଆରମ୍ଭ କରନ୍ତି ନାହିଁ, ସେମାନେ ସବୁବେଳେ ଚିନ୍ତା ଏବଂ ବିଚାରରେ ହିଁ ବୁଡ଼ି ରହନ୍ତି, ମଧ୍ୟମ ଧରଣର ଲୋକେ କାମ ଆରମ୍ଭ କରି ଦିଅନ୍ତି, ହେଲେ ସାମାନ୍ୟ ପ୍ରତିବନ୍ଧକରେ ସବୁକିଛି ଛାଡ଼ି ବସି ଯାଆନ୍ତି । କିନ୍ତୁ ସର୍ବଶ୍ରେଷ୍ଠ ମାନବ ଅନେକ ବାଧା ସତ୍ତ୍ୱେ ଆରମ୍ଭ କରିଥିବା କାମକୁ କେବେ ବି ଅଧାରେ ଛାଡ଼ନ୍ତି ନାହିଁ । ତାକୁ ସଫଳତାର ଶୀର୍ଷରେ ପହଞ୍ଚାଇ ହିଁ ନିଶ୍ୱାସ ମାରନ୍ତି । କିଛି ଲୋକ ଏମିତି ବି ଥାନ୍ତି, ଯେଉଁମାନେ ସଦା ନିଜ ବିରୋଧୀ ଏବଂ ସେମାନଙ୍କ ସମ୍ବନ୍ଧରେ ହିଁ ଭାବନ୍ତି, ଯିଏ ତାଙ୍କ ସହ ସହମତ ନ ଥାନ୍ତି । ଏମିତି ଲୋକ ନିଜ ବିଚାରକୁ ମଧ୍ୟ ବାରମ୍ବାର ବଦଳାଇଥାନ୍ତି । ସେମାନଙ୍କୁ ନିଜ ଉପରେ ଭରସା ନଥାଏ ତେବେ ଏପରି ସ୍ଥିତିରେ ଅନ୍ୟମାନେ ତାଙ୍କ ଉପରେ କେମିତି ଭରସା କରିବେ ? ଏଥିପାଇଁ ସେମାନଙ୍କ କୌଣସି ଯୋଜନା ଏବଂ ନିଶ୍ଚୟ କେବେ ସମ୍ପୂର୍ଣ୍ଣ ହୁଏନାହିଁ ।

ଏହି କଥାକୁ ଭଲ ଭାବେ ବୁଝିନିଅନ୍ତୁ, ଯଦି ଆଜିକାଲିକା ଯୁବପିଢ଼ି ଦୃଢ଼ ନିଶ୍ଚୟର ବଳକୁ ଚିହ୍ନି ନିଅନ୍ତି ଏବଂ ସେମାନେ ଯାହା କିଛି ହେବାକୁ ଚାହୁଁଥିବେ, ତାହା ଅବଶ୍ୟ ହୋଇପାରିବେ ତଥା ସେମାନେ ଯେଉଁ କାମ ପାଇଁ ଚେଷ୍ଟା କରିବେ, ତାକୁ ଅବଶ୍ୟ ସମ୍ପୂର୍ଣ୍ଣ କରିବାକୁ ଶପଥ ନେବେ ତେବେ ଜୀବନରେ ମହାନ କ୍ରାନ୍ତି ଆସିପାରିବ । ସେମାନେ ଜୀବନର ଅଧିକାଂଶ ସମସ୍ୟାରୁ ଦୂରେଇ ରହିବେ ଯାହା ବିଷୟରେ ସେମାନେ

କେବଳ ସ୍ୱପ୍ନ ଦେଖନ୍ତି । ଆମେ ପ୍ରାୟ ମନୁଷ୍ୟଙ୍କ ଇଚ୍ଛା-ଶକ୍ତି ବାବଦରେ ଚର୍ଚ୍ଚା କରୁଥାଉ । ଏହି ଇଚ୍ଛା-ଶକ୍ତି କ୍ରିୟାତ୍ମକ ରୂପରେ ପରିବର୍ତ୍ତିତ ହୋଇ ଦୃଢ଼ ନିଶ୍ଚୟ ଶକ୍ତିର ରୂପ ନେଇଯାଏ । ଇଚ୍ଛା ଶକ୍ତି, କୌଣସି କାର୍ଯ୍ୟକୁ କରିବାର ଦୃଢ଼ ନିଶ୍ଚୟ କିମ୍ବା ତା ସମ୍ବନ୍ଧରେ ନିଜ ଯୋଗ୍ୟତା ଉପରେ ଭରସା, ଏକା କଥା । ବିଶ୍ୱରେ କୌଣସି ବ୍ୟକ୍ତି ସେତେବେଳ ପର୍ଯ୍ୟନ୍ତ କିଛି କରେ ନାହିଁ, ଯେତେବେଳ ଯାଏଁ ହାତରେ ଥିବା କାମକୁ ସମ୍ପନ୍ନ କରିବାର ନିଜ କ୍ଷମତା ଉପରେ ତାକୁ ପୂର୍ଣ୍ଣ ଭରସା ଏବଂ ବିଶ୍ୱାସ ନଥିବ । ଯେଉଁ ବ୍ୟକ୍ତିର ନିଜ କାମ ଓ ଲକ୍ଷ୍ୟରେ ପୂର୍ଣ୍ଣ ଆସ୍ଥା ଥାଏ, ସେ କେବେ ହେଲେ ନିଜ କାମରେ ପଛଘୁଞ୍ଚା ଦିଏନାହିଁ । ତାକୁ ଏହା ବିଶ୍ୱାସ ଥାଏ କି ଯେଉଁ କାର୍ଯ୍ୟ ସେ କରୁଛି ତାକୁ ସେ ନିଶ୍ଚୟ ପୂର୍ଣ୍ଣ କରିବ । ତାକୁ ଏହା ମଧ୍ୟ ବିଶ୍ୱାସ ଥାଏ କି ସେହି କାର୍ଯ୍ୟକୁ ପୂର୍ଣ୍ଣ କଲାବେଳେ ଯେ କୌଣସି ବାଧାକୁ ସେ ଦୂର କରି ପାରିବ ଏବଂ ସେଗୁଡ଼ିକର ମୁକାବିଲା କରିବାର ସାହସ ତା ମଧ୍ୟରେ ରହିଛି ଏବଂ ସେହି ବ୍ୟକ୍ତି ନିଜ ପରିସ୍ଥିତି ଉପରେ ବିଜୟ ପ୍ରାପ୍ତ କରି ପାରିବ ।

ସଫଳତା ପାଇଁ ଲଗାତର ଆସ୍ଥା ଓ ଦୃଢ଼ ନିଶ୍ଚୟ ହିଁ ସେହି ବ୍ୟକ୍ତିକୁ ସମସ୍ୟାରୁ ଉଦ୍ଧାର କରିଥାଏ । ପ୍ରତିବନ୍ଧକ ଏବଂ ଦୁର୍ଭାଗ୍ୟ ଆସିଲେ ଏଭଳି ଲୋକ ହସୁଥାନ୍ତି ଏବଂ ନିଜ କାର୍ଯ୍ୟସିଦ୍ଧି ବଳରେ ସେ ସେହି ବାଧା ଗୁଡ଼ିକୁ ନଷ୍ଟ କରିଦିଅନ୍ତି । ସେହି ସମୟରେ ଏହି ବାଧା ଗୁଡ଼ିକ ସେହି ଲୋକର ଯୋଗ୍ୟତା ଏବଂ ବଳକୁ ବଢ଼ାନ୍ତି ଏବଂ ସଶକ୍ତ କରନ୍ତି । ବାରମ୍ବାର ନିଜ କ୍ଷମତା ଓ ବଳ ଉପରେ ବିଶ୍ୱାସ ଦ୍ୱାରା ସାହସ ବଢ଼େ ଏବଂ ସାହସ ହିଁ ଆତ୍ମବିଶ୍ୱାସର ମେରୁଦଣ୍ଡ । ଯେବେ ମନୁଷ୍ୟ ସମ୍ପୂର୍ଣ୍ଣ ଭାବେ ପ୍ରତିକୂଳ ପରିସ୍ଥିତିରେ ଆବଦ୍ଧ ହୋଇଯାଏ, ସେହି ସମୟରେ ଯଦି ସେ କହେ କି- ମୁଁ ନିଶ୍ଚୟ କରିବି- ମୁଁ କରି ପାରିବି- ମୁଁ କରିକି ରହିବି । ତେବେ ଏହା ଦ୍ୱାରା ତା'ର ସାହସ ଏବଂ ଆତ୍ମବିଶ୍ୱାସ ଅଧିକ ସଶକ୍ତ ହୁଏ ତଥା ତାକୁ ଦୁର୍ବଳ କରୁଥିବା ଶକ୍ତି ଗୁଡ଼ିକ ମାନ୍ଦା ହୋଇଯାନ୍ତି ଏବଂ ତା'ର ଗଠନାତ୍ମକ ଶକ୍ତି ଅଧିକ ହୋଇଯାଏ । ଯେ କୌଣସି ବ୍ୟକ୍ତି କଠିନ କାର୍ଯ୍ୟ କରିବାରେ ସେତେବେଳେ ସଫଳ ହୁଏ, ଯେବେ ତା ମନରେ ନୂଆ ନୂଆ କାମ ସମ୍ବନ୍ଧରେ ଗଠନାତ୍ମକ ଉନ୍ମାଦନା ଭରି ରହିଥିବ । ମନରୁ ହାରି ଯାଇଥିବା ବ୍ୟକ୍ତି କୌଣସି କାମ କରିବାରେ ସମର୍ଥ ହୋଇ ନଥାଏ ।

ଉତ୍ସାହ ଏବଂ ଆଶାରେ ହିଁ ବଡ଼ ବଡ଼ କାମ ସମ୍ପନ୍ନ ହୁଏ । ଯେଉଁ ବ୍ୟକ୍ତି ମଧ୍ୟରେ ତିଆରି କରିବାର ନିଶ୍ଚୟ, ସାହସ ଏବଂ ଆଗ୍ରହପୂର୍ଣ୍ଣ ଧାରଣା ନଥିବ, ସେ କେମିତି ଆଗକୁ ଯାଇ ପାରିବ? ମହାନ୍ କାର୍ଯ୍ୟ କରିବାକୁ ହେଲେ ମନର ସ୍ଥିତି ମଧ୍ୟ ମହାନ ଏବଂ ଉଚ୍ଚ ସ୍ତରର ହେବା ଦରକାର, ଯେଉଁ ବ୍ୟକ୍ତି ମଧ୍ୟରେ ଏହି ଗୁଣର ଅଭାବ ଥିବ, ସେ କେବେ ହେଲେ ନା ନେତା ଏବଂ ନା ସ୍ୱତନ୍ତ୍ର ଜୀବନ-ଯାପନ କରିପାରିବ । ତାକୁ ସବୁବେଳେ ଅନ୍ୟର ଆଶ୍ରିତ ହୋଇ ଜୀବନ ବିତାଇବାକୁ ପଡ଼ିବ ଏବଂ ତା'ର

ଏହି ସ୍ଥିତି ସେତେବେଳ ପର୍ଯ୍ୟନ୍ତ ରହିବ, ଯେତେବେଳ ଯାଏଁ ତା ମଧ୍ୟରେ ନକାରାତ୍ମକ ଏବଂ ସଂଶୟ-ଯୁକ୍ତ ଭାବନା ରହିଥିବ । ଯେତେବେଳ ପର୍ଯ୍ୟନ୍ତ ସେ ଏ ପ୍ରକାର ହୀନ ଭାବନାରୁ ମୁକ୍ତ ହୋଇନାହିଁ, ସେତେବେଳ ଯାଏଁ ସେ ଉତ୍ସାହପୂର୍ବକ ଆଗକୁ ଯାଇ ପାରିବ ନାହିଁ । ଏଥିପାଇଁ ଯଦି, ଆପଣ ଦୁନିଆରେ କିଛି ହେବାକୁ ଚାହୁଁଛନ୍ତି, ତେବେ ଗୋଟିଏ କ୍ଷଣ ପାଇଁ ମଧ୍ୟ ନିଜ ମନରେ ଏମିତି ବିଚାର ଆସିବାକୁ ଦିଅନ୍ତୁ ନାହିଁ- ମୁଁ ହଇରାଣ ହୋଇ ଗଲିଣି- ମୁଁ ଚିଡ଼ି ଗଲିଣି- ମୁଁ ବହୁତ ଦୁର୍ଭାଗ୍ୟଶାଳୀ । ଏଭଳି ବିଚାରକୁ ମନରେ ରହିବାକୁ ଦିଅନ୍ତୁ ନାହିଁ । ପୂର୍ଣ୍ଣ ଶକ୍ତିର ସହ ସେଗୁଡ଼ିକୁ ମନ ଭିତରକୁ ପଶିବାରେ ରୋକନ୍ତୁ, ପ୍ରତିରୋଧ କରନ୍ତୁ, ସେଗୁଡ଼ିକୁ ମନରୁ ବାହାର କରି ଦିଅନ୍ତୁ ।

ନିଜ ମନର ସ୍ଥିତିକୁ ଏମିତି କରନ୍ତୁ ଯେମିତି ଏ ପ୍ରକାର କୁବିଚାର ଆପଣଙ୍କ ମନକୁ ଆସି ପାରିବ ନାହିଁ । ମାନସିକ, ଶାରିରୀକ ଏବଂ ନୈତିକ ଦୋଷପୂର୍ଣ୍ଣ ବିଚାର ଆପଣଙ୍କ ଉତ୍ସାହକୁ ଧିମା କରି ଦିଅନ୍ତି ଏବଂ ଆପଣ ପାଇଥିବା ସୁଯୋଗରୁ ଲାଭ ଉଠାଇ ପାରିବେ ନାହିଁ । ଏହି କଥାକୁ ମାନିବାକୁ ସବୁବେଳେ ମନା କରନ୍ତୁ କି ଆପଣ ଦୁର୍ବଳ ଅଟନ୍ତି, ଆପଣ ସେହି କାମ କରି ପାରିବେ ନାହିଁ, ଯାହା ଅନ୍ୟ ଲୋକ କରିପାରିବେ ଏବଂ ଆପଣଙ୍କ ମଧ୍ୟରେ ସେହି ଗୁଣ ନାହିଁ, ଯାହା ସଂସାରର ଅନ୍ୟ ବ୍ୟକ୍ତିଙ୍କ ମଧ୍ୟରେ ଅଛି, ଏଥିପାଇଁ ଆପଣଙ୍କୁ ଏମିତି ଦୟନୀୟ ସ୍ଥିତିରେ ରହିବାକୁ ପଡ଼ିବ । ମନରେ ଉତ୍ପନ୍ନ ହୋଇଥିବା ସନ୍ଦେହକୁ ଦଳି ଦିଅନ୍ତୁ, ଯେମିତି ନୃସଂସ ଭାବେ କୌଣସି ସାପକୁ ମରାଯାଏ, କାହିଁକିନା ଆପଣ ଭାବନ୍ତି ସାପ ଠାରୁ ଆପଣଙ୍କ ଜୀବନକୁ ବିପଦ ରହିଛି । ଏଭଳି ଆପଣ ଏହା ମଧ୍ୟ ବୁଝି ନିଅନ୍ତୁ କି ସନ୍ଦେହ ମଧ୍ୟ ଆପଣଙ୍କ ଜୀବନକୁ ଶେଷ କରି ପାରିବ । ଏହା ସାପ ଠାରୁ ମଧ୍ୟ ଅଧିକ ଭୟଙ୍କର ଅଟେ । ସାପ କାମୁଡ଼ିଲେ ତ' ଜଣେ ବଞ୍ଚିଯାଇ ପାରିବ, ହେଲେ ସନ୍ଦେହଶୀଳ ବ୍ୟକ୍ତି କିଛି ମଧ୍ୟ କରିପାରିବ ନାହିଁ । ସେ ତ କର୍ମହୀନ ହୋଇ ରହିଥାଏ । ନିଜର ନିର୍ଧନତା ଏବଂ ଦୁର୍ଭାଗ୍ୟ ସମ୍ବନ୍ଧରେ କେବେ ମଧ୍ୟ ଭାବିବା ଉଚିତ ନୁହେଁ । ସେ ବିଷୟରେ କାହା ସହିତ ମଧ୍ୟ କଥା ହେବା ଉଚିତ ନୁହେଁ ।

ଚିଠିରେ ମଧ୍ୟ ଏହି କଥାଗୁଡ଼ିକୁ ଉଲ୍ଲେଖ କରିବା ଉଚିତ ନୁହେଁ । ଏମିତି ବିଚାରକୁ ମୂଳରୁ ଉପାଡ଼ି ଫିଙ୍ଗିଦେବା ଉଚିତ, ଯାହା ଆପଣଙ୍କ ଜୀବନକୁ ଛୋଟ କରି ଦିଅନ୍ତି, ସେଥିରେ ଅନ୍ଧକାର ଭରି ଦିଅନ୍ତି । ଏହି ବିଚାର ଆପଣଙ୍କୁ ଭିତରେ ଭିତରେ ଖାଇଯାଏ କାହିଁକିନା ଏହାର ସ୍ରଷ୍ଟା ଆପଣ ନିଜେ । ଭଗବାନ ଏଥି ମଧ୍ୟରୁ କୌଣସିଟିକୁ ତିଆରି କରି ନାହାନ୍ତି । ତାଙ୍କର ଏମିତି କୌଣସି ଯୋଜନା ନାହିଁ କି ଏ ପ୍ରକାର ପଛକୁ ଟାଣୁଥିବା ବିଚାର ଆପଣଙ୍କ ମନରେ ଉତ୍ପନ୍ନ ହେଉ । ଭଗବାନ ଆପଣଙ୍କୁ ଖୁସି ଦେବା ପାଇଁ ଗଢ଼ିଛନ୍ତି, କାହିଁକିନା ଆପଣ ତାଙ୍କର ମାନସ ପୁତ୍ର । ସେ ଆପଣଙ୍କ ସୃଷ୍ଟି ଏଥିପାଇଁ କରିଛନ୍ତି ଏବଂ ଏଥିପାଇଁ ଆପଣଙ୍କୁ ବୁଦ୍ଧି ଦେଇଛନ୍ତି କି ଆପଣ ହିଁ ସବୁ ପରିସ୍ଥିତି

ଉପରେ ବିଜୟ ହାସଲ କରନ୍ତୁ । ଏହି କଥାକୁ ଭଲ ଭାବେ ବୁଝିନିଅନ୍ତୁ କି ଭଗବାନ ଆପଣଙ୍କୁ ଅସମର୍ଥ ଏବଂ ସାଧନହୀନ କରିନାହାନ୍ତି ।

ତେବେ ସଦା ନିଜ ମନରେ ଏହି କଥା ଦୋହରାନ୍ତୁ କି ଆପଣ ସେହି ଭଗବାନଙ୍କ ମହାନ ସନ୍ତାନ, ତାଙ୍କର ସର୍ବଶ୍ରେଷ୍ଠ କୃତି ଅଟନ୍ତି । ଜୀବନ ସଂଗ୍ରାମରେ ସଂଘର୍ଷ କରିବା ପାଇଁ ସେ ଆପଣଙ୍କୁ ସର୍ବଶ୍ରେଷ୍ଠ ଶସ୍ତ୍ର ଦେଇଛନ୍ତି । ଏହି ତଥ୍ୟକୁ ଆପଣ ହୃଦୟଙ୍ଗମ କରିବା ଦରକାର କି ଆପଣ ସୀମିତ ନୁହଁନ୍ତି । ଆପଣଙ୍କ ଶକ୍ତିର କୌଣସି ସୀମା ନାହିଁ । ଯଦି ଆପଣ କେଉଁଠି ଏବଂ କେତେବେଳେ ମଧ୍ୟ ନିଜକୁ ସୀମିତ ଭାବୁଛନ୍ତି ତେବେ ତାର ଉତ୍ତରଦାୟୀ ଆପଣ ନିଜେ, ଆପଣ ନିଜେ ନିଜକୁ ସୀମିତ ରଖିଛନ୍ତି । ନିଜ ମନର ସମସ୍ତ ଝରକା ଏବଂ କବାଟ ଖୋଲି ଦିଅନ୍ତୁ । ସୂର୍ଯ୍ୟଙ୍କ ଅନନ୍ତ ପ୍ରକାଶ ଏବଂ ଭଗବାନଙ୍କ ଅନନ୍ତ ଶକ୍ତି ମଧ୍ୟ ଆପଣଙ୍କ ସ୍ୱାଗତ ପାଇଁ ସର୍ବବ୍ୟାପ୍ତ ।

ଶକ୍ତିର ଅଭାବ ଆପଣଙ୍କ ମଧ୍ୟରେ ସେତେବେଳ ପର୍ଯ୍ୟନ୍ତ ରହିବ ଯେବେ ଯାଏଁ ଆପଣ ନିଜ ମନର ଦ୍ୱାର ବନ୍ଦ କରି ରଖିଥିବେ । ଆପଣଙ୍କ ମନ ଝରକାରେ ମୋଟା ପରଦା ଟାଙ୍ଗିଛନ୍ତି । ଥରେ ଏହି କଳା ପରଦାକୁ ଉଠାଇ ଦେଖନ୍ତୁ, ଆପଣଙ୍କ ମନ ଆଶା ଏବଂ ବିଶ୍ୱାସରେ ଭରିଯିବ । ତେବେ ଆଜି ଏବଂ ଏହି କ୍ଷଣ ଏହି ଦୃଢ଼ ନିଶ୍ଚୟ କରନ୍ତୁ କି ଆପଣ ଆଶାବାଦୀ ହେବେ । ନିରାଶାବାଦର ଚିହ୍ନବର୍ଣ୍ଣ ଆପଣଙ୍କ ପାଖରେ ରହିବନି ତଥା ଆପଣ ଏହାର କଳ୍ପନା କରିବେନି । ଏହା ତ ଆପଣ ଜାଣିଥିବେ କି ଶେଷରେ ନ୍ୟାୟ ଏବଂ ସତ୍ୟର ହିଁ ଜୟ ହୁଏ । ଅସ୍ଥାୟୀ ଭାବେ କିଛି ମଧ୍ୟ ହୋଇପାରେ, ହେଲେ ଆତ୍ମବିଶ୍ୱାସ ଏବଂ ଦୃଢ଼ ନିଶ୍ଚୟ ଦ୍ୱାରା ଶେଷରେ ଆପଣଙ୍କର ହିଁ ବିଜୟ ହେବ । ଏହି ତଥ୍ୟକୁ ନିଜ ମନରେ ଦୃଢ଼ କରନ୍ତୁ ଏବଂ ବାରମ୍ବାର ଏହାକୁ ଦୋହରାଇ ଚାଲନ୍ତୁ କି ମୁଁ ଆଜି ମଧ୍ୟ ମହାନ୍ ଭାଗ୍ୟଶାଳୀ ବ୍ୟକ୍ତିମାନଙ୍କ ମଧ୍ୟରେ ଜଣେ ଏବଂ ଠିକ୍ ସ୍ଥାନ ଏବଂ ଉଚିତ ସମୟରେ ଜନ୍ମ ହୋଇଛି । ଆପଣଙ୍କ ପାଖରେ କରିବା ପାଇଁ କୌଣସି ନିଶ୍ଚିତ କାର୍ଯ୍ୟ ରହିଛି ଏବଂ ଏହା ଏମିତି କାମ, ଯାହାକୁ ଅନ୍ୟ କୌଣସି ବ୍ୟକ୍ତି କରି ପାରିବ ନାହିଁ । ଆପଣଙ୍କୁ ଏହା ବୁଝି ନେବାକୁ ହେବ କି ଆପଣ ଅତ୍ୟନ୍ତ ସୌଭାଗ୍ୟଶାଳୀ ବ୍ୟକ୍ତି ଯାହାକୁ ଏହି ସୁଯୋଗ ହାସଲ ହୋଇଛି ।

୫. ଆପଣ ମୌଳିକ ଅଟନ୍ତି କି ?

ଯଦି ଆପଣ ମୌଳିକ ଅଟନ୍ତି, ତେବେ ଆପଣଙ୍କ ବିକାଶ ମଧ୍ୟ ହେବ, ଅନୁକରଣ କଲେ ଆପଣ କେବେ ମଧ୍ୟ ସନ୍ତୁଷ୍ଟ ରହି ପାରିବେନି । କାହାର ପିଛା ଧରି କେବେ ବି ଉନ୍ନତି କରି ପାରିବେ ନାହିଁ ।

ଆଜି ଦୁନିଆରେ ଏମିତି ଲକ୍ଷ ଲକ୍ଷ ମଣିଷ ଅଛନ୍ତି, ଯେଉଁମାନେ ଅନ୍ୟର କାର୍ଯ୍ୟକୁ ନିଷ୍ଠାର ସହ କରି ପାରିବେ, କିନ୍ତୁ ସେମାନେ ସେତେବେଳେ କରିବେ, ଯେବେ ତାଙ୍କ ପାଇଁ କୌଣସି ଯୋଜନା କରି ଦିଆଯାଏ କିମ୍ବା ସେମାନଙ୍କୁ ଏମିତି କରିବାକୁ ଆଦେଶ ଦିଆଯାଏ । ସେମାନେ ମଧ୍ୟ ପିଛା ଧରୁଥିବା ଲୋକ, ନେତା କିମ୍ବା ଆଗୁଆ ହୋଇ ପାରିବେନି । ଏମିତି ମଣିଷ ବହୁତ କମ୍ ଅଛନ୍ତି, ଯାହାଙ୍କ ମଧ୍ୟରେ ଆପେ କାମରେ ନିମଗ୍ନ ହେବାର କ୍ଷମତା ଅଛି କିମ୍ବା ଯେଉଁମାନେ ମୌଳିକ ଭାବେ କାମକୁ ଆଗକୁ ନେଇ ପାରିବେ । ଏଥିପାଇଁ ଯେ କୌଣସି କାମ ହେଉ, ଆପଣ ଅନ୍ୟର ନକଲ କରନ୍ତୁ ନାହିଁ, ଅନ୍ୟ ପଛରେ ଚାଲନ୍ତୁ ନାହିଁ, କାମକୁ ସେହି ଢ଼ଙ୍ଗରେ କରନ୍ତୁ ନାହିଁ, ଯେଉଁ ଢ଼ଙ୍ଗରେ ଆପଣଙ୍କ ପୂର୍ବରୁ ଲୋକେ ସେହି କାମକୁ କରି ଆସିଛନ୍ତି, ବରଂ ସେହି କାମକୁ ନିଜ ମୌଳିକ ଢ଼ଙ୍ଗରେ, ନିଜ ନୂଆ ଢ଼ଙ୍ଗରେ କରନ୍ତୁ ଏବଂ ଏହା ସ୍ପଷ୍ଟ କରନ୍ତୁ କି ଆପଣଙ୍କ ମୌଳିକତା ଏବଂ ଆପଣଙ୍କ ଢ଼ଙ୍ଗ

ତୁଳନାରେ ପୂର୍ବର ଢ଼ଙ୍ଗ ମାମୁଲି ଥିଲା । ଆପଣଙ୍କ ସ୍ୱତନ୍ତ୍ର ଏବଂ ମୌଳିକ ଭାବେ କାମ କରିବା ପଦ୍ଧତି ହିଁ ସଫଳତା ପାଇଁ ଅନିବାର୍ଯ୍ୟ ଅଟେ ।

ଆପଣ ଦୃଢ଼ ନିଶ୍ଚୟରେ ସହ କାର୍ଯ୍ୟ କରନ୍ତୁ ଏବଂ ଆପଣ ଅଧିକ ସଫଳ ହେଲେ ନା କମ୍ ଏହି କଥା ଆଦୌ ଚିନ୍ତା କରନ୍ତୁ ନାହିଁ । ଏତିକି ମନେ ରଖନ୍ତୁ କି ଆପଣ କାହାର ନକଲ ନ କରନ୍ତୁ । ଏଥି ସହ ଏହା ମଧ୍ୟ ଜରୁରୀ କି ଆପଣ ନିଜ ମୌଳିକ ପଦ୍ଧତିକୁ ଅନ୍ୟମାନଙ୍କୁ ଜଣାନ୍ତୁ, କାହିଁକିନା ମୌଳିକତା ଜୀବନର ଶକ୍ତି ଅଟେ, ନକଲ କରିବା ମୃତ୍ୟୁ । ଏଣୁ ଆଲୋକକୁ ଆସିବାକୁ ଡରନ୍ତୁ ନାହିଁ । ଯଦି ଆପଣ ମୌଳିକ ଅଟନ୍ତି, ତେବେ ଆପଣଙ୍କ ବିକାଶ ମଧ୍ୟ ହେବ, ଯେତେବେଳେ କି ନକଲ କଲେ ଆପଣ କେବେ ମଧ୍ୟ ଖୁସି ରହି ପାରିବେନି । ଅନ୍ୟର ପିଛା କରି କେବେ ବି ଉନ୍ନତି କରି ପାରିବେ ନାହିଁ । ଆଗକୁ ଆଗେଇବା ତ ଆପଣଙ୍କ ନିଜ ନେତୃତ୍ୱର ଗୁଣ ଯୋଗୁ ହିଁ ସମ୍ଭବ ହୋଇଥାଏ ।

ଏଥିପାଇଁ ଦୃଢ଼ ନିଶ୍ଚୟ କରନ୍ତୁ କି ଆପଣ ଏମିତି ମନୁଷ୍ୟ ହେବେ, ଯିଏ ସୁଧାର ଏବଂ ପ୍ରଗତି ପାଇଁ ସଦା ପ୍ରସ୍ତୁତ ରହେ । ଆପଣଙ୍କ ଉଦ୍ଦେଶ୍ୟ ମୌଳିକ ହେବା ଦରକାର, ସେତେବେଳେ ଯାଇ ଆପଣଙ୍କୁ ଏ ଦୁନିଆରେ ସଫଳତା ମିଳି ପାରିବ । ପ୍ରତ୍ୟେକ କଥାରେ ପୁରୁଣା ରୀତି-ନୀତିରେ ଚାଲିବା ଦ୍ୱାରା ଆପଣ ସଫଳ ହୋଇ ଆସିଛନ୍ତି । ପୁରୁଣା ଢ଼ଙ୍ଗରେ କାମ କରିବା ଦ୍ୱାରା ହିଁ ଆପଣଙ୍କ ପ୍ରଗତିର ରାସ୍ତା ଅଟକି ଯାଇଛି । ଆଜି ବିଶ୍ୱର ଅନେକ ପ୍ରଗତିଶୀଳ ନବଯୁବକ ଏଥିପାଇଁ ଉନ୍ନତି କରିପାରି ନାହାନ୍ତି, କାହିଁକିନା ସେମାନେ ପୁରୁଣା ଯୁଗର ପଦ୍ଧତିକୁ ନକଲ କରିଛନ୍ତି । ସେମାନେ ନିଜ ବାପା-ଦାଦାଙ୍କ ଦୋକାନ କିମ୍ୱା କାରଖାନାରେ କାମ କରିବାକୁ ଲାଗିଲେ, ଯେଉଁଠି ସବୁ କାମ ପୁରୁଣା ଜିନିଷରେ ହେଉଥିଲା, ଯେଉଁଠି ପୁରୁଣା ପରମ୍ପରାକୁ ଅନୁକରଣ କରା ଯାଉଥିଲା । ସେଥିପାଇଁ ତ ସେହି ଯୁବକଙ୍କ ପ୍ରଗତିଶୀଳତା ଶେଷ ହୋଇଗଲା । କେହି ତାଙ୍କ ନୂଆ ଓ ମୌଳିକ ବିଚାରକୁ ସ୍ୱାଗତ କଲେ ନାହିଁ ଏବଂ ନା କେହି ତାଙ୍କ ଆଡ଼କୁ ନଜର ଦେଲେ ଏବଂ ଏଥିପାଇଁ ଅଦ୍ୱିତୀୟ ଗୁଣ ଥିବା ଯୁବପିଢ଼ି ମାଟିରେ ମିଶିଗଲେ ।

ସେମାନଙ୍କୁ ତାଙ୍କ ବାପା-ଦାଦାଙ୍କ ପୁରୁଣା ପଦ୍ଧତିରେ କାମ କରିବାକୁ ପଡ଼ିଲା, ଯାହା ଦ୍ୱାରା ସେମାନଙ୍କ ମୌଳିକ ପ୍ରତିଭା ଶେଷ ହୋଇଗଲା । ଯଦି ସେମାନେ ମଧ୍ୟ ନିଜ ମୌଳିକ ପଦ୍ଧତିରେ କାମ କରିଥାନ୍ତେ, ତେବେ ନିଶ୍ଚୟ ହିଁ କିଛି ଆଶ୍ଚର୍ଯ୍ୟଜନକ କାମ କରି ଦେଖାଇଥାନ୍ତେ ଏବଂ ମହାନ ହୋଇଥାନ୍ତେ । ବହୁ ବ୍ୟବସାୟ ସଂସ୍ଥା, ଦୋକାନ କିମ୍ୱା ପ୍ରତିଷ୍ଠାନ ଆଜି ମଧ୍ୟ ପୁରୁଣା ଜିନିଷରେ କାମ କରୁଛନ୍ତି ଏବଂ ଯୁବପିଢ଼ିଙ୍କ ମୌଳିକ ପ୍ରତିଭା ଶେଷ କରୁଛନ୍ତି । ସେମାନଙ୍କ କାର୍ଯ୍ୟଶକ୍ତିର ତଣ୍ଟି ଚିପୁଛନ୍ତି । ଆଜି ଯେତେବେଳେ ବିଶ୍ୱରେ ନୂଆ ନୂଆ ସାଧନ

ଏବଂ କାମ କରିବାର ନୂଆ-ନୂଆ ପଦ୍ଧତି ଆରମ୍ଭ ହେଲାଣି, ଯଦ୍ୱାରା ସମୟ ଏବଂ ଅର୍ଥ କମ୍ ଖର୍ଚ୍ଚ ହେଉଛି ଏବଂ ବ୍ୟକ୍ତି ସ୍ୱତନ୍ତ୍ର ଭାବେ କାମ କରୁଛି, ଏଭଳି ସ୍ଥିତିରେ ପୁରୁଣା ସାଧନ ତଥା ପୁରୁଣା ପଦ୍ଧତିକୁ ଜାବୁଡ଼ି ଧରିବା ବୁଦ୍ଧିମତାର କାମ ନୁହେଁ ।

ଏହି ପ୍ରବୃତ୍ତି କ୍ଷତିକାରକ ଅଟେ । ଏହାର କାରଣ ହେଲା ଅନେକ ପୁରୁଣା କାରଖାନା ଏବଂ ବ୍ୟବସାୟ ସଂସ୍ଥା, ଯାହାର କେବେ ବହୁତ ନାଁ ଥିଲା, ଧିରେ-ଧିରେ ଅସଫଳ ହୋଇ ଚାଲିଲେ ଏବଂ ଶେଷରେ ବନ୍ଦ ହୋଇଗଲେ । ସେମାନଙ୍କ ତୁଳନାରେ ନୂଆ ଯୁବପିଢ଼ି ଏପରିକି ସେମାନଙ୍କ କର୍ମଚାରୀ, ନିଜ ମୌଳିକତା ଯୋଗୁ ସମୟ ସହ ତାଳ ଦେଇ ଚାଲିଲେ ଏବଂ ଆଗକୁ ପାଦ ବଢ଼ାଇ ଦ୍ରୁତ ଗତିରେ ଉନ୍ନତି କରି ଚାଲିଲେ । ମୌଳିକତା ଏକ ବଡ଼ ବିଜ୍ଞାପନ ଅଟେ । ମୌଳିକ ବ୍ୟକ୍ତି ଯେଉଁ ଢ଼ଙ୍ଗରେ କାମ କରେ, ତାହା ତା'ର ନିଜ ପଦ୍ଧତି ହୋଇଥାଏ । ତା ଦ୍ୱାରା ତିଆରି କରାଯାଇଥିବା ପ୍ରତ୍ୟେକ ବସ୍ତୁ ଅନ୍ୟ ଠାରୁ ବିଶେଷତା ଆଣିଥାଏ ଏବଂ ସେହି ବସ୍ତୁର ପ୍ରତ୍ୟେକ ଗ୍ରାହକ ଜଣେ ଜଣେ ଚଳନ୍ତା ବିଜ୍ଞାପନ ହୋଇଯାନ୍ତି ।

ଏକ ବିଭାଗର ଗୋଦାମ ମାଲିକ ବୋଷ୍ଟନ ନାମକ ସହରରେ ବହୁ ପ୍ରଗତିଶୀଳ ଏବଂ ପ୍ରତ୍ୟେକ ଦିନ ନୂଆ ମୌଳିକ ଢ଼ଙ୍ଗରେ ଅଧ୍ୟୟନ କରନ୍ତି । ସେ ନିଜ ଗ୍ରାହକଙ୍କୁ ଯେବେ କିଛି ଅର୍ଥ ଫେରାନ୍ତି, ତେବେ ସେ ସମସ୍ତ ଅର୍ଥ ନୂଆ ପଇସା ଦିଅନ୍ତି । ଏହା ଦ୍ୱାରା ତାଙ୍କୁ ବିଶେଷ ଖର୍ଚ୍ଚ କରିବାକୁ ପଡ଼େନାହିଁ ଏବଂ ନା କୌଣସି ହଇରାଣ ହେବାକୁ ପଡ଼େ । ହେଲେ ଏହା ଏକ ବଡ଼ ବୁଦ୍ଧିମତାପୂର୍ଣ୍ଣ ବିଜ୍ଞାପନ । ଏହି ନୂଆ ଢ଼ଙ୍ଗକୁ ଆପଣାଇଥିବାରୁ ହିଁ ଏହି ଗୋଦାମର ବ୍ୟବସାୟ ବଢ଼ିଯାଇଛି । ଏହା ଏକ ସାଧାରଣ କଥା ଯେ ହାତରେ ପୁରୁଣା ପଇସା ଦେଖିଲେ ଖୁସି ଆସେନାହିଁ ଏବଂ ଏଥିସହ ଅଚଳ ପଇସାର ମଧ୍ୟ ଭୟ ଥାଏ, ଯେତେବେଳେ କି ନୂଆ ପଇସା ଦେଖି ମନ ପ୍ରସନ୍ନ ହୁଏ ।

ନିଜ ବ୍ୟବସାୟକୁ ବଢ଼ାଇବା ପାଇଁ ସେହି ଗୋଦାମ ମାଲିକ ଯେଉଁ ନୂଆ-ନୂଆ ପଦ୍ଧତି ଆପଣାଇଛନ୍ତି, ତା ମଧ୍ୟରୁ ଏହା ଗୋଟିଏ । ଆପଣ ପ୍ରାୟ ଦେଖିଥିବେ କି ନୂଆ ଭାବେ ଭିନ୍ନ ଧରଣର ସାଜସଜ୍ଜା ହୋଇଥିବା ଭଣ୍ଡାର ଏବଂ ଦୋକାନ ଲୋକଙ୍କୁ ଆକର୍ଷିତ କରେ । ଲୋକମାନେ ମଧ୍ୟ ଏଭଳି ଜାଗାକୁ ଯିବା ପାଇଁ ବେଶି ପସନ୍ଦ କରନ୍ତି, କାହିଁକିନା ସେମାନେ ଭାବନ୍ତି ସେଠାରେ ନୂଆ ଡିଜାଇନ୍‌ର ଜିନିଷ ମିଳୁଛି ଏବଂ ସେଠାରେ ଆଧୁନିକ ଢ଼ଙ୍ଗରେ ହିଁ କାମ ହେଉଛି, କିମ୍ବା ସମୟ ତଥା ରୁଚି ଅନୁସାରେ ଶ୍ରେଷ୍ଠ ଜିନିଷ ମିଳେ । ଅନେକ ନୂଆ ବ୍ୟବସାୟ ସଂସ୍ଥା ନିଜ କର୍ମଚାରୀଙ୍କୁ ଅଧିକ ଦରମା ଏଥିପାଇଁ ଦିଅନ୍ତି କି ସେମାନେ ଗ୍ରାହକଙ୍କ ସହ ନୂତନ ଶୈଳୀରେ ବ୍ୟବହାର କରନ୍ତୁ, ଯଦ୍ୱାରା ଗ୍ରାହକ ସେମାନଙ୍କ ବ୍ୟବହାରରେ ପ୍ରଭାବିତ ହୋଇ ଅଧିକ ଜିନିଷ କିଣନ୍ତୁ । ଏହି ପ୍ରକାର ନୂଆ ଢ଼ଙ୍ଗକୁ ଆପଣାଇଥିବା ସଂସ୍ଥାରେ ଗ୍ରାହକଙ୍କ ଭିଡ଼ ଲାଗିରହେ ।

ନ୍ୟୁୟର୍କରେ ଏକ ପ୍ରସିଦ୍ଧ ହୋଟେଲ ଅଛି- ଯାହା ନିଜ ବିଜ୍ଞାପନ କେବେ କରେନାହିଁ, କିନ୍ତୁ ଏହା ସତ୍ତ୍ୱେ ଲୋକ ସେଠାକୁ ଆସନ୍ତି ଏବଂ ଯେବେ ଲୋକେ ଏହି ହୋଟେଲରୁ ବାହାରକୁ ଯାନ୍ତି, ତେବେ ସବୁଦିନେ ସେହି ହୋଟେଲ ସମ୍ପର୍କରେ ହିଁ କଥାବାର୍ତ୍ତା ହୁଅନ୍ତି । ଯାହା ହେଉ ନା କାହିଁକି, ସେମାନେ ଏହି ହୋଟେଲ୍‌ର ଗ୍ରାହକ ହେବାକୁ ପସନ୍ଦ କରନ୍ତି । କିଛି ଲୋକଙ୍କର ହୋଟେଲରେ ବଖରା ନେବାକୁ ସାମର୍ଥ୍ୟ ନଥିଲେ ମଧ୍ୟ ସେମାନେ ସେଠାରେ ଭୋଜନ ପାଇଁ ହିଁ ଆସନ୍ତି । ସେମାନେ ସେହି ହୋଟେଲରେ ନୂଆ-ନୂଆ ଫେସନ ତଥା ପ୍ରସିଦ୍ଧ ବ୍ୟକ୍ତିଙ୍କୁ ଦେଖିବା ପାଇଁ ଆସନ୍ତି । ଯଦି ଏହା ମଧ୍ୟ ଅନ୍ୟ ହୋଟେଲ ଭଳି ବିଜ୍ଞାପନ କରେ, ତେବେ ଏହି ହୋଟେଲର ଅଧା ଖର୍ଚ୍ଚ ବିଜ୍ଞାପନରେ ଚାଲିଯାନ୍ତା । ଏହି ଖର୍ଚ୍ଚ ମଧ୍ୟ ରହିଗଲା ।

ଏହାର କାରଣ ଥିଲା, ହୋଟେଲର ଅତ୍ୟାଧୁନିକ ଏବଂ ନବୀନତା । ଏଠାରେ ପ୍ରତ୍ୟେକ ଜିନିଷ ଏବଂ ପ୍ରତ୍ୟେକ କଥା ନୂଆ । ଏଠାକାର ସାଧନ ନୂଆ ଏବଂ ଏଠାକାର ସାଜ-ସଜ୍ଜା ମୌଳିକ ଥିଲା । ଏଥିଯୋଗୁ ଲୋକେ ଏଠାକୁ ଟାଣିହୋଇ ଆସନ୍ତି । ଏହାର ଅର୍ଥ ନୁହେଁ କି ଯଦି ଆପଣ ନୂଆ ଢ଼ଙ୍ଗରେ କାମ କରିବେ, ତେବେ ଆପଣଙ୍କୁ ସଫଳତା ମିଳିଯିବ, ବରଂ ଏହାର ଅର୍ଥ ହେଲା ଆପଣଙ୍କ ମୌଳିକତା ପ୍ରଭାବଶାଳୀ ଏବଂ ଆକର୍ଷକ ହେବା ଦରକାର, ସେତେବେଳେ ଯାଇ ତାହାର ମୂଲ୍ୟ ରହିବ । ପ୍ରଭାବହୀନ ଓ ଆକର୍ଷଣ ବିହୀନ ମୌଳିକତାରେ ମଧ୍ୟ କିଛି ଲାଭ ମିଳେନାହିଁ ।

ଏମିତି ସହସ୍ର ଲୋକ ଅଛନ୍ତି, ଯେଉଁମାନେ ପ୍ରତିଦିନ ନୂଆ ଶୈଳୀର ସନ୍ଧାନ କରିଥାନ୍ତି, ହେଲେ କେବେ ମଧ୍ୟ ଉଲ୍ଲେଖନୀୟ ସଫଳତା ପ୍ରାପ୍ତ କରିପାରନ୍ତି ନାହିଁ । ଏହାର କାରଣ ହେଲା ସେମାନଙ୍କ ମୌଳିକତା ପ୍ରଭାବହୀନ ଥାଏ । ସେଥିରେ କୌଣସି ଆକର୍ଷଣ ନଥାଏ । ସେମାନଙ୍କ ଠାରେ ବ୍ୟାବହାରିକତାର ଅଭାବ ଥାଏ । ଏମିତି ମୌଳିକତାକୁ କାର୍ଯ୍ୟ ରୂପରେ ପରିବର୍ତ୍ତିତ କରାଯାଇ ପାରିବ ନାହିଁ । ମୁଁ ଏକ ଏମିତି ବ୍ୟକ୍ତିଙ୍କ ପରିଚିତ ଅଟେ, ଯିଏ ନୂଆ-ନୂଆ ଚିନ୍ତାଧାରା ଦ୍ୱାରା ପ୍ରତ୍ୟେକ ଦିନ ନୂଆ କଳ୍ପନା କରେ, କିନ୍ତୁ କେବେ ମଧ୍ୟ ସଫଳ ହୋଇପାରିଲା ନାହିଁ । ବାପ-ଅଜା ଅମଳର ବହୁ ସମ୍ପତ୍ତି ସେ ସାରିଦେଲା, କିନ୍ତୁ କେବେ ମଧ୍ୟ ନିଜ ଧନ୍ଦାକୁ ଉଚିତ ଭାବେ ପ୍ରବନ୍ଧ କରିପାରିଲା ନାହିଁ । କେବେ ମଧ୍ୟ କୌଣସି ପ୍ରଭାବଶାଳୀ ଏବଂ ବ୍ୟାବହାରିକ ସାଧନ ଖୋଜିପାରିଲା ନାହିଁ । ଏଥିରୁ ପ୍ରମାଣିତ ହେଉଛି ଯେ ତା ମଧ୍ୟରେ ନିର୍ଣ୍ଣୟାତ୍ମକ ବୁଦ୍ଧି ଓ ବ୍ୟାବହାରିକ କାର୍ଯ୍ୟକୁଶଳତାର ଅଭାବ ଅଛି ।

ନିଜ କାର୍ଯ୍ୟକୁଶଳତାର ଅଧିକାଂଶ ଉପଯୋଗ ଯଦି କୌଣସି ଯୁବକ କରିପାରେ, ତେବେ ତାକୁ ଦରକାର କି ସେ ନିଜ କାମରେ ଅଧିକ ମୌଳିକତା ବ୍ୟବହାର କରୁ, ଏବଂ କାମରେ ଅଧିକାଂଶ ଶ୍ରେଷ୍ଠତା ଆଣିବାର ପ୍ରୟାସ ମଧ୍ୟ କରୁ । କାମ ଆରମ୍ଭ

କରିବା କ୍ଷଣି ହିଁ ତାକୁ ଏହି ଦୃଢ଼ ନିଶ୍ଚୟ ମଧ୍ୟ କରିନେବା ଉଚିତ କି ତାର ପ୍ରତ୍ୟେକ ରଚନା ଉପରେ ତା'ର ବ୍ୟକ୍ତିତ୍ୱ, ସେହି ମୌଳିକତାର ଛାପ ସ୍ପଷ୍ଟ ଭାବେ ଆଙ୍କିହେଉ । ମୌଳିକତାର ଏହି ଛାପ ହିଁ ତା ଚରିତ୍ରର ଛାପ ହେବ, କାହିଁକିନା ତା ଦ୍ୱାରା ତିଆରି ବସ୍ତୁରେ ତା'ର ମୌଳିକତାର ସମସ୍ତ ବିଶେଷତା ସ୍ପଷ୍ଟ ଦିଶିବ, ଯାହାକୁ ଦେଖିବା କ୍ଷଣି ଲୋକେ ଦୂରରୁ ଚିହ୍ନିପାରିବେ କି ସେହି ଜିନିଷ ଅମକ ଲୋକ ହାତରେ ତିଆରି ହୋଇଛି । ଏମିତି କାମ କରିବା ଦ୍ୱାରା ବିଜ୍ଞାପନର ଦରକାର ପଡ଼ିବ ନାହିଁ । ଏହାର ମୌଳିକତା ହିଁ ତା ପାଇଁ ବିଜ୍ଞାପନର କାମ କରିବ । ଆପଣ ଶୁଣିଥିବେ କି ଅମକ ବସ୍ତୁ କଥାକହେ । ଏହାର ଅର୍ଥ ଏହିକି ବସ୍ତୁ ବାସ୍ତବରେ ଭଲ ଏବଂ ଉପଯୋଗୀ ଅଟେ । ଅନେକ ଲୋକ ନୂଆ ଢ଼ଙ୍ଗରେ କାମ କରିବା ପାଇଁ କାତର ହୁଅନ୍ତି । ଏମିତି ଲୋକ ସଦା କାହାରି ନା କାହାରି ଅନୁକରଣ କରୁଥିବା ଦେଖାଯାଏ । ବାସ୍ତବରେ ଏଭଳି ଲୋକମାନେ ନିଜର ସିଦ୍ଧାନ୍ତ କରିଥାନ୍ତି କି ଯେଉଁ କଥା ତାଙ୍କ ବାପା-ଦାଦାଙ୍କ ପାଇଁ ଭଲ ଥିଲା, ସେଇଆ ସେମାନଙ୍କ ପାଇଁ ମଧ୍ୟ ଉତ୍ତମ ସିଦ୍ଧ ହେବ । ପରିବର୍ତ୍ତନ ଶବ୍ଦ ଶୁଣିଲେ ଏଭଳି ଲୋକଙ୍କ ମତିଭ୍ରମ ହୁଏ । ସେମାନଙ୍କୁ କେବଳ ଉଦାହରଣରେ ମତଲବ ଥାଏ । ଅନ୍ୟର ଉଦାହରଣରେ ଚାଲିବା ହିଁ ଯେବେ ଏଭଳି ଲୋକଙ୍କ ଅଭ୍ୟାସରେ ପଡ଼ିଯାଏ, ତେବେ ସେମାନେ ନୂଆ ପଦ୍ଧତିକୁ ଆପଣାଇ ପାରିବେ ନାହିଁ । ସେମାନେ ସବୁବେଳେ ଏହା ଭାବନ୍ତି କି ଯଦି ବର୍ତ୍ତମାନ ଯାଏଁ କୌଣସି ନୂଆ ପଦ୍ଧତି ଆପଣାଇ ନାହିଁ, ତେବେ ଅବଶ୍ୟ ଏହାର କୌଣସି କାରଣ ଥିବ । ଏମିତି ଲୋକଙ୍କୁ ପୁରୁଣା ରିତୀ-ନୀତି ବହୁତ ପ୍ରିୟ ହୋଇଥାଏ । ସେମାନଙ୍କୁ ପୁରୁଣା କଥାକୁ ବହୁତ ଭଲ ପାଆନ୍ତି । ସେମାନଙ୍କ ମତ ଅନୁସାରେ ଯାହା ପୁରୁଣା, ତାହା ବହୁତ ମୂଲ୍ୟବାନ । ଦାମିକା ଅଟେ ।

ବାସ୍ତବରେ ଏ ପ୍ରକାର ପୁରୁଣା ରଢ଼ିରେ ବନ୍ଧା ହୋଇଥିବା ଲୋକ, ବିକାଶ କାର୍ଯ୍ୟରେ ବାଧକ ହୋଇଥାନ୍ତି । ପ୍ରତ୍ୟେକ ସହର, ବଜାର ଏବଂ ଗାଁରେ ଏ ପ୍ରକାର ଲୋକ ଆପଣଙ୍କୁ ମିଳିବେ ଯେଉଁମାନଙ୍କୁ ପୁରୁଣା ଘର, ପୁରୁଣା ଆସବାବପତ୍ର, ପୁରୁଣା ଚାଲି-ଚଳନ ହିଁ ପସନ୍ଦ ଥିବ । ଏମିତି ଲୋକ କୌଣସି ପ୍ରଗତି କରିପାରିବେ ନାହିଁ, କାହିଁକିନା ସେମାନଙ୍କ ବିଚାରରେ ସେମାନେ ଅଧିକାଂଶ ପ୍ରଗତି କରି ସାରିଛନ୍ତି । ନୂଆ ବିଚାର ଏମିତି ଲୋକଙ୍କୁ ଭୟ ଲାଗେ । ହେଲେ ଯିଏ ପୁରୁଣା ପ୍ରଥାର ଦାସ ଅଟେ, ସେ ଆଗକୁ ବଢ଼ିପାରିବ ନାହିଁ । ସେମାନେ ପଛକୁ ଦୌଡୁଥାନ୍ତି ଏବଂ ଯେବେ ସେମାନେ ନୂଆ ବିଧି ଏବଂ ବସ୍ତୁ ଆଡ଼କୁ ଆକର୍ଷିତ ହୋଇପାରନ୍ତି ନାହିଁ, ତେବେ ସେହି ସମୟରେ ମଧ୍ୟ ପଛୁଆ ରହିଯାନ୍ତି, ଯେତେବେଳେ ମୌଳିକତାର ଆବଶ୍ୟକତା ଥାଏ ।

ଏଭଳି ବ୍ୟକ୍ତି ଶକ୍ତିହୀନ ହୋଇଥାନ୍ତି ଏବଂ ନୂଆ ଯୁଗ ସହ ଚାଲିପାରନ୍ତି ନାହିଁ, ପଛୁଆ ହୋଇଯାଆନ୍ତି । ହେଲେ ମୌଳିକତାରେ ଆଗକୁ ବଢ଼ିବାର ଶକ୍ତି ଏବଂ ପ୍ରତ୍ୟେକ ନୂଆ ଜିନିଷକୁ ଗ୍ରହଣ କରିବାର ଯୋଗ୍ୟତା ଥାଏ । ବହୁ ଲୋକ ନିଜକୁ ଭାଗ୍ୟହୀନ ଭାବନ୍ତି ଏବଂ ସବୁବେଳେ ଏହା ଭାବି ଡରନ୍ତି କି କେଉଁଠି କିଏ ତାଙ୍କୁ ଅସାଧାରଣ ନ ଭାବନ୍ତୁ । ହେଲେ ସେହି ପରମପିତା ପରମାତ୍ମା ବିଶ୍ୱରେ କୌଣସି ଦୁଇଟି ବସ୍ତୁକୁ ଏକାଭଳି ତିଆରି କରିନାହାନ୍ତି ଏବଂ ନା କୌଣସି ଦୁଇ ବ୍ୟକ୍ତିଙ୍କୁ ଏକ ସମାନ କରିଛନ୍ତି । ବ୍ୟକ୍ତିକୁ ଜନ୍ମ ଦେବା ପରେ ପ୍ରକୃତି ଛାଞ୍ଚ ଭାଙ୍ଗିଦିଏ । ବିଶିଷ୍ଟ ବ୍ୟକ୍ତିମାନଙ୍କ ଚରିତ୍ର ସବୁବେଳେ ଉଦାର ଏବଂ ମହାନ ହୋଇଥାଏ । ସେଥିପାଇଁ ତ ଭିଡ଼ରେ ତାଙ୍କୁ ଚିହ୍ନିହୁଏ । ବିଶିଷ୍ଟ ହେବା ଦୁର୍ବଳତା ନୁହେଁ, ବରଂ ଏହା ସଫଳତାର ପରିଚାୟକ ଅଟେ । ଆବ୍ରାହମ ଲିଙ୍କନଙ୍କ ବ୍ୟକ୍ତିତ୍ୱ ମଧ୍ୟ ବିଶିଷ୍ଟତାପୂର୍ଣ୍ଣ ଥିଲା, ହେଲେ ତାଙ୍କ ବିଶେଷତା ତାଙ୍କ ଚରିତ୍ରରୁ ଅଲଗା କରାଯାଇ ପାରିନଥିଲା । ଏଭଳି ବିଶିଷ୍ଟତା, ଯାହା କାରଣରୁ ମଣିଷ ଆକର୍ଷଣହୀନ ଦିଶେ, ଅନେକ ଥର ଏହା ପରେ ଲାଭପ୍ରଦ ହୁଏ । ନକଲ କରୁଥିବା ଲୋକଙ୍କଠୁ ବଳି ଆକର୍ଷଣହୀନ ଆଉ କ'ଣ ହୋଇପାରେ ? ଯେଉଁ ବ୍ୟକ୍ତିର ମୁହଁରେ ତା'ର ବ୍ୟକ୍ତିତ୍ୱର ଛାପ ଦିଶେନାହିଁ କିମ୍ବା ଯା ମଧ୍ୟରେ କୌଣସି ବିଶେଷତା ନଥାଏ, ତା'ର ମଧ୍ୟ କୌଣସି ବ୍ୟକ୍ତିତ୍ୱ ଥାଇପାରେ ?

ସବୁ ମଣିଷ ଦୃଢ଼ ଏବଂ ଉତ୍ସାହୀ ବ୍ୟକ୍ତିଙ୍କୁ ହିଁ ପସନ୍ଦ କରନ୍ତି । ଯିଏ ନିଜ ବ୍ୟକ୍ତିତ୍ୱରେ ଆମକୁ ପ୍ରଭାବିତ କରେ, ଯିଏ ମହାନ ହୋଇ ଆମ ଉପରେ ପ୍ରଭାବ ପକାଏ, ଯିଏ ଆମକୁ ନିଜଠୁ ଉଚ୍ଚ ଏବଂ ମହାନ ଦିଶେ, ତାକୁ ଆମେ ଡରୁ । ତା'ର ପ୍ରଶଂସା କରୁ କାହିଁକିନା ତା ସମ୍ମୁଖକୁ ଗଲେ ଆମକୁ ଏଭଳି ଅନୁଭବ ହୁଏ କି ଯେମିତି ଆମେ କୌଣସି ବିଶାଳ ପର୍ବତ ସାମ୍ନାରେ ଠିଆ ହୋଇଛୁ । ସେହି ପର୍ବତର ପଥୁରିଆ ଶୀଖର ଏବଂ ଖଦଡ଼ିଆ ଚଟାଣକୁ ସମତଳ କରିବାକୁ ଚାହୁଁନା କାହିଁକିନା ତାହା ସେହି ପର୍ବତର ବିଶାଳତାର ଚିହ୍ନ ଅଟେ । ସେଗୁଡ଼ିକରୁ ସେ ପର୍ବତର ଗୌରବ ଏବଂ ତା ଶକ୍ତିର ଅନୁମାନ ହୁଏ । ଏହି ପ୍ରକାର, କୌଣସି ବ୍ୟକ୍ତିର ଚରିତ୍ରରେ ତା କଠୋରତାକୁ ଅଲଗା କରିବା ଉଚିତ ନୁହେଁ, କାହିଁକିନା ଏହା ତା'ର ଗୁଣ ଯାହା ତା ବ୍ୟକ୍ତିତ୍ୱକୁ ଅନ୍ୟଠାରୁ ଭିନ୍ନ କରିଥାଏ । ଆମର ବିଶ୍ୱାସ ଅଛି କି ମୌଳିକ ଲୋକ ହିଁ କିଛି ବିକାଶ କରିପାରିବେ, ସେ ଉନ୍ନତି କରିପାରିବେ ଏବଂ ତାଙ୍କ ଦ୍ୱାରା ତିଆରି ରାସ୍ତାରେ ଯାଇ ଅନେକ ଲୋକ ପ୍ରଗତି କରିପାରିବେ ।

ବିଶ୍ୱରେ ଯାହା କିଛି ମଧ୍ୟ ନୂଆ, ଶକ୍ତିଶାଳୀ ତଥା ପ୍ରଗତିଶୀଳ ଦେଖାଯାଏ ତାହା ସବୁ ଏମିତି ମୌଳିକ ବ୍ୟକ୍ତିଙ୍କ ହାତରେ ହୋଇଥାଏ ଯେଉଁ ଲୋକ ନିଜ କାର୍ଯ୍ୟକ୍ରମ ନିଜେ ନିଶ୍ଚିତ କରନ୍ତି, ସେମାନେ ଅନ୍ୟର ନକଲ କରନ୍ତି ନାହିଁ, ଅନ୍ୟର ପରାମର୍ଶ ମାଗନ୍ତି ନାହିଁ, ବରଂ ନିଜ ବୁଦ୍ଧି ଅନୁସାରେ ନିର୍ଭୟ ହୋଇ କାମ କରନ୍ତି । ଯେଉଁ

ଲୋକ ବୀରତାପୂର୍ବକ ନିଜ ଉଦ୍ଦେଶ୍ୟ ଆଡ଼କୁ ଆଗେଇ ଚାଲେ, ସେହି ବ୍ୟକ୍ତିର ପ୍ରଭାବ ଆମ ଉପରେ ମଧ୍ୟ ପଡ଼ିଥାଏ । ତା ମଧ୍ୟରେ ଏମିତି ଶକ୍ତି ଥାଏ, ଯିଏ ଯେକୌଣସି କାମକୁ ପୂର୍ଣ୍ଣ କରି ଦେଖାଏ । ଏବଂ ସଫଳତା ପ୍ରାପ୍ତିରେ ସହାୟକ ହୋଇଥାଏ । ଏଭଳି ବ୍ୟକ୍ତିଙ୍କ ଠାରେ ନିର୍ଭୟତା ଭରି ରହିଥାଏ । ଉତ୍ସାହ ଏବଂ ସାହସ ଭଳି ଶକ୍ତି ମଧ୍ୟ ତା ମଧ୍ୟରେ ବିରାଜମାନ ହୋଇଥାଏ ଯାହା ମୌଳିକତା ସହ ମିଶି ତା'ର ବିଶିଷ୍ଟ ଯୋଗ୍ୟତାକୁ ପ୍ରଭାବିତ କରେ । ନକଲ କରୁଥିବା ବ୍ୟକ୍ତି ଭୟାଳୁ ଏବଂ ଦୁର୍ବଳ ହୋଇଥାନ୍ତି । ଏଥିପାଇଁ ମୌଳିକ ହୁଅନ୍ତୁ ଏବଂ ମୌଳିକ ହେବାକୁ କେବେ ପଛାନ୍ତୁ ନାହିଁ । କିଏ ଜାଣେ, ଆପଣଙ୍କ ମୌଳିକତା ଏବଂ ନୂଆ ବିଚାର-ଧାରା ଯୋଗୁ ଆପଣ କୌଣସି ଏମିତି ଜିନିଷ ତିଆରି କରିଦେବେ, ଯାହା ସଂସାରରେ ସମସ୍ତଙ୍କ ପାଇଁ ଉପଯୋଗୀ ହେବ ।

ଏଣୁ ନିଜ ଆତ୍ମବିଶ୍ୱାସକୁ ଉଠାନ୍ତୁ ଏବଂ ନିଜ ମୌଳିକତାର ଛାପ ନିଜ ଦ୍ୱାରା ତିଆରି ପ୍ରତ୍ୟେକ ଜିନିଷ ଉପରେ ଲଗାନ୍ତୁ । ଲୋକଙ୍କ ଭିଡ଼କୁ ଡରନ୍ତୁ ନାହିଁ ଏବଂ ନା ସେହି ଭିଡ଼ରେ ଲୁଚିବାକୁ ଚେଷ୍ଟା କରନ୍ତୁ । ପ୍ରତ୍ୟେକ କଥାରେ ନିଜ ବାପା-ଦାଦାଙ୍କ ନକଲ କରିବାର ଚେଷ୍ଟା କରନ୍ତୁ ନାହିଁ ଏବଂ ନା ନିଜ ପଡୋଶୀଙ୍କ ପଛରେ ଚାଲିବାକୁ ଚେଷ୍ଟା କରନ୍ତୁ । ଏମିତି କରିବା ସେତିକି ମୂର୍ଖତା ହେବ, ଯେତିକି ପଦ୍ମ ଫୁଲକୁ ସୂର୍ଯ୍ୟମୁଖୀ ଫୁଲରେ ପରିଣତ ହେବାକୁ ଭାବିବା । ପ୍ରକୃତି ପ୍ରତ୍ୟେକ ମଣିଷକୁ ତା ଉଦ୍ଦେଶ୍ୟ ଅନୁସାରେ ହିଁ ବିଶେଷ ସାଧନ ପ୍ରଦାନ କରିଛନ୍ତି ଏବଂ ପ୍ରତ୍ୟେକ ମଣିଷ କୌଣସି ନା କୌଣସି ବିଶେଷ କାର୍ଯ୍ୟକୁ କରିବା ପାଇଁ ହିଁ ଜନ୍ମ ନେଇଛି ।

ଏଥିପାଇଁ, ଯଦି ସେ ଅନ୍ୟ କୌଣସି ମଣିଷର ନକଲ କରେ କିମ୍ବା ନିଜ ପାଇଁ ନିର୍ଦ୍ଧାରିତ କାମ କରିବା ବଦଳରେ ଅନ୍ୟ କୌଣସି କାମ କରେ ତେବେ ସେ କେବେ ମଧ୍ୟ ଠିକ୍ ଭାବେ କାମ କରିପାରିବ ନାହିଁ । ଅନେକ ଲୋକ ନିଜ ଆଦର୍ଶ ବ୍ୟକ୍ତିତ୍ୱ ତଥା ନେତାଙ୍କ ନକଲ କରିବାକୁ ପ୍ରୟାସ କରନ୍ତି, କେହି ତାଙ୍କ ବସ୍ତ୍ରର ନକଲ କରେ, କେହି ତାଙ୍କ କହିବାର ଶୈଳୀକୁ । ଏହି ସମସ୍ତର ପରିଣାମ ଏହା ହୁଏ କି ଏମିତି ଲୋକ ନିଜ ବିଶେଷତାକୁ ହଜେଇ ଦିଅନ୍ତି ଏବଂ ଯେଉଁ ନେତାଙ୍କ ଅନୁକରଣ କରିବାକୁ ଚେଷ୍ଟା କରନ୍ତି, ସେମିତି କଦାପି ହୋଇପାରନ୍ତି ନାହିଁ । ଏହିସବୁର କାରଣ ହେଲା ସେମାନଙ୍କ ମଧ୍ୟରେ ସେହି ଆଦର୍ଶ ବ୍ୟକ୍ତି କିମ୍ବା ନେତାଙ୍କ ସମକକ୍ଷ ଶକ୍ତି ନଥାଏ । ଏପରିକି ଦୁନିଆ ମଧ୍ୟ ନକଲ କରୁଥିବା ବ୍ୟକ୍ତିଙ୍କୁ କେବେ ହେଲେ ଆଗେଇବାକୁ ଦିଏନାହିଁ । ଯିଏ ଅନ୍ୟର ନକଲ କରିବାରେ ନିଜକୁ ବାନ୍ଧିଦିଏ, ସେ ଭଲା କେମିତି ଆଗକୁ ଆଗେଇପାରିବ ! ତା'ର ଉନ୍ନତି ତଥା ବିକାଶ କେମିତି ହୋଇପାରିବ !

ସେ ତ ସବୁବେଳେ ଦୁର୍ବଳ, ସାମର୍ଥ୍ୟହୀନ ଏବଂ ବ୍ୟକ୍ତିତ୍ୱହୀନ ହିଁ ରହିବ । ଆପଣ ବହୁବାର ଦେଖିଥିବେ କି ଅନେକ ସଂସ୍ଥାରେ କେହି ନା କେହି ଏମିତି ବ୍ୟକ୍ତି ଅବଶ୍ୟ ଥିବେ, ଯାହାଙ୍କ ବୁଦ୍ଧି ନିତ୍ୟାନ୍ତ ମୌଳିକ ଥିବ । ଏମିତି ବ୍ୟକ୍ତିଙ୍କୁ ଶାସନ କରିବାରେ କିଏ ରୋକିପାରିବ ! ସେ ତ ଶାସନ ହିଁ କରିବ । ଏଥିପାଇଁ, ଯଦି ଆପଣ ମଧ୍ୟ ଅନ୍ୟ ଉପରେ ଶାସନ କରିବା ଚାହୁଁଛନ୍ତି କିମ୍ବା ସେମାନଙ୍କ ଠାରୁ ଭିନ୍ନ ହୋଇ ପ୍ରଗତି କରିବାକୁ ଚାହୁଁଛନ୍ତି, ତେବେ ନିଜକୁ ଚିହ୍ନନ୍ତୁ, ନିଜ ଶକ୍ତିକୁ ଚିହ୍ନନ୍ତୁ, ନିଜ ଯୋଗ୍ୟତାକୁ ଚିହ୍ନନ୍ତୁ ଏବଂ ଏଗୁଡ଼ିକ ଠାରୁ ଅଧିକ ଜରୁରୀ ଅଟେ କି ଆପଣ ନିଜ ମୌଳିକତାକୁ ଚିହ୍ନନ୍ତୁ ତଥା ଏହି କଥାକୁ ସବୁବେଳେ ଧ୍ୟାନରେ ରଖନ୍ତୁ କି ଆପଣ ଅନ୍ୟ କୌଣସି ବ୍ୟକ୍ତିର ଅନୁକରଣ କରିବେ ନାହିଁ । ସେତେବେଳେ ଆପଣଙ୍କ ଆତ୍ମବିଶ୍ୱାସ ବଢ଼ିବ ଏବଂ ସେତେବେଳେ ଆପଣ ଅନ୍ୟ ଉପରେ ଶାସନ କରିବାରେ ସଫଳ ହୋଇପାରିବେ ।

ଧ୍ୟାନ ଦିଅନ୍ତୁ, ଯେବେ ବି ଲୋକେ ଆପଣଙ୍କ ବିଷୟରେ ଏହା କହିବାକୁ ଆରମ୍ଭ କରିଦେବେ କି ଏ ଜଣେ ମୌଳିକ ବ୍ୟକ୍ତି ଏବଂ ଏମିତି ବ୍ୟକ୍ତି ଆମେ ଆଜି ପର୍ଯ୍ୟନ୍ତ ଦେଖିନାହୁଁ, ତେବେ ଆପଣଙ୍କ ଉତ୍ତମତାର ଛାପ ସ୍ପଷ୍ଟ ଦେଖାଯିବ । ଏମିତି ବ୍ୟକ୍ତିଙ୍କ ସହ କଥା ହୋଇ ପ୍ରତ୍ୟେକ ମଣିଷ ନିଜକୁ ସତେଜ ଅନୁଭବ କରନ୍ତି, କାହିଁକିନା ଏମିତି ବ୍ୟକ୍ତି କଥାଗୁଡ଼ିକର ଦାସ ହୋଇନଥାନ୍ତି । ସେମାନେ ତ ନିଜ ଆଖିରେ ଦେଖନ୍ତି, ନିଜ ଗୋଡ଼ରେ ଚାଲନ୍ତି ଏବଂ କାନରେ ଶୁଣନ୍ତି । ସେଥିପାଇଁ ତ ସେମାନେ ସଫଳ ହୁଅନ୍ତି । କାହାର ନକଲ କରିବା ଦ୍ୱାରା କୌଣସି ଲଭ ହେବ ନାହିଁ । ଆପଣଙ୍କୁ ନିଜ ମୌଳିକ ରୂପରେ ହିଁ ପ୍ରକଟ ହେବାକୁ ପଡ଼ିବ, ନିଜ ଶକ୍ତିଗୁଡ଼ିକୁ ପ୍ରକାଶ କରିବାକୁ ପଡ଼ିବ । ଆପଣ ଯେତେ ଚେଷ୍ଟା କରନ୍ତୁ ନା କାହିଁକି, ଅନ୍ୟ କୌଣସି ବ୍ୟକ୍ତିର ଜାଗାକୁ ପହଞ୍ଚି ପାରିବେ ନାହିଁ ଏବଂ ଯଦି ଆପଣ ଏମିତି କରିବାର ଚେଷ୍ଟା କରିବେ ତେବେ ଅପ୍ରାକୃତିକ, ଅସ୍ୱାଭାବିକ ଏବଂ ଅକର୍ମଣ୍ୟ ଏବଂ ଆକର୍ଷଣବିହୀନ ଦେଖାଯିବେ ଏବଂ ଆପଣଙ୍କ ଶକ୍ତି ମଧ୍ୟ ବ୍ୟର୍ଥରେ ଶେଷ ହୋଇଯିବ ।

ଏଣୁ ଏହି କଥାକୁ ସଦା ମନେ ରଖନ୍ତୁ କି ମୌଳିକତା ହିଁ ଆପଣଙ୍କ ବ୍ୟକ୍ତିତ୍ୱର ବିକାଶରେ ସହାୟକ ହୋଇପାରିବ । ନକଲ ନୁହେଁ । ଅନ୍ୟର ନକଲ କରି ଆଜି ଯାଏଁ କେହି ମଧ୍ୟ ମହାନ ହୋଇ ପାରିନାହିଁ ଏବଂ ନା ଅନ୍ୟର ନକଲ କରି କେହି ସଫଳ ହୋଇପାରିବ । ସଫଳତା ଏକ ଏମିତି ମୌଳିକ ଶକ୍ତି ଅଟେ, ଯାହାର ନକଲ କରାଯାଇ ପାରିବନାହିଁ । ଯେଉଁ ବ୍ୟକ୍ତି ନିଜ ମୌଳିକ ଗୁଣ ଅଥବା ଯୋଗ୍ୟତାକୁ ନଚିହ୍ନି ସଫଳ ହେବାକୁ ଚାହେଁ, ସେ କେବେ ମଧ୍ୟ ସଫଳ ହୋଇପାରିବ ନାହିଁ, କାହିଁକିନା ମୌଳିକତା ବ୍ୟକ୍ତି ମଧ୍ୟରେ ଥାଏ ।

ଏହା ଜଣେ ବ୍ୟକ୍ତିର ନିଜ ରଚନା ହୋଇଥାଏ । ଏଥିପାଇଁ, ଯଦି ଆପଣ ସଫଳ ହେବାକୁ ଚାହାନ୍ତି, ତେବେ ଆପଣଙ୍କୁ ମୌଳିକ ହେବାକୁ ପଡ଼ିବ ଏବଂ ମୌଳିକ ହେବା ପାଇଁ ପ୍ରଥମେ ଆପଣଙ୍କୁ ନିଜକୁ ଚିହ୍ନିବାକୁ ପଡ଼ିବ, ନିଜ ସ୍ୱରୂପକୁ ଜାଣିବାକୁ ହେବ, ନିଜ ଅନ୍ତରାତ୍ମାର ଶବ୍ଦକୁ ଶୁଣିବାକୁ ହେବ । ଏମିତି କୌଣସି କାମ-ଧନ୍ଦା ନାହିଁ, ଯେଉଁଥିରେ ସଫଳତା କିମ୍ବା ବିକାଶର ସମ୍ଭାବନା ନଥାଏ । ଏମିତି ମଣିଷ ବିଶ୍ୱବାସୀଙ୍କୁ ଦରକାର, ଯିଏ କାମକୁ ଭଲଭାବେ ଏବଂ ସୁଚାରୁ ରୂପେ କରିପାରେ । ଆପଣ ଏହା ଭାବନ୍ତୁ ନାହିଁ କି ଯଦି ଆପଣଙ୍କ ସମ୍ମୁଖରେ ଆପଣଙ୍କ ଯୋଜନା ସମ୍ବନ୍ଧୀୟ କୌଣସି ଉଦାହରଣ ନାହିଁ, ତେବେ ଆପଣଙ୍କ ଯୋଜନା ସଫଳ ହୋଇ ପାରିବ ନାହିଁ ଏବଂ ନା ଭାବନ୍ତୁ କି ଆପଣଙ୍କ ପାଖରେ ଅନୁଭବର ଅଭାବ ଅଛି କିମ୍ବା ଆପଣଙ୍କ ଆୟୁ ଛୋଟ, ତେବେ ଆପଣ ସଫଳ ହୋଇ ପାରିବେ ନାହିଁ ।

ସତକଥା ତ ଏହା ଯେ ଯାହା ପାଖରେ ଦୁନିଆକୁ ଦେବା ପାଇଁ କୌଣସି ନୂଆ କିମ୍ବା ମୂଲ୍ୟବାନ କଥା ଅଛି ତେବେ ତା'ର ଏହି କଥା ଶୁଣିବାକୁ ଦୁନିଆ ପ୍ରସ୍ତୁତ ଥାଏ । ଯଦି ଆପଣଙ୍କ ବ୍ୟକ୍ତିତ୍ୱ ପ୍ରଭାବଶାଳୀ ଅଟେ, ଶକ୍ତିଶାଳୀ ଅଟେ ଏବଂ ଆପଣଙ୍କ ନିଜ ବିଚାରର ଅନୁରୂପ ଚିନ୍ତା କରିବା ଶକ୍ତି ଅଛି ଅଥବା ଆପଣ ନୂଆ ଏବଂ ମୌଳିକ ଭାବରେ କୌଣସି କାର୍ଯ୍ୟକୁ କରିପାରିବେ ତଥା ଆପଣ ଏକୁଟିଆ ଅଛନ୍ତି ବୋଲି ଭୟଭୀତ ହେବେ ନାହିଁ, ତେବେ ସମସ୍ତ ବିଶ୍ୱ ଆପଣଙ୍କ ସମ୍ମାନ କରିବ । ମୌଳିକତା ଏକ ଏମିତି ଗୁଣ, ଯାହା ଆଡ଼କୁ ପ୍ରତ୍ୟେକ ଅଧିକାରୀଙ୍କ ଧ୍ୟାନ ଆକର୍ଷିତ ହୁଏ । ଏହା ଏକ ଏମିତି ଗୁଣ, ଯାହାଠାରେ ସମସ୍ତଙ୍କୁ ନିଜ ଆଡ଼କୁ ଆକର୍ଷିତ କରିବାର କ୍ଷମତା ଥାଏ । ମୌଳିକତାର ଅନ୍ୟନାମ ହେଲା ବୁଝି-ସୁଝି ଏବଂ ନୂଆ ଶୈଳୀରେ କାର୍ଯ୍ୟ କରିବାର କୁଶଳତା । ଯେଉଁ ବ୍ୟକ୍ତି ଠାରେ ଏହି ଗୁଣ ଥାଏ, ସେ ଅବଶ୍ୟ ସଫଳ ହୁଏ ଏବଂ ସେତେବେଳେ ସାରା ଦୁନିଆ ତା ଆଡ଼କୁ ଆକର୍ଷିତ ହୁଏ । କିନ୍ତୁ ଏଥିପାଇଁ ଆବଶ୍ୟକତା ଥାଏ କି ଆପଣ ସମସ୍ତ ପ୍ରକାର ବାଧାକୁ ହଟାଇ ନିଜ ମାର୍ଗର ନିର୍ମାଣ ନିଜେ କରନ୍ତୁ, ସେତେବେଳେ ବିଶ୍ୱ ଉପରେ ଆପଣଙ୍କ ପ୍ରଭାବ ପଡ଼ିବ, ସେତେବେଳେ ଲୋକେ ଆପଣଙ୍କୁ ଚିହ୍ନିବେ । ଯେଉଁ ବ୍ୟକ୍ତି କର୍ମକ୍ଷେତ୍ରରେ ଛାତି ବାଡ଼େଇ, ମୁଣ୍ଡ ଟେକି ନିଜ ଉପସ୍ଥିତିର ଘୋଷଣା କରେ, ସାରା ଦୁନିଆ ଏଭଳି ବ୍ୟକ୍ତିଙ୍କ ଆଗରେ ନତମସ୍ତକ ହୋଇଯାଏ । ଏମିତି ତ, ମୌଳିକତାର ମହତ୍ତ୍ୱ ସଦା ରହିଛି, କିନ୍ତୁ ଆଜିର ଯୁଗରେ ଏହାର ମହତ୍ତ୍ୱ ପୂର୍ବ ଅପେକ୍ଷା ବହୁତ ଅଧିକ ବଢ଼ିଯାଇଛି । ମୌଳିକ ଚିନ୍ତନ ଏବଂ ମୌଳିକ ବିଚାର ସମ୍ମୁଖରେ ସମସ୍ତ ସଂସାର ରାସ୍ତା ଛାଡ଼ିଦିଅନ୍ତି, କାହିଁକିନା ଏଭଳି ବ୍ୟକ୍ତି ହିଁ ସମାଜକୁ ରଚନାତ୍ମକ ଶକ୍ତି ପ୍ରଦାନ କରନ୍ତି । ଯେଉଁ ଲୋକ ମେସିନ୍ ଭଳି କାମ କରନ୍ତି, ହେଲେ ଯେଉଁମାନଙ୍କ ଠାରେ ମୌଳିକତା ନଥାଏ, ସେମାନଙ୍କ ଚାହିଦା କମିଯାଉଛି ।

ସାରା ଦୁନିଆ ଶିଖିବାର ଇଚ୍ଛା ଥିବା ମଣିଷରେ ଭରି ରହିଛି । ସମସ୍ତେ ପଛେ-ପଛେ ଚାଲିବାକୁ ଚାହାନ୍ତି ଏବଂ ଚାହାଁନ୍ତି କି ସେମାନଙ୍କ ପାଇଁ ବିଚାର କରିବା କାମ ଅନ୍ୟ କେହି କରୁ । ହେଲେ ମୌଳିକ ବ୍ୟକ୍ତି ନେତା ହୁଏ ଏବଂ ତା ମଧ୍ୟରେ ଏମିତି ଶକ୍ତି ଥାଏ, ଯାହା ପୁରୁଣା ଓ ଘୋଷରା ରାସ୍ତାରୁ ତାକୁ ହଟାଇ ନୂଆ କ୍ଷେତ୍ର ଆଡ଼କୁ ନେଇଯାଏ ।

ଏମିତି ଚିକିତ୍ସକ, ଯିଏ ପୁରୁଣା ପଦ୍ଧତି ଛାଡ଼ି ନୂଆ ମୌଳିକ ବିଧିକୁ ଆପଣାଏ, ସେ ଅଧିକ ସଫଳ ହୁଏ । ଯେଉଁ ଓକିଲ ମୌଳିକ ଭାବେ ନିଜ ମକଦ୍ଦମାର ଓକିଲାତି କରେ ସେ ଅଧିକ ସଫଳ ହୁଏ ଏବଂ ଯେଉଁ ଅଧ୍ୟାପକ ନୂଆ ସାଧନ ଓ ନୂଆ ବିଚାରକୁ ଆପଣାଇ ଅଧ୍ୟୟନ କାର୍ଯ୍ୟ କରେ, ସେ ମଧ୍ୟ ଅଧିକ ସଫଳ ହୋଇଥାଏ । ବାସ୍ତବରେ ଏହି ସଫଳତା ସେହି ବ୍ୟକ୍ତିର ନହୋଇ ତା'ର ମୌଳିକ ଗୁଣର ହୋଇଥାଏ । କାହିଁକିନା ଏହି ଗୁଣ ଏମିତିକା, ଯାହାର ଘୋଷଣା ସାରା ଦୁନିଆ କରେ ଏବଂ ଏହି ଗୁଣ ତାକୁ ଈଶ୍ୱର ପ୍ରଦତ୍ତ ହୋଇଥାଏ । ଏମିତି ବ୍ୟକ୍ତିକୁ ଏହି କଥା ଜଣାଥାଏ କି ଈଶ୍ୱର ଯେଉଁ କାର୍ଯ୍ୟ ତାକୁ ଦେଇଛନ୍ତି, ତାହା ଅନ୍ୟ କାହାକୁ ଦେଇନାହାନ୍ତି । ଆଜି ସାରା ବିଶ୍ୱକୁ ଏମିତି ଧର୍ମ-ପ୍ରଚାରକଙ୍କ ଆବଶ୍ୟକତା ଅଛି, ଯିଏ ନିଜ ଆଚରଣ ଏବଂ କର୍ମରେ ଜନତାଙ୍କୁ ଧର୍ମ ଉପଦେଶ ଦେବ ।

୬. ବ୍ୟକ୍ତିତ୍ୱକୁ କେନ୍ଦ୍ରିତ କରନ୍ତୁ

ଯଦି ଆପଣ କୌଣସି କାର୍ଯ୍ୟରେ ଏମିତି ଲାଗି ଯାଆନ୍ତି କି ସେହି କାମ ହିଁ ଆପଣଙ୍କର ସବୁକିଛି ହୋଇଯାଏ, ତେବେ ଆପଣ ସେହି କାମରେ ଅବଶ୍ୟ ସଫଳ ହେବେ ଏବଂ ଲାଭ ପାଇବେ ।

ଡ. ଜର୍ଜ ଶାର୍ଡିଙ୍କ ବୟସ ସେହି ସମୟରେ କେବଳ ୧୯ ବର୍ଷ ଥିଲା । ତାଙ୍କ ପିତା ଜଣେ ସମୃଦ୍ଧ ବ୍ୟକ୍ତି ଥିଲେ । ଦିନେ ସେ ତାଙ୍କ ପିତାଙ୍କୁ କହିଲେ- ମୁଁ ଛୁଟିରେ ବାହାରକୁ ଯାଇ କିଛି ପଇସା ରୋଜଗାର କରିବାକୁ ଚାହୁଁଛି । ବୃଦ୍ଧ ପିତା ତାଙ୍କୁ ବହୁତ ବୁଝାଇ କହିଲେ ପଇସାର ବିଶେଷ ଆବଶ୍ୟକତା ନାହିଁ । ଏଭଳି ସ୍ଥିତିରେ ବିଦେଶ କାହିଁକି ଯିବୁ, ହେଲେ ସେ ତ ନିଶ୍ଚୟ କରିସାରିଥିଲେ । ସେ ଡଗ୍‌ଲସ୍‌ଙ୍କ ବ୍ୟାବସାୟିକ ଏଜେନ୍ସିରେ ଯାଇ ପହଞ୍ଚି ମାଲିକଙ୍କୁ କହିଲେ- "ମତେ ଆପଣଙ୍କ କମ୍ପାନୀରେ କିଛି କାମ ଦରକାର ।" ଡଗ୍‌ଲସ୍ କହିଲେ- "ଆମ ପାଖରେ ଏ ସମୟରେ ତୁମ ପାଇଁ କିଛି କାମ ନାହିଁ ।" ଯୁବକ ଶାର୍ଡି ଏଥିରେ ତାଙ୍କର ଅପମାନ ହେଲା ବୋଲି ଭାବିଲେ ।

ସେ କହିଲେ- "ଆପଣଙ୍କ ପାଖରେ ମୋ ଯୋଗ୍ୟ କାମ ଅଛି ।" ଶାର୍ଡି ସେତେବେଳେ ଭଲ ରେଖାଚିତ୍ର ଆଙ୍କି ପାରୁଥିଲେ । ସେ ଶୀଘ୍ର କାଗଜ ଏବଂ କଲମ ନେଇ, ସେହିଠାରେ ଡଗଲସଙ୍କ ମେଜ ଉପରେ ବସି ଏକ ସୁନ୍ଦର ହଂସର ଚିତ୍ର ତିଆରି କରିଦେଲେ । ଡଗଲସ ତାକୁ ଦେଖି ଆଶ୍ଚର୍ଯ୍ୟର ସହ କହିଲେ- "ତୁମେ ତ ସତକୁ ସତ ଚିତ୍ର ଆଙ୍କିବା ଜାଣିଛ ।"

- "ହଁ ଆଜ୍ଞା ।" ଶାର୍ଡି ନମ୍ରତାପୂର୍ବକ କହିଲେ ।

- "ଆଛା, ଆମେ ତୁମକୁ ସପ୍ତାହକୁ ପାଞ୍ଚ ଡଲାର ବେତନ ଦେବୁ ଏବଂ ଓଭର ଟାଇମ୍ ପାଇଁ ପାଞ୍ଚ ସେଣ୍ଟ ପ୍ରତି ଘଣ୍ଟା ମିଳିବ ।"

- "ମୁଁ ସ୍ୱୀକାର କଲି ।" ଯୁବକ ଶାର୍ଡି କହିଲେ ।

- "ତେବେ କାଲିଠାରୁ କାମ ଆରମ୍ଭ କରିଦିଅ ।" ଡଗଲସ କହିଲେ ।

- "କାଲି କାହିଁକି, ଏହି ସମୟରୁ କାମ ଆରମ୍ଭ କରିବାରେ ଆପଣଙ୍କୁ କ'ଣ ଅସୁବିଧା ଅଛି ?"

- "ଠିକ୍ ଅଛି, ବର୍ତ୍ତମାନ ଠାରୁ ଆରମ୍ଭ କରିଦିଅ ।" ଡଗଲସ କହିଲେ- ଏବଂ ମ୍ୟାନେଜରଙ୍କୁ ଏକ ସ୍ଲିପ୍ ଲେଖି ପଠାଇଲେ କି ଏହି ଯୁବକଙ୍କ ପାଇଁ ଏକ ଡେସ୍କର ପ୍ରବନ୍ଧ କରିଦିଆଯାଉ । କିଛି ଦିନ ମଧ୍ୟରେ ଡଗଲସଙ୍କୁ ଏହା ମଧ୍ୟ ଜଣାଗଲା କି ସେହି ଯୁବକ ୧୫୦ ଶବ୍ଦ ପ୍ରତି ମିନିଟ୍ ହିସାବରେ ସର୍ଟହାଣ୍ଡରେ ଲେଖିପାରେ । ସେ ଦିନେ ତାକୁ ନିଜ ପାଖକୁ ଡାକିଲେ ଏବଂ ଖବରକାଗଜର ଏକ ଲେଖା ଡାକି ତାର ପରୀକ୍ଷା ନେଲେ ଏବଂ ତାଙ୍କୁ ନିଜ ପ୍ରାଇଭେଟ ସେକ୍ରେଟାରୀ ନିଯୁକ୍ତ କରିବାକୁ ଚାହିଁଲେ, ହେଲେ ଶାର୍ଡି ଯେତେବେଳେ ମନା କରିଦେଲେ, ତେବେ ଡଗଲସ ଆଶ୍ଚର୍ଯ୍ୟରେ ପଡ଼ିଗଲେ ।

ଡଗଲସ ଯେତେବେଳେ ଏହାର କାରଣ ପଚାରିଲେ, ତେବେ ଶାର୍ଡି ଉତ୍ତର ଦେଲେ- "ମୁଁ ତ ଡାକ୍ତର ହେବାକୁ ଚାହୁଁଛି । ଆପଣଙ୍କ ସେକ୍ରେଟେରୀ ହେଲେ ମତେ ସମୟ ମିଳିବନି ଏବଂ ମୋ ପାଠପଢ଼ାରେ ବାଧା ଆସିବ ।" ଏତିକିରେ ଡଗଲସ ତାଙ୍କୁ ହତୋତ୍ସାହିତ କରି କହିଲେ- "ତୁମର ମସ୍ତିଷ୍କ ବ୍ୟବସାୟ ପାଇଁ ତିଆରି ହୋଇଛି, ତୁମେ କେବେ ଡାକ୍ତର ହୋଇ ପାରିବ ନାହିଁ ।" ହେଲେ କୋଡ଼ିଏ ବର୍ଷ ପରେ ଶ୍ରୀମତୀ ଡଗଲସ, ଡ. ଶାର୍ଡିଙ୍କ ଚିକିତ୍ସାଳୟରେ ଚିକିତ୍ସା କରାଇବାକୁ ପହଞ୍ଚିଲେ ।

ସତ୍ୟ ନିଷ୍ଠା:

ଯଦି ଆପଣ କୌଣସି କାର୍ଯ୍ୟରେ ଏ ପ୍ରକାର ଲାଗିଯାନ୍ତି କି ସେହି କାମ ହିଁ ଆପଣଙ୍କ ସବୁକିଛି ହୋଇଯାଏ, ତେବେ ଆପଣ ସେହି କାମରେ ନିଶ୍ଚୟ ସଫଳ ହେବେ ଏବଂ ଲାଭ ପାଇବେ, କାହିଁକିନା ଆପଣ ତାର ସମ୍ପୂର୍ଣ୍ଣ ମୂଲ୍ୟ ବୁଝେଇ ଦେଇଥାନ୍ତି ।

ଆପଣ ପଚାରି ପାରନ୍ତି କି ଏହି ମୂଲ୍ୟ କ'ଣ । ଏହି ମୂଲ୍ୟ ହେଲା- ସଚ୍ଚୋଟତା, ପରିଶ୍ରମ ଏବଂ ବୁଦ୍ଧିମତାପୂର୍ବକ କାମ କରିବା । ଜୀବନର ଅନ୍ୟ ନାମ ସଂଘର୍ଷ ହିଁ ହୋଇଥାଏ । କୌଣସି ଯୁବକ ଜଣେ ବ୍ୟବସାୟୀଙ୍କ ପାଖରେ ଚାକିରି ପାଇଁ ପ୍ରାର୍ଥନା-ପତ୍ର ଦେଲା । ଯେତେବେଳେ ତା'ର କୌଣସି ସମ୍ପର୍କୀୟ ବ୍ୟବସାୟୀଙ୍କ ଠାରୁ ପ୍ରାର୍ଥନା-ପତ୍ର ବାବଦରେ ଜାଣିବାକୁ ଚାହିଁଲେ, ତେବେ ବ୍ୟବସାୟୀ ଉତ୍ତର ଦେଲେ, "ହଁ ମୁଁ ଜାଣିଛି, ତାକୁ ଚାକିରି ଦରକାର ଅଛି । ସେ ସଚ୍ଚୋଟ ମଧ୍ୟ ଅଟେ ଏବଂ ଏହି ପଦବୀର ଯୋଗ୍ୟ ମଧ୍ୟ, ହେଲେ ବିଗତ ବହୁ ସପ୍ତାହରୁ ମୁଁ ଘରକୁ ଫେରିବା ସମୟରେ ତାକୁ ଗଳି ଭିତରେ ଠିଆହୋଇ କିଛି ନିର୍ଲଜ ଏବଂ ବେକାର ଲୋକଙ୍କ ସହ ଗପ କରୁଥିବା ଦେଖିଛି । ମୁଁ ଏଭଳି ଯୁବକକୁ ଚାକିରିରେ ରଖିବାକୁ ଚାହୁଁନାହିଁ ଯିଏ ଅକର୍ମା ପିଲାଙ୍କ ସହ ସିଗାରେଟ ପିଇ ଗପମାରି ନିଜ ସମୟ ନଷ୍ଟ କରେ । ଏଥିରେ ମୋ ସଂସ୍ଥାର ନାଁ ବଦନାମ ହେବ । ଯଦି ତା ପାଖରେ କିଛି ଫାଙ୍କା ସମୟ ଅଛି, ତେବେ ତାକୁ ତା'ର ଉପଯୋଗ କୌଣସି ଭଲ ଏବଂ ଗମ୍ଭୀର କାର୍ଯ୍ୟରେ କରିବା ଦରକାର ।"

"ଟ୍ରିବ୍ୟୁନ"ର ସଂଯୁକ୍ତ ସମ୍ପାଦକ ମିଷ୍ଟର ରେମଣ୍ଡଙ୍କୁ ଆରମ୍ଭରୁ ପ୍ରତି ସପ୍ତାହ ଆଠ ହଜାର ଡଲାର ବେତନ ମିଳୁଥିଲା । ଏତେ ଅଧିକ ଦରମା ପାଉଥିଲେ ମଧ୍ୟ ସେ ପ୍ରତିଦିନ ୧୨ରୁ ୧୪ ଘଣ୍ଟା କାମ କରୁଥିଲେ । ଯେତେବେଳେ ତାଙ୍କୁ "ନ୍ୟୁୟର୍କ ଟାଇମ୍ସ"ର ସମ୍ପାଦକ କରାଗଲା ତେବେ ପ୍ରଥମ ଅଙ୍କରେ ହିଁ ବାର କଲମରୁ ଅଧିକ ସାମଗ୍ରୀ ତାଙ୍କ ନିଜ ଲିଖିତ ଥିଲା । ପ୍ରସିଦ୍ଧ କୋଶକାର୍ ବେବଷ୍ଟରଙ୍କ ମୃତ୍ୟୁ ସମ୍ବନ୍ଧରେ ଏକ ବୈଠକରେ ସେ "ନ୍ୟୁୟର୍କ ଟାଇମ୍ସ"ରେ ଚଉଦ କଲମ ଲେଖିଥିଲେ । ଲର୍ଡ କେମ୍ପବେଲ୍ ଯେବେ ବିଦ୍ୟାର୍ଥୀ ଥିଲେ ତେବେ କହୁଥିଲେ କି "ସଫଳତା ହାସଲ କରିବା ପାଇଁ ମତେ ଅନ୍ୟ ବିଦ୍ୟାର୍ଥୀଙ୍କ ଅପେକ୍ଷା ଅଧିକ ପରିଶ୍ରମ କରିବାକୁ ପଡୁଥିଲା । ଯେତେବେଳେ ମୋର ସାଥୀ ଥିଏଟର୍‌ରେ ବସି ନାଟକ ଦେଖୁଥାନ୍ତି ସେତେବେଳେ ମୁଁ ନିଜ କୋଠରୀରେ ବସି କାମ କରେ, ଯେବେ ସେମାନେ ବିଛଣାରେ ଶୋଇଥାନ୍ତି, ସେତେବେଳେ ମୁଁ କାମ କାମ କରୁଥାଏ ତଥା ଯେବେ ସେମାନେ ମନ ଫୁର୍ତ୍ତି ପାଇଁ ବାହାରକୁ ଚାଲିଯାନ୍ତି ତେବେ ମୁଁ ବିଶ୍ୱବିଦ୍ୟାଳୟରେ ରହି ନିଜ ପାଠ ପଢ଼େ ।"

ନ୍ୟାୟାଧୀଶ ମିଷ୍ଟର ଡଡଲେ ଫିଲ୍ଡଙ୍କ କଥାନୁସାରେ- ଯେଉଁ ବ୍ୟକ୍ତି ନିଜ ସାଥୀଙ୍କ ଠାରୁ ଶୀଘ୍ର ଶୋଇ ଉଠେ ଏବଂ ନିଜ ସ୍ୱାସ୍ଥ୍ୟର ଚିନ୍ତା ନକରି ଅଧିକ କାମ କରେ, ସେ ଶେଷରେ ନିଶ୍ଚୟ ହିଁ ବିଜୟୀ ହେବ । ଟେସଲାଙ୍କ କଥାନୁସାରେ- ଯେଉଁଥିରେ ସଫଳତା ହାସଲ କରିବା ପାଇଁ ବ୍ୟକ୍ତିକୁ ଲଗାତର କଠିନ କାର୍ଯ୍ୟ କରିବା ଦରକାର । ତାକୁ ଦିନ-ରାତି ଅଧିକରୁ ଅଧିକ କାମରେ ଲାଗି ରହିବା ଦରକାର । ସଫଳତା ପାଇଁ ଏହାଠାରୁ ବଳି ଅନ୍ୟ କୌଣସି ବିଚାରଧାରା ନାହିଁ । ମୁଁ ନିଜେ ବହୁ ବର୍ଷରୁ ଏହି ବିଚାରଧାରାର ଅନୁକରଣ କରି ଆସୁଛି । ଟେସଲା ଜଣେ ମହାନ ବୈଜ୍ଞାନିକ ଥିଲେ । ସେ ସାରା

ଜୀବନ ନିଜ ପ୍ରୟୋଗଶାଳାରେ ଲଗାତର ପରିଶ୍ରମ କରି ବିତାଇଛନ୍ତି । ସେ ସକାଳ ଆଠଟାରୁ ରାତି ଆଠଟା ପର୍ଯ୍ୟନ୍ତ କାମ କରୁଥିଲେ । ଦ୍ୱିପ୍ରହରର ଭୋଜନ ମଧ୍ୟ ସେ ପ୍ରୟୋଗଶାଳାରେ କରୁଥିଲେ । ବହୁତ କଷ୍ଟରେ କାହା ସହ ସାକ୍ଷାତ କରିବାର ସମୟ ସେ ବାହାର କରିଥିବେ, ହେଲେ ଏ ବିଷୟରେ ଏମିତି କେବଳ ଟେସଲା କରିନାହାନ୍ତି, ଯେତେ ମହାନ ଏବଂ ସଫଳ ବ୍ୟକ୍ତି ହୋଇଛନ୍ତି, ସେମାନଙ୍କୁ ନିଜ ଉଦ୍ଦେଶ୍ୟ ପୂରଣ କରିବା ପାଇଁ ପ୍ରାୟ ଏମିତି କରିବାକୁ ପଡ଼େ ।

"କାଳେ ମୁଁ ମଧ୍ୟ ଏମିତି ସୁନ୍ଦର ଚିତ୍ର ଆଙ୍କି ପାରନ୍ତି ଏବଂ ନିଜ ସ୍ୱପ୍ନକୁ କାଗଜ ଉପରେ ଉତାରି ପାରନ୍ତି ।" ଜଣେ ଯୁବକ କଳାକାର କୌଣସି ଅତ୍ୟନ୍ତ ସୁନ୍ଦର ଚିତ୍ରକୁ ଦେଖି କହିବାରୁ ତା ଗୁରୁ ରାଗିଯାଇ ତାକୁ କହିଲେ- "ତତେ ଏମିତି କରିବା ପାଇଁ ଅତି କମ୍‌ରେ ଦଶହଜାର ଥର ପ୍ରୟାସ କରିବାକୁ ହେବ, ତେବେ ତୁ ନିଜ ସ୍ୱପ୍ନକୁ କାଗଜ ଉପରେ ସାକାର କରିପାରିବୁ ।" ରବର୍ଟସନଙ୍କ କଥାନୁସାରେ- "ଯେଉଁ ବ୍ୟକ୍ତି ନିଜ କାର୍ଯ୍ୟରେ ସଚ୍ଚୋଟ ଅଟେ, ସେହିମାନଙ୍କୁ ଏହି ସମସ୍ତ ସଂସାର ପୁରସ୍କାର ରୂପେ ଦିଆଯାଏ ।" କୌଣସି କାମରେ ସଫଳତା ହାସଲ କରିବା ପାଇଁ ପ୍ରଥମ ସର୍ତ୍ତ ଏହା କି ବ୍ୟକ୍ତିକୁ ନିଜ କାମ ପ୍ରତି ପ୍ରେମ ରହୁ । ସବୁଠାରୁ ଭଲ କାମ ସେତେବେଳେ କରାଯାଇ ପାରିବ, ଯେବେ ତାକୁ କରୁଥିବା ବ୍ୟକ୍ତିକୁ ତା ପ୍ରତି ପ୍ରେମ ଥିବ । ନିଜ କର୍ତ୍ତବ୍ୟ ଭଲଭାବେ କରୁଥିବା ବ୍ୟକ୍ତିକୁ ଅପୂର୍ବ ସନ୍ତୋଷ ହାସଲ ହୁଏ ।

ପୂର୍ଣ୍ଣତାର ସୁଖ:

କ'ଣ ଆପଣ ଏହା ଅନୁମାନ କରିପାରିବେ କି ଯେଉଁ ବ୍ୟକ୍ତି କୌଣସି କାମରେ ସଫଳ ହୋଇଛନ୍ତି, କ'ଣ ସେମାନେ ବିଶେଷ ପ୍ରକାର ଉତ୍ସାହର ଅନୁଭବ କରି ନାହାନ୍ତି? ଜେକବ ଆଷ୍ଟର ନିଜ କାର୍ଯ୍ୟାଳୟର କୋଠରୀରେ ଭଲ କିସମର ଫର କାହିଁକି ଝୁଲାଇ ରଖିଥିଲେ, ଯେତେବେଳେ କି ଅନ୍ୟ ଲୋକ ନିଜ କୋଠରୀରେ ସୁନ୍ଦର ଚିତ୍ର ଅଥବା କଳାକୃତି ଟାଙ୍ଗନ୍ତି? ସେ କାହିଁକି ଉତ୍ସାହର ସହ ତାକୁ ବାରମ୍ବାର ଛୁଉଁଥିଲେ? ସେ କାହିଁକି ତା'ର ପ୍ରଶଂସା କରି ଚାଲୁଥିଲେ? ତା'ର ପ୍ରଶଂସା କରି ସେ ନିଜେ କହି ଉଠୁଥିଲେ- "ଏହାର ଦାମ୍ ଦୁଇଶହ ଡଲାର ଯାଏଁ ଯିବ ।" ମୋଣ୍ଟେନଙ୍କ କଥାନୁସାରେ- "ଯଦି ମନୁଷ୍ୟ ମଧ୍ୟରେ ଉତ୍ସାହ ଏବଂ ଉଦ୍‌ବେଗ ନାହିଁ, ତେବେ ତା ମଧ୍ୟରେ କିଛି ନାହିଁ । ପ୍ରତ୍ୟେକ ଆବିଷ୍କାର, ପ୍ରତ୍ୟେକ ଉତ୍ତମ ଚିତ୍ର କିମ୍ବା ପ୍ରତିମା, ପ୍ରତ୍ୟେକ ଶ୍ରେଷ୍ଠ କବିତା, ନିବନ୍ଧ କିମ୍ବା ଉପନ୍ୟାସରୁ ରଚନାକାରଙ୍କ ଉତ୍ସାହ ପ୍ରକଟ ହେବା ଦରକାର । ତେବେ ସାରା ବିଶ୍ୱ ତା'ର ପ୍ରଶଂସା କରିବ ।"

ଯୌବନର ଯାଦୁକୁ କେବଳ ଉଠୁଥିବା ଉତ୍ସାହ ଦ୍ୱାରା ରୋକାଯାଇ ପାରିବ ।

ଯୌବନ ପାଖକୁ କେବେ ଅନ୍ଧାର ଆସେନାହିଁ । ଅସଫଳତା ନାମର କୌଣସି ଜିନିଷ ତା ସମ୍ମୁଖରେ ଆସିବା ଉଚିତ ନୁହେଁ । ତା ମଧ୍ୟରେ ଏହି ବିଶ୍ୱାସ ଆସିବା ଉଚିତ କି ସମସ୍ତ ମାନବଜାତି ତାର ପ୍ରତୀକ୍ଷାରେ ବସିଛି କି ସେ ଆଗକୁ ଆସୁ ଏବଂ ତା'ର

ନେତୃତ୍ୱ ସମ୍ଭାଳୁ । ଇମର୍ସନଙ୍କ କହିବାନୁଯାୟୀ- "ଯେବେ କୌଣସି ମନୁଷ୍ୟ ନିଜ କାମରେ ନିଜର ସମସ୍ତ ହୃଦୟ ବ୍ୟବହାର କରେ ଏବଂ ପୂର୍ଣ୍ଣ ପ୍ରୟାସ କରେ, ତେବେ ତାକୁ ଶକ୍ତି ଏବଂ ଉତ୍ସାହର ଅନୁଭବ ହୁଏ । ଯଦି ସେ ସେହି କାମକୁ ଅନ୍ୟ କୌଣସି ଶୈଳୀରେ କରେ, ତେବେ ତାକୁ ଏମିତି ଶାନ୍ତି ଓ ଉତ୍ସାହ କେବେ ମଧ ହାସଲ ହୁଏନାହିଁ । ଏହି କଥାର କୌଣସି ମହତ୍ୱ ନାହିଁ କି ଆପଣ କେଉଁ କାମ କରୁଛନ୍ତି । ଯେକୌଣସି କାମ ହେଉ, ଆପଣଙ୍କୁ ଏହି ପ୍ରକାର କରିବା ଉଚିତ, ଯେମିତି ସେ ଆପଣଙ୍କ ନିଜର ଅଟେ ।"

ଆପଣ ଫେରିବାଲାର କାମ କରୁଥାନ୍ତୁ ନା କାହିଁକି, ଧର୍ମ ପ୍ରଚାରକ ହୁଅନ୍ତୁ କିମ୍ବା ରାଷ୍ଟ୍ରପତି ହିଁ ହୋଇଥାନ୍ତୁ ନା କାହିଁକି, ଆପଣ କିଛି ମଧ କରନ୍ତୁ, ତାହା ଆପଣଙ୍କ ହାଡ଼ରେ ଭେଦ ହେବା ଦରକାର ଯଦ୍ୱାରା ଅନ୍ୟ ବ୍ୟକ୍ତିଙ୍କୁ ଏହା ପ୍ରତୀତ ହେବ କି ସମସ୍ତ ବ୍ରହ୍ମାଣ୍ଡର ଜ୍ୟୋତି ଆପଣଙ୍କ ମଧରେ ପ୍ରବାହିତ ହେଉଛି । ଜର୍ମାନ କବି ଗେଟେଙ୍କ କଥାନୁସାରେ- "ତୁ ଯେଉଁଠି ମଧ ଥା, ପୂର୍ଣ୍ଣ ଭାବେ ସେଠାକାର ହୋଇ ରହ ।" ଜୀବନରେ ସଫଳତା ହାସଲ କରିବା ପାଇଁ ଏହା ଏକ ଏମିତି ମହାମନ୍ତ୍ର, ଯାହାର ଅନେକ ଅର୍ଥ ହୋଇପାରେ । ଯେକୌଣସି କାମକୁ ଆପଣ ନିଜ ହାତକୁ ନେଉଛନ୍ତି, ତାକୁ ଏକା ଥରକେ ସମାପ୍ତ କରିବାକୁ ପ୍ରୟାସ କରନ୍ତୁ, ଯେଉଁ କାମ ଆପଣଙ୍କ ହାତରେ ଅଛି, ସେଥିରେ ନିଜର ସମସ୍ତ ବ୍ୟକ୍ତିତ୍ୱକୁ କେନ୍ଦ୍ରିତ କରିଦିଅନ୍ତୁ । ଏହା ଚିନ୍ତା କରନ୍ତୁ ନାହିଁ କି ତାହାର ପରିଣାମ କ'ଣ ହେବ । କୌଣସି କାର୍ଯ୍ୟକୁ ପୂର୍ଣ୍ଣ ନିଷ୍ଠାରେ କରନ୍ତୁ । ହେଲେ କାମ ସମାପ୍ତ ହୋଇଗଲେ ପରିଣାମ ପାଇଁ କୌଣସି ପ୍ରକାରର ପଶ୍ଚାତାପ କରନ୍ତୁ ନାହିଁ । ସୁପ୍ରସିଦ୍ଧ ଲେଖକ ଡେଲ କାରନେଗି ଜୀବନରେ ସଫଳତା ହାସଲ କରିବା ପାଇଁ ଅନେକ ପୁସ୍ତକ ଲେଖିଛନ୍ତି । ଯୁବପିଢ଼ିଙ୍କ ବେକାର ହେବାର କାରଣ ବ୍ୟାଖ୍ୟା କରି ସେ ଲେଖିଛନ୍ତି ସେମାନେ ବ୍ୟବସାୟରେ ଏଥିପାଇଁ ଅସଫଳ ହୁଅନ୍ତି, କାହିଁକିନା ସେମାନେ ନିଜ ମନକୁ ଏକାଗ୍ର କରିପାରନ୍ତି ନାହିଁ । କ'ଣ ଆପଣ କହିପାରିବେ କି ସେହି ପ୍ରତ୍ୟେକ ବ୍ୟକ୍ତି, ଯେଉଁମାନେ ଉନ୍ନତି କରିଛନ୍ତି ଏବଂ ମହାନ ହୋଇଛନ୍ତି, ଯେଉଁମାନେ ସଫଳତା ହାସଲ କରିଛନ୍ତି, କ'ଣ ସେମାନେ ନିଜ ସମସ୍ତ ଶକ୍ତିକୁ ଗୋଟିଏ ଦିଗରେ ପ୍ରେରିତ କରି ଦେଇନଥିଲେ ?

ସବୁ ପ୍ରକାରରୁ ନଜାଣି, କୌଣସି କାମକୁ କରିବା ଦ୍ୱାରା ବିଶେଷ ଲାଭ ହୋଇପାରିବ ନାହିଁ । ଏଣୁ ଏହା ଉଚିତ ଅଟେ କି ଯେଉଁ ସମୟରେ ଆପଣ କୌଣସି କାମକୁ କରୁଛନ୍ତି, ସେହି ସମୟରେ ସେହି କାମରେ ହିଁ ନିଜ ଧାନକୁ ସମ୍ପୂର୍ଣ୍ଣ କେନ୍ଦ୍ରିତ କରିଦିଅନ୍ତୁ । ଆଜିକା ଯୁଗରେ, ଯେଉଁ ବ୍ୟକ୍ତି ନିଜ ପ୍ରୟାସଗୁଡ଼ିକୁ ଏପଟ-ସେପଟ ଖେଳାଇଦିଏ, ସେ ଜୀବନରେ କେବେ ସଫଳ ହୋଇପାରିବ ନାହିଁ । ଅସଫଳତାର ଅନେକ କାରଣ ମଧରୁ ଗୋଟିଏ ହେଲା ବ୍ୟକ୍ତିର ମାନସିକ ଚଞ୍ଚଳତା । ବିଂଶ ଶତାବ୍ଦିର ଏହି ଅତ୍ୟଧିକ

ଉନ୍ନତ ଯୁଗରେ, ଅସ୍ଥିର ଉଦ୍ଦେଶ୍ୟ ଏବଂ ଟଳମଳ ହେଉଥିବା ଧ୍ୟାନ ପାଇଁ କୌଣସି ସ୍ଥାନ ନାହିଁ । ଭୁଲ୍ ଦିଗରେ କରାଯାଇଥିବା ଚେଷ୍ଟା ନିଜ ଶକ୍ତିକୁ ନଷ୍ଟ କରିବା ଛଡ଼ା ଆଉ କିଛି ନୁହେଁ । ସମ୍ଭବତଃ ଏଭଳି ସ୍ଥିତିରେ ବ୍ୟକ୍ତି ଜୀବନ ସାରା କାମ କରୁଥାଏ, ହେଲେ ମଧ୍ୟ ଜୀବନରେ ଆଗକୁ ବଢ଼ି ନପାରେ ।

ଏହି କଥା ସେହିପରି ଅଟେ, ଯେମିତି ଗୋଟିଏ ଶିଶୁ ନିଜ ଖେଳନାର ଇଞ୍ଜିନ ବାବଦରେ କହିଥିଲା- "ଏଥିରେ ଗାଡ଼ି ଭଳି ଧୂଆଁ ମଧ୍ୟ ବାହାରୁଛି, ଇଞ୍ଜିନ ଭଳି ଏହା ହର୍ନ ମାରୁଛି, ହେଲେ ଏହା ଆଗକୁ-ପଛକୁ ଚାଲୁନାହିଁ ।" ଜଣେ କୃଷକଙ୍କ ପାଖରେ ଜଣେ ଚାକର ଥିଲା । ସେ କ୍ଷେତରେ ହଳ କରୁଥିଲା । କୃଷକ ତାକୁ ଅଟକାଇ କହିଲେ- "ଦେଖ, ଏ ପ୍ରକାର କାମ ଚଳିବନି । ତୁମର ହଳ ବଙ୍କା ହେଉଛି । ଏହି ଗାରରେ ଫଳିବା ଫସଲ କୌଣସି କାମରେ ଲାଗିବନି । ସେପଟକୁ ଦେଖ, ସମ୍ମୁଖରେ ଗାଈ ଠିଆ ହୋଇଛି । ନିଜ ଦୃଷ୍ଟି ତା ଉପରକୁ ଅଟକାଇ ରଖ ଏବଂ ସିଧା ହଳ କର ।" ଚାକର ହଁ ମାରିଦେଲା ଏବଂ ପୁଣି ହଳ କରିବା ଆରମ୍ଭ କରିଦେଲା ।

"ଆରେ ରୁହ, ଏହା କ'ଣ କରିଦେଲ ?" କୃଷକ ପାଟିକରି ଉଠିଲେ । ଦଶ-ପନ୍ଦର ମିନିଟ ପରେ କୃଷକ କୌଣସି କାମରୁ ଫେରି ଆସିଲେ, ତେବେ ସେ ଦେଖିଲେ କି ହଳ ତ କ୍ଷେତସାରା ବୃତ୍ତାକାର ଭାବେ ବୁଲିସାରିଛି । ଚାକର କହିଲା- "ହଜୁର, ବିଶ୍ୱାସ କରନ୍ତୁ, ମୁଁ ଆପଣଙ୍କ ଆଜ୍ଞା ଅନୁସାରେ କାର୍ଯ୍ୟ କରିଛି । ମୁଁ ତ ଗାଈ ଆଡ଼କୁ ଦୃଷ୍ଟି ରଖି ସିଧା ଚଲାଇବାକୁ ଇଚ୍ଛା କରୁଥିଲି, ହେଲେ ଏହି ଗାଈ ଗୋଟିଏ ଜାଗାରେ ରହୁନାହିଁ ।" ଏହାକୁ କୁହନ୍ତି ଅସ୍ଥିର ଉଦ୍ଦେଶ୍ୟ ପଛରେ ଏପଟ-ସେପଟ ବୁଲିବା ତଥା ଜୀବନ ଉଦ୍ଦେଶ୍ୟର ବିଚାରହୀନ ଏବଂ ବୁଦ୍ଧିରହିତ ବ୍ୟବସ୍ଥା । ଏଥିରୁ କ'ଣ ହାସଲ ହେବ ? କେବଳ ଅସଫଳତା । ଜୀବନରେ କିଛି ବ୍ୟକ୍ତି ସଫଳ ହୁଅନ୍ତି ଏବଂ କିଛି ଅସଫଳ । ସେମାନଙ୍କ ଅନ୍ତର ଏଥିରୁ ମପାଯାଇ ପାରିବନି କି ସେମାନଙ୍କ ମଧ୍ୟରୁ କିଏ କେତେ କାମ କଲା । ବାସ୍ତବିକ ଅନ୍ତର କିମ୍ବା ଫରକ ଏହି ଯେ କିଏ ବୁଦ୍ଧିମତାପୂର୍ବକ କେତେ କାମ କଲା । ଅନ୍ତର ଆପେ ଜଣାପଡ଼ିଯିବ ।

ସ୍ଥିର ଉଦ୍ଦେଶ୍ୟ:

ଜଣେ ବ୍ୟକ୍ତି, ଯାହାଙ୍କ ବୁଦ୍ଧି ବେଶି ନାହିଁ, ହେଲେ ସେ ଏକ ସ୍ଥିର ଉଦ୍ଦେଶ୍ୟରେ ନିଜ ଶକ୍ତିକୁ କେନ୍ଦ୍ରିତ କରି କାର୍ଯ୍ୟ କରନ୍ତି, ତେବେ ଅନ୍ୟ ଜଣେ ଅଧିକ ବୁଦ୍ଧିମାନ ବ୍ୟକ୍ତି ଯିଏ ନିଜ ଶକ୍ତିଗୁଡ଼ିକୁ ଖେଳାଇ ରଖିଛି ଏବଂ ଏହା ନିଶ୍ଚୟ କରିପାରେ ନାହିଁ କି ଆଗେ କ'ଣ କରିବା ଉଚିତ, ଏମାନଙ୍କ ମଧ୍ୟରୁ ବୁଦ୍ଧିମାନ ବ୍ୟକ୍ତି ଅଧିକ ସଫଳ ହେବନାହିଁ । ଯେଉଁ ବ୍ୟକ୍ତିର ଉଦ୍ଦେଶ୍ୟ ସ୍ଥିର ଅଟେ, ତା ସହ କେହି ମୁକାବିଲା କରିପାରିବେ ନାହିଁ । ସେହି ବ୍ୟକ୍ତିର ସ୍ଥିତି ପର୍ଯ୍ୟନ୍ତ ପହଞ୍ଚିବା ସମସ୍ତଙ୍କ ପାଇଁ ସମ୍ଭବ ହୁଏନାହିଁ, ଯିଏ ନିଜର ଦେହ-ମନ-ଧନ ଏବଂ ସାରା ବ୍ୟକ୍ତିତ୍ୱ ହିଁ ଗୋଟିଏ ଜିନିଷ

ପାଇବାରେ ଲଗାଇ ଦେଇଥାଏ । ବଡ଼ ବଡ଼ ଶିକ୍ଷକ, ପରିଶ୍ରମୀ ଏବଂ ଦୃଢ଼ ଇଚ୍ଛାଶକ୍ତି ଥିବା ବ୍ୟକ୍ତି ମଧ୍ୟ ଏମିତି ବ୍ୟକ୍ତିଙ୍କ ମୁକାବିଲା କରିପାରିବେ ନାହିଁ ।

ଯାହାର ଜୀବନରେ କୌଣସି ଉଦ୍ଦେଶ୍ୟ ନାହିଁ, ସେ ଭଲା କେମିତି ସଫଳ ହୋଇ ପାରିବ! ଜଣେ ସୁପ୍ରସିଦ୍ଧ ନାଟ୍ୟକାର ଲେଖିଛନ୍ତି- "ଏହା ଠିକ୍ ଯେ କିଛି ନୌକା ଏମିତି ବି ଥାନ୍ତି, ଯାହାଙ୍କୁ ଠିକ୍ ଭାବେ ଗନ୍ତବ୍ୟ ଦିଗ ଆଡ଼କୁ ଚଳାଇ ହୁଏନାହିଁ, ହେଲେ ଯେଉଁ ବ୍ୟକ୍ତି ସ୍ଥିର ମନରେ, କେବେ ଏପଟ ତଥା କେବେ ସେପଟ ଯାଏ ଏବଂ କୌଣସି ନିଶ୍ଚୟ କରିପାରେ ନାହିଁ, ତାକୁ ତା ଜୀବନ ଯାତ୍ରା ପୂର୍ଣ୍ଣ ହେବା ପୂର୍ବରୁ ହିଁ ଅସ୍ଥିର ବିଚାରଗୁଡ଼ିକ କିଏ ଜାଣେ କେଉଁଠି ଫିଙ୍ଗିଦେବେ ।"

କେବେ ଆପଣ କୌଣସି ଏମିତି କାରଖାନାକୁ ଯାନ୍ତୁ ଯେଉଁଠି ଦିଗ୍‌ଦର୍ଶକ ଯନ୍ତ୍ରଗୁଡ଼ିକର ନିର୍ମାଣ ହୁଏ, ତେବେ ଆପଣ ଦେଖିବେ କି ଯେତେବେଳ ଯାଏଁ ଦିଗ୍‌ଦର୍ଶକ ଯନ୍ତ୍ରର କଣ୍ଟାକୁ ଚୁମ୍ବକୀତ କରାଯାଇନାହିଁ, ତାହା ଏପଟ-ସେପଟ ଘୁରିବୁଲେ, କେତେବେଳେ କୌଣସି ଗୋଟିଏ ଦିଗକୁ ତ, କେତେବେଳେ ଆଉ ଗୋଟିଏ ଦିଗକୁ, ହେଲେ ଯେତେବେଳେ ତାକୁ ଚୁମ୍ବକୀତ କରିଦିଆଯାଏ, ତେବେ ସେଥିରେ ଏକ ବିଶେଷ ପ୍ରକାରର ଶକ୍ତି ଆସିଯାଏ ଏବଂ ସେତେବେଳେ ତା'ର ମୁହଁ କେବଳ ଉତ୍ତର ଦିଗ ଆଡ଼କୁ ରହେ । ଏହାପରେ, ସେ ନିଷ୍ଠାପୂର୍ବକ ଉତ୍ତର ଦିଗର ସଙ୍କେତ ଦେବା ଆରମ୍ଭ କରିଦିଏ । ଯଦି ଏମିତି ନହୁଏ ତେବେ ବିଶାଳ ସମୁଦ୍ର ମଝିରେ ଟଳମଳ ହେଉଥିବା ଜାହାଜ କେବେ ମଧ୍ୟ ନିଜ ଗନ୍ତବ୍ୟ ସ୍ଥଳରେ ପହଞ୍ଚି ପାରିବ ନାହିଁ । ଏହିଭଳି, କୌଣସି ବ୍ୟକ୍ତି, ଯେତେବେଳ ଯାଏଁ କୌଣସି ଦିଗ ଆଡ଼କୁ ସ୍ଥିରତାପୂର୍ବକ ନିଜ କାର୍ଯ୍ୟ ଶକ୍ତିକୁ ପ୍ରେରିତ କରେନାହିଁ, ସେତେବେଳ ପର୍ଯ୍ୟନ୍ତ ସେ ନିଜ ଗନ୍ତବ୍ୟ ସ୍ଥଳରେ ପହଞ୍ଚି ପାରିବ ନାହିଁ । ଜୀବନରେ କୌଣସି ଯୋଜନା ବିନା କାର୍ଯ୍ୟ କରିବା ମୁର୍ଖତା ଅଟେ ଯେମିତି ବିନା ଦିଗ୍‌ଦର୍ଶକ ଯନ୍ତ୍ରରେ ଜାହାଜକୁ ସମୁଦ୍ର ମଧ୍ୟକୁ ନେଇଯିବା ।

ଯେଉଁ ଜାହାଜର ପତବାର ଭାଙ୍ଗିଯାଇଛି ତଥା ଯେଉଁଥିରେ ଦିଗଦର୍ଶକ ଯନ୍ତ୍ର ମଧ୍ୟ ଲଗାଯାଇ ନାହିଁ, ତେବେ ତା ଇଞ୍ଜିନରେ ଯେତେ ଇନ୍ଧନ ଥିଲେ ମଧ୍ୟ ସେ ଏପଟ-ସେପଟ ଭାସିଚାଲିବ ଏବଂ କୌଣସି ନିଶ୍ଚିତ ବନ୍ଦରରେ ପହଞ୍ଚି ପାରିବନାହିଁ । କୁନାର୍ଡ ହ୍ୱାଇଟ ଷ୍ଟାର କମ୍ପାନୀର ଜାହାଜ ବହୁତ ପ୍ରସିଦ୍ଧ । ଯେବେ ସମୁଦ୍ର ଶାନ୍ତ ହୁଏ, ସେତେବେଳେ ପାଣିର ପ୍ରବାହ ଏବଂ ପବନ ଅନୁକୂଳ ହୁଏ, ସେହି ଜାହାଜ ସିଧା ବନ୍ଦରରେ ପହଞ୍ଚିଯାନ୍ତି, ହେଲେ ଯେବେ ଝଡ଼ ଚାଲିଆସେ ତଥା ସମୁଦ୍ରରେ କୁହୁଡ଼ି ଛାଇଯାଏ, ସେତେବେଳେ ମଧ୍ୟ ସେମାନେ ଅଟକନ୍ତି ନାହିଁ, ଚାଲୁଥାନ୍ତି । ସେମାନଙ୍କ ସମ୍ମୁଖରେ ଗୋଟିଏ ଲକ୍ଷ୍ୟ ବିନ୍ଦୁ ଥାଏ- ବନ୍ଦର । ସେମାନଙ୍କୁ ବନ୍ଦର ପର୍ଯ୍ୟନ୍ତ ପହଞ୍ଚିବାକୁ ପଡ଼େ । ସେମାନେ କେବେ ଏହା ଚିନ୍ତା କରନ୍ତି ନାହିଁ କି ପାଣିପାଗ କେମିତି ଅଛି ଏବଂ ରାସ୍ତାରେ କିପରି ବାଧା ରହିଛି ।

ଅନେକ ପ୍ରକାର ବିପରୀତ ପରିସ୍ଥିତି ଥିଲେ ମଧ୍ୟ ଏହି କମ୍ପାନୀର ଜାହାଜଗୁଡ଼ିକ ସମ୍ପର୍କରେ ଏହି ଭବିଷ୍ୟବାଣୀ କରାଯାଇପାରେ କି ସେମାନେ ଠିକ୍ ଜାଗାରେ ଅବଶ୍ୟ ପହଞ୍ଚିଯିବେ । ଏହି କମ୍ପାନୀର ଜାହାଜ ବୋଷ୍ଟନ ଯିବାକୁ ଥିଲେ, କେବେ ନ୍ୟୁୟର୍କ କିମ୍ବା ଅନ୍ୟ ବନ୍ଦରରେ ପହଞ୍ଚନ୍ତି ନାହିଁ । ବୋଷ୍ଟନ ଯାଉଥିବା ଜାହାଜ ବୋଷ୍ଟନ ବନ୍ଦରରେ ହିଁ ପହଞ୍ଚେ । ଏହିଭଳି, ଯୁବକଙ୍କୁ ମଧ୍ୟ ଦରକାର କି ସେମାନେ ନିଜ ମନରେ କୌଣସି ଗୋଟିଏ ଭଲ ଉଦ୍ଦେଶ୍ୟ ପ୍ରତି ସମର୍ପଣ ଭାବନା ଉତ୍ପନ୍ନ କରନ୍ତୁ । ସେମାନଙ୍କୁ ଦରକାର ସେମାନେ ତନ୍ମୟ ହୋଇ ନିଜ ଉଦ୍ଦେଶ୍ୟ, ନିଜ ବ୍ୟବସାୟରେ ଲାଗିଯାନ୍ତୁ ଏବଂ ଅନ୍ୟ ଦିଗରୁ ନିଜ ଧ୍ୟାନ ହଟାଇ ଆଣନ୍ତୁ ।

ଉଦ୍ଦେଶ୍ୟହୀନ ବ୍ୟକ୍ତି ହିଁ ଜୀବନରେ ଭୟଙ୍କର ରୂପେ ଅସଫଳ ହୁଅନ୍ତି । କାହିଁକିନା ଉଦ୍ଦେଶ୍ୟହୀନ ହେବାରୁ ସେମାନେ ନା କାମରେ ରୁଚି ରଖନ୍ତି ଏବଂ ନା ସହୃଦୟରେ କାମ କରନ୍ତି । ସେମାନଙ୍କ ମନ ସବୁବେଳେ ଚଞ୍ଚଳ ରୁହେ ଏବଂ ଏଥିପାଇଁ ସେମାନେ ଦୃଢ଼ତାର ସହ କାମରେ ଲାଗି ରହିପାରନ୍ତି ନାହିଁ । ସେମାନେ ନିଜ କାମକୁ ଗୋଟିଏ ସୂତାରେ ଗୁନ୍ଥିପାରନ୍ତି ନାହିଁ । ସେମାନେ ନିଜ ଜୀବନକୁ ନା କୌଣସି ଦିଗ ଦେଇପାରନ୍ତି ଏବଂ ନା ତାକୁ ସାର୍ଥକ କରିପାରନ୍ତି । କିନ୍ତୁ ଏମିତି ବ୍ୟକ୍ତି, ଯିଏ କୌଣସି ନିର୍ଦ୍ଧାରିତ ଉଦ୍ଦେଶ୍ୟ ପ୍ରତି ସମ୍ପୂର୍ଣ୍ଣ ସମର୍ପିତ ହୋଇ କାମ କରନ୍ତି, ସଂସାର ତାଙ୍କର ପ୍ରଶଂସା କରିବାକୁ ଲାଗେ । ଏଭଳି ବ୍ୟକ୍ତିର ଏକ ନୈତିକ ଦୃଷ୍ଟିକୋଣ ଥାଏ । ତା କାର୍ଯ୍ୟର କୌଣସି ନା କୌଣସି ଲକ୍ଷ୍ୟ ଥାଏ ଏବଂ ସେତେବେଳେ ତାକୁ ସଫଳତା ପ୍ରାପ୍ତ ହୁଏ ।

ଏହା ଏମିତି ଗୁଣ, ଯାହାର ପ୍ରଭାବ ସଂକ୍ରାମକ ହୋଇଥାଏ । ଯେଉଁ ବ୍ୟକ୍ତି ଏମିତି ସ୍ଥିର ଲକ୍ଷ୍ୟ ଥିବା ବ୍ୟକ୍ତିଙ୍କ ସମ୍ପର୍କରେ ଆସନ୍ତି, ସେମାନେ ତା ଗୁଣରେ ପ୍ରଭାବିତ ନହୋଇ ରହିପାରନ୍ତି ନାହିଁ । ମେଜର ୱିଲିୟମ ଫିନଲେ, ଓହିୟୋ କ୍ଷେତ୍ରରୁ ଆମେରିକା କଂଗ୍ରେସର ସଦସ୍ୟ ବଛାଗଲେ । ସେହି ସମୟରେ ସଭାପତି ହେୟଂସ ତାଙ୍କୁ ପରାମର୍ଶ ଦେଲେ କି ସଫଳତା ଏବଂ ଯଶ ପ୍ରାପ୍ତ କରିବା ପାଇଁ ସେ କୌଣସି ବିଶେଷ ବିଷୟର ଅଧ୍ୟୟନ କରନ୍ତୁ ତଥା ଶସ୍ତା ପ୍ରସିଦ୍ଧି ଏବଂ ପ୍ରଚାର ଲୋଭରେ ପ୍ରତ୍ୟେକ ପ୍ରସ୍ତାବ କିମ୍ବା ବିଧେୟକ ଉପରେ ନ କୁହନ୍ତୁ ତଥା ନିଜ ବିଚାର ସେହି ବିଷୟ ପର୍ଯ୍ୟନ୍ତ ସୀମିତ ରଖନ୍ତୁ ଯାହାର ଅଧ୍ୟୟନ ସେ ବିଶେଷ ଭାବେ କରିଛନ୍ତି ।

ସେହି ବିଷୟର ବିଶେଷଜ୍ଞ ହେବାକୁ ଚେଷ୍ଟା କରନ୍ତୁ । ଆଇନର କୌଣସି ଶାଖାକୁ ନେଇ ତାକୁ ନିଜ ଅଧ୍ୟୟନର ବିଷୟ କରନ୍ତୁ । ଚୁଙ୍ଗି ମଧ୍ୟ ସେହିପରି ଏକ ମହତ୍ୱପୂର୍ଣ୍ଣ ବିଷୟ । ସେହି ବିଷୟରେ ଅଧ୍ୟୟନ କରନ୍ତୁ କାହିଁକିନା ଆଗାମୀ ବହୁ ବର୍ଷ ପର୍ଯ୍ୟନ୍ତ ଏ ସମ୍ବନ୍ଧରେ କୌଣସି ଗୋଟିଏ ନିର୍ଣ୍ଣୟ ନିଆଯାଇ ପାରିବ ନାହିଁ । ବହୁତ ଦିନ ପର୍ଯ୍ୟନ୍ତ ୱିଲିୟମ୍ ଫିନ୍‌ଲେଙ୍କ କାନରେ ସଭାପତିଙ୍କ ଏହି ଶବ୍ଦ ଗୁଞ୍ଜରଣ ହେଉଥିଲା । ସେ ସଭାପତିଙ୍କ କହିବା ଅନୁସାରେ ଚୁଙ୍ଗି ବିଷୟରେ ବିଶେଷ ଅଧ୍ୟୟନ ଆରମ୍ଭ କରିଦେଲେ

ଏବଂ କିଛି ଦିନ ମଧ୍ୟରେ ସେ ଏହି ବିଷୟରେ ବିଶେଷଜ୍ଞ ହୋଇଗଲେ । ଯେବେ ସମୟ ଆସିଲା ତେବେ ସେ ଚୁଙ୍ଗି ସମ୍ବନ୍ଧୀୟ ବିଧେୟକ ହାଜର କଲେ ଏବଂ ତା ବିଷୟରେ ଯେଉଁ ଭାଷଣ ଦେଲେ ଏବଂ ଏହା ପରେ, ଯେବେ ସେହି ବିଧେୟକ ପାରିତ ହେଲା ତେବେ ଓ୍ୱିଲିୟମ୍ ଫିନ୍‌ଲେଙ୍କ ଜୀବନର ତାହା ସର୍ବୋତ୍ତମ କ୍ଷଣ ଥିଲା । ଯେଉଁ ବ୍ୟକ୍ତି ନିଜକୁ ନିଜେ କୌଣସି ପ୍ରକାରର କାମ ପ୍ରତି ପୂର୍ଣ୍ଣଭାବେ ସମର୍ପିତ କରିଦିଏ, ସେ ସମୟ ଆସିଲେ ଅବଶ୍ୟ କିଛି ନା କିଛି ପାଇଥାଏ ।

ଯଦି ତା ମଧ୍ୟରେ ଅଳ୍ପ କ୍ଷମତା ଏବଂ ସାମାନ୍ୟ ଜ୍ଞାନ ଥାଏ, ତେବେ ତାକୁ ସଫଳତା ସହ ଯଶ ମଧ୍ୟ ପ୍ରାପ୍ତ ହେବ । ପରିସ୍ଥିତିଗୁଡ଼ିକୁ ନିଜ ଅନୁରୂପ କିମ୍ବା ନିଜକୁ ପରିବେଶ ଅନୁରୂପ ଢ଼ାଳିଦେବା ଗୁଣ ଯେକୌଣସି ବ୍ୟକ୍ତି ପାଇଁ ବହୁତ ଜରୁରୀ ଅଟେ, ହେଲେ ଏଥିସହ ଏହା ମଧ୍ୟ ସତ୍ୟ କି ଆପଣ ଯେଉଁ କାମରେ ଲାଗନ୍ତୁ, ଆପଣଙ୍କୁ ସମ୍ପୂର୍ଣ୍ଣ ସେହିଠାରେ ରହିବାକୁ ହେବ । ଯେଉଁ କାମରେ ଲାଗିଛନ୍ତି ସେହି ସମ୍ପର୍କରେ ଭାବିବା ଉଚିତ, ସେ ସମ୍ପର୍କରେ ଯୋଜନା ତିଆରି କରିବା ଉଚିତ, ସେଇଥି ପାଇଁ କାମ କରିବା ବଞ୍ଚିବା ଏବଂ ନିଜ ଦେହ-ମନ-ଧନ, ଶକ୍ତି, ହୃଦୟ ତଥା ଆତ୍ମା ସବୁକିଛି ସମର୍ପିତ କରିଦେବା ଉଚିତ । ସେତେବେଳେ ସଫଳତା ନିଜେ ଆସି ଗଳାରେ ଜୟମାଳା ପିନ୍ଧାଇବ ।

ଆଜି ବିଶ୍ୱରେ ଯେଉଁ ବ୍ୟକ୍ତି ସଫଳ ଦେଖାଯାନ୍ତି, ସେମାନେ ସବୁ ସେହି ବ୍ୟକ୍ତି ଅଟନ୍ତି, ଯାହାଙ୍କ ସମ୍ମୁଖରେ ଗୋଟିଏ ହିଁ ସ୍ଥିର ବିଚାର ଥିଲା । ସେମାନଙ୍କ ଜୀବନର କେବଳ ଗୋଟିଏ ହିଁ ଉଦ୍ଦେଶ୍ୟ ଥିଲା । ଏହି ସମ୍ବନ୍ଧରେ ଜନ୍ ହକିନ୍ସଙ୍କ ଏକ ଉଦାହରଣ ପ୍ରସ୍ତୁତ କରାଯାଇପାରେ । ସେ ଘୋଷଣା କରିଥିଲେ କି ଭଗବାନ ମତେ ଏଇଥିପାଇଁ ତିଆରି କରିଛନ୍ତି କି ମୁଁ ବହୁତ ଧନସମ୍ପତ୍ତି ରୋଜଗାର କରେ ଏବଂ ସେହି ଧନରାଶିକୁ ଲଗାତର ବଢ଼ାଇ ଚାଲେ । ମୁଁ ଯେଉଁ ସମ୍ପତ୍ତି ରୋଜଗାର କରିଛି ତାହା ଉଧାର ମାଗୁଥିବା ଲୋକ ଏବଂ ଭିଗମଗାଙ୍କ ପାଇଁ ନୁହେଁ । ଯଦ୍ୟପି, ତାଙ୍କର ଏହି ବିଚାର ଯୋଗୁ ଲୋକ ତାଙ୍କୁ କୃପଣ, ହାରାମି ଏବଂ କେହି କେହି ତ ଦାନ୍ତ ଲଗେଇ ପଇସା ନେଉଥିବା କହୁଥିଲେ । କିନ୍ତୁ ସେ ଏହି ବ୍ୟର୍ଥ କଥାରେ କେବେ ମଧ୍ୟ ଧ୍ୟାନ ଦେଇନଥିଲେ । ତାଙ୍କର କେବଳ ଗୋଟିଏ ଉଦ୍ଦେଶ୍ୟ ଥିଲା, ଲକ୍ଷ-ଲକ୍ଷ ଟଙ୍କା ରୋଜଗାର କରିବା । ଶେଷରେ, ସେ ନିଜ ଉଦ୍ଦେଶ୍ୟରେ ସଫଳ ମଧ୍ୟ ହେଲେ । ତା ପରେ ସେ ନିଜ ଜମା କରିଥିବା ଧନକୁ ମୁକ୍ତ ହସ୍ତରେ ଦାନ କଲେ । ଚାଳିଶ ଲକ୍ଷ ଡଲାର ତ' କେବଳ ଏକ ବିଶ୍ୱବିଦ୍ୟାଳୟକୁ ଦେଲେ ତଥା କୋଡ଼ିଏ ଲକ୍ଷ ଡଲାର ଅନ୍ୟ ସଂସ୍ଥାଙ୍କୁ ଦେଲେ । ନିଜର ବ୍ୟବସାୟିକ ଜୀବନ ଆରମ୍ଭ କଲାବେଳେ ସେ ଯେଉଁ ଯୋଜନା କରିଥିଲେ, ସେ ଶେଷ ପର୍ଯ୍ୟନ୍ତ ତାହାର ଅନୁରୂପ ଚାଲିଲେ ଏବଂ ସଂସାରର ଦାନବୀରଙ୍କ ମଧ୍ୟରେ ନିଜ ନାମ ଅମର କରିଗଲେ ।

୭. ଅନୁକୂଳ ସୁଯୋଗ, ପ୍ରତିକୂଳ ସୁଯୋଗ

ଜୀବନର ମହାନ ପୁରସ୍କାର ଏବଂ ତା'ର ଉଚ୍ଚ ଭାଗ୍ୟ ଏହା କି ମନୁଷ୍ୟ କୌଣସି କାର୍ଯ୍ୟ ବିଶେଷ ପାଇଁ ଜନ୍ମ ନେଉ, ତେବେ ଯାଇ ସେ ସେଥିରେ ଲାଗିରହି ପ୍ରସନ୍ନତା ହାସଲ କରିଚାଲିବ ।
-ଇମର୍ସନ

ବାବେଲାଙ୍କ କଥାନୁସାରେ- ବିଶ୍ୱରେ ପ୍ରତ୍ୟେକ ମନୁଷ୍ୟ ଜନ୍ମରୁ ହିଁ ନିଜପାଇଁ ନିଶ୍ଚିତ କାର୍ଯ୍ୟ ନେଇ ଆସିଥାଏ । ଯେଉଁ ବ୍ୟକ୍ତି କାମ କରିବାକୁ ଚାହାନ୍ତି, ସେମାନଙ୍କୁ ବିଶ୍ୱରେ କୌଣସି ଅଭାବ ପ୍ରତୀତ ହୁଏନାହିଁ । ସେହି କାମକୁ କରିବାର ସମସ୍ତ ସାଧନ ବିଦ୍ୟମାନ ଅଛି । କାମ କରିବା ଲୋକଙ୍କ ପାଇଁ କେବେ ମଧ୍ୟ ସାଧନର ଅଭାବ ହୁଏନାହିଁ । ଓଲବୁଲଙ୍କ କାହାଣୀ ତ ଆପଣ ପଢ଼ି ସାରିଛନ୍ତି । ଯେତେବେଳେ ସେ କ୍ରିଷ୍ଟିଆନା ବିଶ୍ୱବିଦ୍ୟାଳୟରେ ପଢୁଥିଲେ, ସେତେବେଳେ ଏକ ଧର୍ମସଂସ୍ଥାର ଉଦ୍‌ଘାଟନ ସମୟରେ ତାଙ୍କୁ ବେହେଲା ବଜାଇବା ପାଇଁ କୁହାଗଲା । ତାଙ୍କ ମୁଣ୍ଡରେ ସଂଗୀତର ଭୁତ ଲାଗି ଥିଲା । ତାଙ୍କ ଶରୀରର ପ୍ରତ୍ୟେକ ରକ୍ତବୁନ୍ଦାରେ ସଂଗୀତ ପ୍ରଜ୍ୱଳିତ ହେଉଥିଲା । ସେ ରାତିସାରା ବେହେଲା

ବଜାଇଲେ । ତାଙ୍କୁ ଜଣାପଡ଼ିଲା ନାହିଁ କି କେବେ ରାତି ହେଲା ଏବଂ କେତେବେଳେ ସକାଳ ହୋଇଗଲା । ପର ଦିନ ଲାଟିନ୍ ପରୀକ୍ଷା ଥିଲା, ସେଥିରେ ସେ ଉତ୍ତୀର୍ଣ୍ଣ ହେଲେନାହିଁ । ନିରାଶା ଏବଂ ଦ୍ୱିବିଧାରେ ସେ ନିଜ ଅଧ୍ୟାପକଙ୍କ ପାଖକୁ ଗଲେ ଏବଂ ତାଙ୍କ ସମ୍ମୁଖରେ ବିନା ସଂକୋଚରେ ନିଜ ହୃଦୟ ଖୋଲି ସବୁ କହିଲେ ।

ଲକ୍ଷ୍ୟକୁ ଚିହ୍ନନ୍ତୁ:

ବୁଦ୍ଧିମାନ ଅଧ୍ୟାପକ ତାଙ୍କୁ କ'ଣ ଉତ୍ତର ଦେଲେ ଜାଣିଛନ୍ତି, ସେ କହିଲେ ତୁମ ସହ ବହୁତ ଭଲ ହେଲା । ଏହାଠାରୁ ଭଲ କଥା ଆଉ କିଛି ହୋଇପାରିନଥାନ୍ତା । କ'ଣ ତୁମେ ଭାବୁଛ କି ଜଣେ ଧର୍ମ-ପ୍ରଚାରକ ହେବାର ଯୋଗ୍ୟତା ତୁମର ଅଛି । ତୁମକୁ ନିଶ୍ଚିତ ଭାବେ ଏହା ଜାଣିନେବା ଦରକାର କି ଏହି କାମ ତୁମର ଆୟତ୍ତରେ ନାହିଁ ଏବଂ ନା ତୁମେ ଏହା କରିପାରିବ । ବନ୍ଧୁ ଭଳି ମୁଁ ତୁମକୁ ଏହି ପରାମର୍ଶ ଦେଉଛି କି ବିଦେଶ ଯାଇ ସଂଗୀତ ଅଧ୍ୟୟନ ଏବଂ ଅଭ୍ୟାସ କର । ଯେବେଯାଏଁ ତୁମେ ବାହାରକୁ ଯାଇ ସଂଗୀତ ଅଭ୍ୟାସ କରିବ ନାହିଁ, ସେତେବେଳ ପର୍ଯ୍ୟନ୍ତ ତୁମେ ନିଜ କଳାରେ ନିପୁଣ ହୋଇପାରିବ ନାହିଁ । ଓଲ୍‌ବୁଲ୍‌ଙ୍କ ଜୀବନକ୍ରମ ଇମର୍ସନଙ୍କ ଏହି କଥାର ପରିଚାୟକ ଅଟେ- ଜୀବନର ମହାନ ପୁରସ୍କାର ଏବଂ ତା'ର ଉଚ୍ଚ ଭାଗ୍ୟ ଏହା କି ମନୁଷ୍ୟ କୌଣସି କାର୍ଯ୍ୟ ବିଶେଷ ପାଇଁ ଜନ୍ମ ନେଉ, ତେବେ ଯାଇ ସେ ସେଥିରେ ଲାଗିରହି ପ୍ରସନ୍ନତା ହାସଲ କରିଚାଲିବ ।

ଏହା ପ୍ରକୃତିର ନିୟମ ଅଟେ କି ମନୁଷ୍ୟ ଯେଉଁ କାର୍ଯ୍ୟକୁ ସର୍ବାଧିକ ପସନ୍ଦ କରେ, ତାକୁ ସେଥିରେ ବିଶେଷତା ହାସଲ ହୁଏ । କୌଣସି ବ୍ୟକ୍ତି, ସେତେବେଳ ଯାଏଁ ଆଦର୍ଶ ରୂପରେ କିମ୍ବା ପୂର୍ଣ୍ଣ ରୂପେ ସଫଳ ହୋଇପାରେ ନାହିଁ ଏବଂ ନା କୌଣସି ବିଶେଷ ମହତ୍ତ୍ୱପୂର୍ଣ୍ଣ ଉପଲବ୍ଧି ପ୍ରାପ୍ତ କରିପାରେ, ଯେତେବେଳ ପର୍ଯ୍ୟନ୍ତ ସେ ନିଜର କୌଣସି ବିଶେଷତା ଯୋଗୁ ନିଜର ବିଶେଷ ସ୍ଥାନ ନ ତିଆରି କରିଛି । ଯେଉଁଭଳି ଧାରଣା ଉପରେ ଛୁଟୁଥିବା ରେଳଗାଡ଼ିରୁ ତା'ର ଶକ୍ତି ବାବଦରେ ଜଣାପଡ଼େ, ସେହିଭଳି ପ୍ରତ୍ୟେକ ବ୍ୟକ୍ତି ନିଜର ବିଶେଷ କାମରେ ହିଁ ନିଜ ଶକ୍ତିର ପ୍ରଦର୍ଶନ କରିପାରେ, ଅନ୍ୟ ସ୍ଥାନରେ ସେ ସବୁବେଳେ ଦୁର୍ବଳ ରହିବ ।

ଇମର୍ସନ୍‌ଙ୍କ କଥାନୁସାରେ- ନଦୀରେ ଭାସୁଥିବା ନୌକା ଭଳି ପ୍ରତ୍ୟେକ ବ୍ୟକ୍ତିକୁ ଚାରିପଟୁ ବିଭିନ୍ନ ବାଧାବିଘ୍ନର ସାମ୍ନା କରିବାକୁ ପଡ଼େ । କେବଳ ଗୋଟିଏ ଦିଗ ଏମିତି ଥାଏ, ଯେଉଁ ଆଡ଼କୁ ଚାଲିଲେ ତାକୁ ପ୍ରତିବନ୍ଧକ ଅନୁଭୂତ ହୁଏନାହିଁ ଏବଂ ଯଦି ସେହି ଗୋଟିଏ ଦିଗରୁ ପ୍ରତିବନ୍ଧକ ହଟାଇ ଦିଆଯାଏ ତେବେ ସେ ଆନନ୍ଦରେ ବାହାରି ଯାଇପାରେ, କିନ୍ତୁ ଯଦି ସେ ଭଉଁରୀ ଥିବା ଗଭୀର ଧାରା ଆଡ଼କୁ ଚାଲିଯାଏ, ତେବେ ସମୁଦ୍ରରେ ବିଲୀନ ହେବା ପରେ ତା'ର ଚିହ୍ନବର୍ଣ୍ଣ ଦିଶିବ ନାହିଁ । "ମୋର ଗନ୍ତବ୍ୟ କ'ଣ ଏବଂ ମୁଁ ତାକୁ ପାଇପାରିବି ନା ନାହିଁ" ଏହି ପ୍ରଶ୍ନର ଉତ୍ତର ଦେବା ଯେତେ କଷ୍ଟ ହେଉ ନା

କାହିଁକି, ହେଲେ ଆବଶ୍ୟକ ରହିଛି । ଏହି ପ୍ରଶ୍ନର ଉତ୍ତର ବିନା ଜୀବନ ଏକ ଦୁଃଖଦ ନାଟକ ହିଁ ହୋଇଯିବ ।

ଫ୍ରାଙ୍କଲିନ୍‌ଙ୍କ କଥାନୁସାରେ- ଯଦି କୌଣସି ବ୍ୟକ୍ତି ନିଜ ଜୀବନରେ ସଫଳ ହେବାକୁ ଚାହେଁ, ତେବେ ତାକୁ ନିଜ ପାଇଁ କୌଣସି ବିଶେଷ କାର୍ଯ୍ୟ ନିର୍ଦ୍ଧାରିତ କରିବା ଆବଶ୍ୟକ । ତାକୁ ସେଥିପାଇଁ ବିଶେଷ ବିଧି ମଧ ଆପଣାଇବାକୁ ପଡ଼ିବ । ତାକୁ ଦରକାର କି ସେ ସେଥିରେ ଦେହ-ମନ-ଧନ ଦେଇ ଲାଗିରହୁ । ହୋଇପାରେ ତାକୁ ସେହି କାମରେ ଅଚାନକ ସଫଳତା ହାସଲ ହୋଇଯିବ, ହେଲେ ସେଥିପାଇଁ ଚେଷ୍ଟା ଅବଶ୍ୟ କରିବା ଉଚିତ ।

ଜଣେ ଇଂରେଜ ଓକିଲ ଆସ୍କାଇନ୍ ନିଜ ଜୀବନ ଜଳସେନାରୁ ଆରମ୍ଭ କରିଥିଲେ । ସେ ଚାରିବର୍ଷ ସେଠାରେ ରହିଲେ । ଏହା ପରେ ଉନ୍ନତି କରିବା ବିଚାର ନେଇ ସେ ସ୍ଥଳ ସେନାରେ ଯୋଗଦେଲେ । ସେଠାରେ ମଧ ସେ ଦୁଇବର୍ଷରୁ ଅଧିକ ସମୟ କାମ କଲେ । ତାଙ୍କ ଜୀବନ ଏକ ନିଶ୍ଚିତ ପଥରେ ଚାଲିଥିଲା ତଥା କୌଣସି ପ୍ରକାର ନୂଆ ଜୀବନର ଆଭାଷ ତାଙ୍କୁ ସ୍ୱପ୍ନରେ ସୁଦ୍ଧା ଆସିନଥିଲା । ହେଲେ ସୌଭାଗ୍ୟର କଥା ଦିନେ ସେ ସହରର କଚେରୀକୁ ଗଲେ, ଯାହା ପାଖରେ ତାଙ୍କ ସ୍ଥଳ ସେନାର ଏକ ପ୍ଲାଟୁନ୍ ରହୁଥିଲା । ସେ କଚେରୀର କୋଠରୀରେ ବୁଲୁଥିବା ସମୟରେ ଜଣେ ପରିଚିତ ନ୍ୟାୟାଧୀଶଙ୍କ ସହ ଦେଖାହେଲା । ନ୍ୟାୟାଧୀଶ ଯେତେବେଳେ ଆସ୍କାଇନଙ୍କୁ ଦେଖିଲେ, ସେ ତାଙ୍କୁ ଡାକି ନିଜ ପାଖରେ ବସେଇଲେ । ସେହି ବନ୍ଧୁ ନ୍ୟାୟାଧୀଶଙ୍କ ପାଖରେ କୌଣସି ମକଦ୍ଦମାର ଶୁଣାଣି ଚାଲିଥିଲା ଏବଂ ଓକିଲ ପରସ୍ପର ମଧରେ ଯୁକ୍ତିତର୍କ କରୁଥିଲେ । ନ୍ୟାୟାଧୀଶ କହିଲେ ଏ ସମୟରେ ଏଠାରେ ଯେଉଁ ଓକିଲ ଅଛନ୍ତି, ସେ ବ୍ରିଟେନର ଜଣେ ଜଣାଶୁଣା ଓକିଲ । ଆସ୍କାଇନ୍ ଧ୍ୟାନର ସହ ସେହି ଓକିଲଙ୍କ ଯୁକ୍ତିତର୍କ ଶୁଣୁଥିଲେ ।

ସେମାନଙ୍କ ତର୍କରୁ ତାଙ୍କୁ ଜଣାଗଲା କି ସେମାନଙ୍କ ମଧରେ କେତେ ଯୋଗ୍ୟତା ଅଛି । ସେ ତାଙ୍କ ବନ୍ଧୁ ନ୍ୟାୟାଧୀଶଙ୍କୁ କହିଲେ ଯାଙ୍କଠାରୁ ତ ସେ ଭଲ ତର୍କ କରି ପାରିଥାନ୍ତେ । ତାଙ୍କ ମଧରେ ଯେଉଁ ଶକ୍ତି ଲୁଚି ରହିଥିଲା, ସେ ବାବଦରେ ତାଙ୍କୁ ଧାରଣା ନଥିଲା, ହେଲେ ଯେବେ ସୁଯୋଗ ଆସିଲା ତେବେ ସେ ତାକୁ ଏଭଳି ଧରିଲେ କି ସେ କିଛି ବର୍ଷ ମଧରେ ବ୍ରିଟେନର ସବୁଠାରୁ ପ୍ରସିଦ୍ଧ ଓକିଲ ହୋଇଗଲେ ।

ଆମେରିକାର ପ୍ରସିଦ୍ଧ ବୈଜ୍ଞାନିକଙ୍କ ଲମ୍ବା ଧାଡ଼ିର ମହତ୍ୱପୂର୍ଣ୍ଣ ବିଶ୍ୱବିଦ୍ୟାଳୟର ଜ୍ୟୋର୍ତିବିଜ୍ଞାନ ବିଭାଗର ସେ ଅଧକ୍ଷ ଥିଲେ । ସେହି ସୁପ୍ରସିଦ୍ଧ ବୈଜ୍ଞାନିକଙ୍କ ନାମ ପ୍ର. ବର୍ନଟ ଥିଲା । ସେ ତାରାଙ୍କ ସମ୍ବନ୍ଧରେ ଅଧୟନ ସେତେବେଳେ ଆରମ୍ଭ କଲେ, ଯେତେବେଳେ ସେ ନେଶଭ୍ଲିେ ନାମକ ସହରରେ ଜଣେ ଫଟୋଗ୍ରାଫରଙ୍କ ପାଖରେ କାମ କରୁଥିଲେ । ଫଟୋଗ୍ରାଫର୍‌ଙ୍କ ଦୋକାନକୁ ଜଣେ ଗ୍ରାହକ ଆସିଲେ । ସେ ଭୁଲ୍‌ରେ ଜ୍ୟୋତିଷ ବିଦ୍ୟା ସମ୍ବନ୍ଧୀୟ ନିଜ ପୁସ୍ତକ ସେଠାରେ ଛାଡ଼ିଗଲେ । ବର୍ନଟ୍ ସେହି ପୁସ୍ତକକୁ ଖୋଲିଲେ ଏବଂ ତାକୁ ପଢ଼ିବା ଆରମ୍ଭ କଲେ ।

ସେହି ପୁସ୍ତକ ତାଙ୍କୁ ଏତେ ଭଲ ଏବଂ ଆକର୍ଷକ ଲାଗିଲା କି ସେ ରାତିସାରା ତାକୁ ପଢ଼ିଲେ । ସେହି ରାତିରେ ସେ ଏହା ନିଶ୍ଚୟ କଲେ କି ତାରାମଣ୍ଡଳ ଏବଂ ଆକାଶ ବିଷୟରେ ଯେତେ ଅଧିକ ହେବ ସେ ଜ୍ଞାନ ଆହରଣ କରିବେ । ଏହା ତାଙ୍କ ପାଇଁ ଏକ ସୁଯୋଗ ଥିଲା । ସେ ଏକ ଛୋଟ ଦୂରବୀକ୍ଷଣ ଯନ୍ତ୍ର କିଣିଲେ ଏବଂ ତାକୁ ନେଇ ରାତିରେ ବହୁ ଘଣ୍ଟା ଧରି ନିଜ ଘର ଛାତ ଉପରେ ବସି ଆକାଶର ସୌନ୍ଦର୍ଯ୍ୟକୁ ଦେଖୁଥିଲେ ।

ସେ ଯେତେ ଅଧିକ ପରୀକ୍ଷଣ କଲେ, ସେତିକି ଅଧିକ ଆଶ୍ଚର୍ଯ୍ୟଚକିତ ହେଲେ ତଥା ତାଙ୍କୁ ଆହୁରି ଅଧିକ ଆନନ୍ଦ ଅନୁଭବ ହେଲା । ଏହିଭଳି ସେ ନିଜ ଜ୍ଞାନ ବଢ଼ାଇ ଚାଲିଲେ । ଫଟୋଗ୍ରାଫରଙ୍କ ଦୋକାନରେ କାମ କରିବା ଦ୍ୱାରା ଯେଉଁ ରୋଜଗାର ହେଉଥିଲା, ସେଥିରେ ସେ ଏକ ବଡ଼ ଦୂରବୀକ୍ଷଣ ଯନ୍ତ୍ର କିଣିଲେ ତଥା ସେଥିରେ ଆହୁରି ଅଧିକ ଶକ୍ତିଶାଳୀ ଲେନ୍ସ ଲଗାଇବା ପାଇଁ ସେ ସେହି ଦୂରବୀକ୍ଷଣ ଯନ୍ତ୍ରକୁ ଫିଲାଡେଲଫିୟା ସହରକୁ ପଠାଇଲେ । ବଡ଼ ଲେନ୍ସ ଲାଗିଯିବାରୁ ଆକାଶ ମଣ୍ଡଳ ସମ୍ବନ୍ଧରେ ସେ ଯେଉଁ ନୂଆ ତଥ୍ୟ ପାଇଲେ, ତାହା କିଛି ଦିନ ମଧ୍ୟରେ ବଡ଼-ବଡ଼ ଜ୍ୟୋତିର୍ବିତ୍‌ଙ୍କ ଚର୍ଚ୍ଚାର ବିଷୟ ହୋଇଗଲା ।

ବିଶ୍ୱ ପ୍ରସିଦ୍ଧ ବୈଜ୍ଞାନିକ ଲୁଇ ପାଷ୍ଟର୍ ନିଜ ଜୀବନର ଆରମ୍ଭ ବେଳେ ଏକ ସର୍ବସାଧାରଣ ହଲ୍‌ରେ ଦରୱାନ ଭାବେ କାମ କରୁଥିଲେ । ସେହି ହଲ୍‌ରେ ଯା-ଆସ କରୁଥିବା ଜଣେ ବିଦ୍ୟାର୍ଥୀ ସହ ତାଙ୍କର ପରିଚୟ ହେଲା । ସେହି ବିଦ୍ୟାର୍ଥୀ ବିଜ୍ଞାନର ଛାତ୍ର ଥିଲା । ଲୁଇ ପାଷ୍ଟର୍ ସେହି ବିଦ୍ୟାର୍ଥୀର ଦୂରବୀକ୍ଷଣ ଯନ୍ତ୍ରରେ କିଛି ଦେଖିବାକୁ ଅନୁମତି ମାଗିଲେ ଏବଂ ଯେତେବେଳେ ସେ ସେଥିରେ ଦେଖିଲେ, ତେବେ ତାଙ୍କ ସମ୍ମୁଖରେ ଏକ ନୂଆ ବିଶ୍ୱ ଥିବା ଭଳି ଦେଖାଗଲା । ଯାହାକୁ ଦେଖି ସେ ବହୁତ ଉତ୍ସାହିତ ହୋଇ ଉଠିଲେ । ଯେପର୍ଯ୍ୟନ୍ତ ତାଙ୍କୁ ସେହି ଯନ୍ତ୍ର ବାବଦରେ ସମ୍ପୂର୍ଣ୍ଣ ଧାରଣା ନହୋଇଛି, ସେ ବସିଲେ ନାହିଁ । ଯନ୍ତ୍ର ସହାୟତାରେ ସେ ଅନେକ ଅଶ୍ଚର୍ଯ୍ୟଜନକ କଥା ଖୋଜି ବାହାର କଲେ । ବିଶ୍ୱରେ କିଛି ବୈଜ୍ଞାନିକ ଏମିତି ଅଛନ୍ତି, ଯେଉଁମାନେ ଭିନ୍ନ-ଭିନ୍ନ କ୍ଷେତ୍ରରେ ସନ୍ଧାନ କରିଛନ୍ତି ଏବଂ ଆଶ୍ଚର୍ଯ୍ୟଜନକ ପରିଣାମ ସାମ୍ନାକୁ ଆଣିଛନ୍ତି । ଏମାନଙ୍କ ମଧ୍ୟରୁ ଜଣେ ନିଜ ସନ୍ଧାନ ବିଦ୍ୟାର୍ଥୀ ଜୀବନରୁ ଏକ ଛୋଟ ବିଦ୍ୟାଳୟରୁ ଆରମ୍ଭ କରିଥିଲେ । ସେଠାରେ ତାଙ୍କୁ ବୋକା କୁହାଯାଉଥିଲା । ତାଙ୍କୁ ଯେଉଁ ଅଧ୍ୟାପିକା ପଢ଼ାଉଥିଲେ, ସେ ତାଙ୍କୁ ସାଧାରଣ ପ୍ରାଥମିକ ଜ୍ଞାନ ଦେବାରେ ଅସମର୍ଥ ହୋଇଥିଲେ । ସେ ତାଙ୍କୁ ନେଇ ବହୁତ ଚିନ୍ତିତ ରହୁଥିଲେ ।

ଠିକ୍ ବାଛିବା:

ଦିନକର କଥା । ସେହି ଅଧ୍ୟାପିକା ଦେଖିଲେ କି ସେହି ବାଳକ ନିଜ ଡେସ୍କ ଉପରେ କୌଣସି ବସ୍ତୁକୁ ଧ୍ୟାନର ସହ ଦେଖୁଛି । ଅଧ୍ୟାପିକା ପଚାରିବାରୁ ବାଳକଟି କହିଲା ଡେସ୍କ ଉପରେ ଏକ ମାଛି ବସିଥିଲା ଏବଂ ସେ ତା'ର କାର୍ଯ୍ୟକଳାପ ଦେଖିବା

ସହ ବୁଝିବାକୁ ଚେଷ୍ଟା କରୁଥିଲା । ସମ୍ଭବତଃ ଅଧ୍ୟାପିକା ତା କଥାକୁ ହସରେ ଉଡ଼ାଇଦେଲେ, ହେଲେ ସଂଯୋଗ ବସତଃ କିଛି ଦିନ ପରେ ମାଛି ସମ୍ବନ୍ଧରେ କୌଣସି ପାଠ ପଢ଼ାଯିବାର ଥିଲା । ଅଧ୍ୟାପିକା ଛାତ୍ରଙ୍କୁ କହିଲେ- "ତୁମେ ସମସ୍ତେ ସହସ୍ର ମାଛି ଦେଖିଥିବ । ଆଜି ତୁମେମାନେ ଜଣ-ଜଣ କରି ମାଛି ବିଷୟରେ ନିଜ ଅନୁଭବ ଶୁଣାଇବ ।" ସମସ୍ତ ବିଦ୍ୟାର୍ଥୀ ଜଣକ ପରେ ଜଣେ କିଛି ଓଲଟା-ସିଧା କଥା କହିଲେ, ହେଲେ ଯେତେବେଳେ ସେହି ବୋକା କୁହାଯାଉଥିବା ବାଳକର ପାଳି ପଡ଼ିଲା, ତେବେ ସେ ମାଛିଙ୍କ ସମ୍ବନ୍ଧରେ ବହୁ ବିସ୍ତାରରେ ଅନେକ କଥା କହିଲା ।

ଯେମିତି ମାଛିଙ୍କ ଭେଦ, ସେମାନଙ୍କ ଖାଦ୍ୟ-ପାନୀୟ, ଉଡ଼ିବା, ଚାଲିବା, ଦେଖିବା-ଶୁଣିବା ଆଦି ବିଷୟରେ ତଥ୍ୟ ଦେଲା । ଯେତେବେଳେ ଏହି ବୋକା ବାଳକ ଶ୍ରେଣୀରେ ନିଜ ସିଟ୍‌ରେ ଠିଆ ହୋଇ କହୁଥିଲା, ତେବେ ଏମିତି ଲାଗୁଥିଲା ଯେମିତି ଭବିଷ୍ୟତର ବୈଜ୍ଞାନିକ ବହୁତ ବିଶ୍ୱାସର ସହ ନିଜ ବିଷୟ ସମ୍ବନ୍ଧରେ ସମସ୍ତ ରହସ୍ୟ ଖୋଲି କହୁଛି । ସେହିଦିନ ସେହି ଅଧ୍ୟାପିକା ବାଳକର ପ୍ରବୃତ୍ତି ବିଷୟରେ ଜାଣିପାରିଲେ ଏବଂ ସେ ତାକୁ ପ୍ରୋତ୍ସାହିତ କରିବା ଆରମ୍ଭ କରିଦେଲେ ।

କିଛି ଦିନ ପରେ ସେହି ବାଳକକୁ ବିଜ୍ଞାନର ଉଚ୍ଚ ଶିକ୍ଷା ହାସଲ କରିବା ପାଇଁ ଜର୍ମାନ ପଠାଗଲା । ପରେ ଏହି ଛାତ୍ର ଜର୍ମାନରେ ଲିପଜିଙ୍ଗର ରାଷ୍ଟ୍ରୀୟ ବିଜ୍ଞାନ ସଂଗ୍ରହାଳୟର ଅଧ୍ୟକ୍ଷ ନିଯୁକ୍ତ ହେଲା ଏବଂ କିଛି ଦିନ ପରେ ସେ ୱାସିଂଟନ୍‌ର ପ୍ରସିଦ୍ଧ ସ୍ମିଥ ସୋନିୟନ ସଂସ୍ଥା ସହ ମଧ୍ୟ ଆବଦ୍ଧ ହେଲା । ବାସ୍ତବରେ ଛୋଟ ସ୍କୁଲର ଅଧ୍ୟାପିକାଙ୍କ ବୁଦ୍ଧିମତାର ଯେତେ ତାରିଫ କରାଯିବ ତାହା କମ୍ ହେବ । ସେ ବାଳକକୁ ଜ୍ଞାନ ଦେଲେ କି ତାକୁ କ'ଣ କରିବା ଉଚିତ ଏବଂ କ'ଣ ହେବା ଉଚିତ୍ ।

ଏ ବିଷୟରେ ସେ କେବଳ ତା ମାର୍ଗଦର୍ଶନ କରିନଥିଲେ ଏପରିକି ତାକୁ ଆଗକୁ ଯିବାକୁ ସାହାଯ୍ୟ ମଧ୍ୟ ଦେଇଥିଲେ ଏବଂ ତାକୁ ତା'ର ଗନ୍ତବ୍ୟର ଉଚିତ୍ ଠିକଣା ମଧ୍ୟ ବତାଇଥିଲେ ।

ଫ୍ରାନ୍ସର ମହାନ ଚିତ୍ରକର ମିଲେଟଙ୍କ ପିତା ଜଣେ କୃଷକ ଥିଲେ, ହେଲେ ସେ ବହୁତ ଚାଲାକ ଏବଂ ବିବେକଶୀଳ ଥିଲେ । ମିଲେଟଙ୍କୁ ପ୍ରଥମ ଚିତ୍ର ତିଆରି କରିବା ପ୍ରେରଣା ପରିବାରରେ ଥିବା ଏକ ପୁରୁଣା ବାଇବେଲରୁ ମିଳିଲା । ତାକୁ ଦେଖି ତାଙ୍କ ପିତା ତାଙ୍କୁ କହିଲେ, "ତୁମେ ଯାହାର ମଧ୍ୟ ଚିତ୍ର ଆଙ୍କିବାକୁ ଚାହୁଁଛ ଆଙ୍କ, ତୁମର କଳ୍ପନା ଯେଉଁଭଳି ଚିତ୍ର କରିବାର ପ୍ରେରଣା ଦେଉ, ନା'କାହିଁକି ସ୍ୱଚ୍ଛନ୍ଦତାପୂର୍ବକ ସେମିତି ହିଁ ଚିତ୍ର ଆଙ୍କ ।" କଳାକାର ଭାବେ ଏହି ମହାନ ଚିତ୍ରକର ନିଜ ଜୀବନ ସାଇନ ବୋର୍ଡ ତିଆରି କରିବାରୁ ଆରମ୍ଭ କରିଥିଲେ ଏବଂ ତାଙ୍କ କଳାର ବିକାଶ ଏତେ ଅଧିକ ହେଲା କି ତାଙ୍କ ଚିତ୍ର ଏଞ୍ଜଲସରେ ଛଅ ଲକ୍ଷ ଫ୍ରାଙ୍କରୁ ଅଧିକ ଦାମ୍‌ରେ ବିକ୍ରି ହୋଇଥିଲା ।

ଜଣେ ୧୨ ବର୍ଷର ଛୋଟ ବାଳକ ବହୁତ ସୁନ୍ଦର ପିଆନୋ ବଜାଉଥିଲା । କିଛି ସମୟ ପରେ ସେ କହିଲା- "ମୁଁ କିଛି ସଂଗୀତ ରଚନା କରିବାକୁ ଚାହୁଁଛି । କେମିତି ଆରମ୍ଭ କରିବି ?" ମୋଜାର୍ଟ ଉତ୍ତର ଦେଲେ- "ତୁମକୁ ବର୍ତ୍ତମାନ ଅପେକ୍ଷା କରିବାକୁ ପଡ଼ିବ ।" ବାଳକ କହିଲା- "ହେଲେ ଆପଣ ଯେବେ ଆରମ୍ଭ କରିଥିଲେ, ଆପଣଙ୍କ ବୟସ ତ' ସେତେବେଳେ ମୋ ଠାରୁ ମଧ କମ ଥିଲା ।" ମହାନ ସଂଗୀତକାର ମୋଜାର୍ଟଙ୍କ ଉତ୍ତର ଥିଲା- "ହଁ, ତୁମ କଥା ସତ, ମୁଁ ସେହି ସମୟରେ ସଂଗୀତ ରଚନା ଆରମ୍ଭ କରିଥିଲି, ହେଲେ ମୁଁ ଏ ସମ୍ବନ୍ଧରେ କେବେ କାହାକୁ ପଚାରିନଥିଲି । ଯେତେବେଳେ କାହା ଭିତରୁ ପ୍ରେରଣା ଆସେ, ସେତେବେଳେ ସେ ରଚନା କରିପାରେ, ତା ବିନା ସେ ରହି ପାରିବ ନାହିଁ ।"

ମୋଜାର୍ଟ କେବଳ ୬ ବର୍ଷର ଥିଲେ, ଯେତେବେଳେ ସେ ସଂଗୀତକାର ବନିଯାଇଥିଲେ । ୧୩ ବର୍ଷ ବୟସରେ ସେ ବୋଲୋନା ସଂଗୀତ ଏକାଡେମୀର ସଦସ୍ୟ ହୋଇଯାଇଥିଲେ । ହେଲେ ଯେତେବେଳେ ମୋଜାର୍ଟଙ୍କ ପୁଅକୁ କୌଣସି ବ୍ୟକ୍ତି ପଚାରିଲେ- "କ'ଣ ତୁମକୁ ମଧ ସଂଗୀତ ଆନନ୍ଦ ଦିଏ ?" ତେବେ ସେ ସୁନାର କିଛି ପଇସା ଝଣଝଣ କରି ଉତ୍ତର ଦେଲା- "ମତେ ତ' ଏହି ସଂଗୀତ ଅଧିକ ପସନ୍ଦ ।" ମହାନ ସଂଗୀତକାରଙ୍କ ପୁଅ ସଂଗୀତକାର ନହୋଇ ବ୍ୟାଙ୍କର ଥିଲା । ବ୍ୟକ୍ତିକୁ ଦରକାର ସେ ତା' ନିଜ ରୁଚିର ଅନୁସରଣ କରୁ, ବାପା-ଦାଦାଙ୍କ ନୁହେଁ । ଜୀବନର ଆରମ୍ଭରେ ହିଁ ଯଦି ମଣିଷ ନିଜ ପେଶାକୁ ବୁଝିସୁଝି ବାଛିନିଏ, ତେବେ ତାକୁ ସଫଳତା ଆଡ଼କୁ ନେଇଯାଉଥିବା ବାଟ ଆପେ ତିଆରି ହୋଇଯାଏ ।

ମଣିଷକୁ ଦରକାର କି ସେ ନିଜ ଉପଯୁକ୍ତ କାର୍ଯ୍ୟ ପଥରେ ଛୋଟ ବେଳୁ ଚାଲିବା ଆରମ୍ଭ କରିଦେଉ । ଯଦି ସେ ଆରମ୍ଭରୁ ହିଁ ଏମିତି କରିଦେବ ତେବେ ଯୁବକ ବେଳେ ଉନ୍ନତି କରିବା ପାଇଁ ସହାୟକ ହେବ । ସେହି ସମୟରେ ମଣିଷକୁ ଏମିତି ଜଣାଯାଏ କି ମୋର ପ୍ରତ୍ୟେକ ପାଦ କିମ୍ବା ପ୍ରତ୍ୟେକ ଦିନର କାମ, ମୋର ପ୍ରତ୍ୟେକ ଚେଷ୍ଟା, ମୋର ଜୀବନକୁ ସଫଳତା ଏବଂ ସମୃଦ୍ଧି ଆଡ଼କୁ ନେଇଯିବାରେ ସହାୟକ ହେଉଛି । ବିଶ୍ୱରେ ଯେତେ ପ୍ରସିଦ୍ଧ ବ୍ୟବସାୟୀ ଅଛନ୍ତି, ସେ ସମସ୍ତଙ୍କ ମଧରେ ସୁଯୋଗକୁ ଚିହ୍ନି, ତାକୁ ଧରିବାର ଅପୂର୍ବ ଶକ୍ତି ବିରାଜମାନ ଥିଲା ।

ସେମାନେ ଏମିତି କୌଣସି ଉପଯୋଗୀ କାମକୁ ବାଛି ଆପଣାନ୍ତି ନାହିଁ, ଏପରିକି ସେମାନଙ୍କ ମଧରେ ଏକ ବିଶେଷ ଶକ୍ତି ଥାଏ, ଯାହା ସାହାଯ୍ୟରେ ସେମାନେ ପରିସ୍ଥିତିର ଅନୁରୂପ କାର୍ଯ୍ୟ କରିପାରନ୍ତି ତଥା ଜୀବନର ଯେକୌଣସି ଘଡ଼ିସନ୍ଧି ବେଳାରେ, କୌଣସି ନୂଆ ସୁଯୋଗକୁ ଧରିପାରନ୍ତି । ଏ ବାବଦରେ ଅନେକ ସଫଳ ବ୍ୟକ୍ତିଙ୍କ ଉଦାହରଣ ଦିଆଯାଇପାରେ । ଜର୍ଜ ପୁଲମେନ୍ ବର୍ଷକୁ ଚାଳିଶ ଡଲାର ସାଧାରଣ ଦରମାରେ କାମ

ଆରମ୍ଭ କରିଥିଲେ । ସେ ଏକ ଗୋଦାମରେ କିରାଣୀ ଥିଲେ । ହଁ, ଏହି ଦରମା ସହ ତାଙ୍କୁ ଭୋଜନ ମଧ୍ୟ ମିଳୁଥିଲା । ତିନିବର୍ଷ ପର୍ଯ୍ୟନ୍ତ ସେ ଏହି କାମ କଲେ ।

ଏହାପରେ ସେ ବଢ଼େଇ କାମ ଆରମ୍ଭ କଲେ ତଥା କିଛି ଦିନ ପରେ ସେ କୋଠାଘର ସମ୍ବନ୍ଧୀୟ କାମରେ ଲାଗିଗଲେ । ଏହିଭଳି କାମ କରି ସେ ଦିନେ ଶିକାଗୋ ପହଞ୍ଚିଲେ ଏବଂ ସେଠାରେ ମଧ୍ୟ କୋଠାଘର ସମ୍ବନ୍ଧୀୟ କାର୍ଯ୍ୟ କରିଚାଲିଲେ । ଶିକାଗୋ ସହରର ଆବର୍ଜନା ନାଳକୁ ବ୍ୟବସ୍ଥିତ କରିବା ସବୁଠୁ ବଡ଼ ସମସ୍ୟା ଥିଲା । ଶିକାଗୋ ସହରର ଭୂମି ସ୍ତରକୁ ଆଠ ଫୁଟ ଉଚ୍ଚ କରିବାର ଥିଲା ତେବେ ଯାଇ ସହରରୁ ଆବର୍ଜନା ପାଣିର ନିଷ୍କାସନ ଭଲ ଭାବରେ ହୋଇ ପାରିଥାନ୍ତା ।

ପୁଲମେନ୍ ଏଠାରେ ଛୋଟମୋଟ ଠିକା କାମ କରିବାକୁ ଲାଗିଗଲେ, ସେ ନିଜ କାମ ଏତେ ଭଲଭାବେ କରୁଥିଲେ କି ତାଙ୍କୁ ବହୁତ କାମ ମିଳିବାକୁ ଲାଗିଲା । ଯେତେବେଳେ ସେ ଶିକାଗୋରେ ଏହି କାମରେ ଲାଗିଥିଲେ, ସେତେବେଳେ ସେଠାରେ "ଶିକାଗୋ ଏଣ୍ଡ୍ ଏଲ୍ଟନ୍" ରେଲ୍‌ୱେ କମ୍ପାନୀ ଥିଲା । ଏହି କମ୍ପାନୀ ରେଳ ଡବା ତିଆରି କରୁଥିଲା । କମ୍ପାନୀ କିଛି ନୂଆ ଷ୍ଟାଇଲ୍‌ର ଡବା ତିଆରି କରିଥିଲା । ପୁଲମେନ୍ ସେହି ଡବାରେ ସୁଧାର ଆଣିବା ପାଇଁ କମ୍ପାନୀକୁ ଅନେକ ପରାମର୍ଶ ଦେଲେ । ପୁଲମେନ୍ ସେହି ଡବାଗୁଡ଼ିକୁ ଦେଖି ଏହା ଅନୁମାନ କଲେ କି ଭବିଷ୍ୟତର ରେଳ ଡବାରେ ଆରାମରେ ବସିବା ଏବଂ ଶୋଇବା ପାଇଁ ସିଟ୍ ତିଆରି କରିବା ସମ୍ଭାବନା ରହିଛି ଏବଂ ଏହି କାମର ଭବିଷ୍ୟତ ମଧ୍ୟ ଉଜ୍ଜ୍ୱଳ ଅଛି । ସେ ରେଳ ଡବା ତିଆରି କରିବା କାମ ଆରମ୍ଭ କଲେ । ସେ ଯେଉଁ ଡବା ତିଆରି କଲେ, ତାଙ୍କ ଖର୍ଚ୍ଚ ପୁରୁଣା ଡବା ଅପେକ୍ଷା ଚାରିଗୁଣା ଅଧିକ ଥିଲା, ହେଲେ ସେଥିରେ ବସିବା ଏବଂ ଶୋଇବା ଆଦିର ବ୍ୟବସ୍ଥା ଏବଂ ଅଧିକ ସୁବିଧା ମଧ୍ୟ ଥିଲା । ତାଙ୍କ ଡବା ପୁଲମେନ୍‌କାର ନାମରେ ପରିଚିତ ହେଲା । ଏହି ନାଁରେ ସେ ପ୍ରସିଦ୍ଧ ହେଲେ । ପ୍ରାୟ ସବୁ ବ୍ୟକ୍ତି ଆଜି ପୁଲମେନ୍‌ଙ୍କ ଏହି ମାର୍ଗଦର୍ଶକ କାମ ସହ ପରିଚିତ, ହେଲେ ତାଙ୍କ ଜୀବନରେ ଅନ୍ୟ କଥା ବ୍ୟତୀତ ଏକ ପ୍ରମୁଖ କଥା ଏହା ମଧ୍ୟ ଥିଲା କି ସେ ସଦା ଏକାଗ୍ର ରହୁଥିଲେ ଏବଂ ଧନ ଉପାର୍ଜନ କରିବା ପାଇଁ ଯେଉଁ ନୂଆ ସୁଯୋଗ ମିଳୁଥିଲା, ସେ ତାହାର ଅନୁରୂପ ନିଜକୁ ଢ଼ାଳିବାରେ ପ୍ରବୀଣ ଥିଲେ । ବିଭିନ୍ନ ପ୍ରକାର କାମ କରି ମଧ୍ୟ ସେ ସଦା ଗୋଟିଏ କଥାକୁ ଚେଷ୍ଟା କରୁଥିଲେ କି ତାଙ୍କ ବ୍ୟବସାୟର ଆଧାରଭୁତ ଏକତା ସମାପ୍ତ ନହେଉ । ବିଭିନ୍ନ ପରିସ୍ଥିତିରେ କାମ କରିଥିବା ଅନେକ ଆମେରିକୀୟ ବ୍ୟବସାୟୀଙ୍କ ସମ୍ବନ୍ଧରେ ଏହା କୁହାଯାଇପାରେ କି ସେମାନେ ଅନେକ କାମ କରି କେମିତି ଏତେ ଧନ ଏବଂ ଯଶ ଉପାର୍ଜନ କଲେ ।

ଏହାର ପ୍ରମୁଖ କାରଣ ହେଲା କଠିନରୁ କଠିନ ପରିସ୍ଥିତିରେ ମଧ୍ୟ ସେମାନେ ନିଜ ସାହସ ଛାଡ଼ିନାହାନ୍ତି ଏବଂ ପରିସ୍ଥିତିକୁ ନିଜର ଅନୁକୂଳ କରି ଦେଇଛନ୍ତି । ପ୍ରସିଦ୍ଧ ରେଳ କମ୍ପାନୀରେ କାମ କରୁଥିବା ମିଷ୍ଟର୍ ହେଲିଙ୍ଗଟନ୍ ଜଣେ କୃଷକଙ୍କ ପୁଅ ଥିଲେ । ଚାଷ କରିବା ଛାଡ଼ି ସେ କାଲିଫର୍ଣିଆରେ ଫେରି କରି ଘଣ୍ଟା ବିକିବାକୁ ଲାଗିଲେ । ତା'ପରେ ସେ ଲୁହା ଜିନିଷର ଏକ ଗୋଦାମ କଲେ । ଏହା ପରେ ସେ ଷ୍ଟେନ ଫୋର୍ଡ ନାମକ ସୁପ୍ରସିଦ୍ଧ ରେଳ କମ୍ପାନୀରେ କାମ କଲେ । ତାଙ୍କର ସମସ୍ତ ଜୀବନ ଏଭଳି ଥିଲା କି ତାଙ୍କର ଗୋଟିଏ ପାଦ ତାଙ୍କୁ ଅନ୍ୟ ପାଦ ଆଡ଼କୁ ନେଇ ଯାଉଥିଲା । ଏଭଳି କଥା ଆମେରିକାର ଅନ୍ୟ ବ୍ୟବସାୟୀ ଏବଂ ଧନବାନ ବ୍ୟକ୍ତିଙ୍କ ସମ୍ବନ୍ଧରେ ମଧ୍ୟ କୁହାଯାଏ ।

ଆଷ୍ଟର, ଆର୍ମର, ବେଣ୍ଡର, ବିଲ୍ଟ, ରକଫେଲର ଆଦି ଅନେକ ପ୍ରସିଦ୍ଧ ବ୍ୟକ୍ତି ଅଛନ୍ତି, ଯେଉଁମାନେ ସୁଯୋଗକୁ ଚିହ୍ନିଲେ ଏବଂ ସେଥିରୁ ସମ୍ପୂର୍ଣ୍ଣ ଲାଭ ଉଠେଇଲେ । ସେହି ବ୍ୟକ୍ତିମାନଙ୍କ ବିଶେଷତା ଥିଲା କି ସେମାନେ ଏହି କଥା ଉପରେ ଭଲ ଭାବେ ବିଚାର କରିଥିଲେ ଯେ ଜୀବନରେ ତାଙ୍କର ସ୍ଥାନ କ'ଣ ତଥା ସେମାନେ ଏହାକୁ କେମିତି ହାସଲ କରିପାରିବେ । ଏହି ପ୍ରଶ୍ନଗୁଡ଼ିକର ଉତ୍ତର ଦେବା ପାଇଁ ଆବଶ୍ୟକ ନୁହେଁ କି କୌଣସି କାମରେ ସଫଳତା ପାଇବାକୁ ହେଲେ କୌଣସି ବିଶେଷ ପ୍ରସ୍ତୁତି କରିବାକୁ ପଡ଼ିବ । ହେଲେ ଏଥିପାଇଁ ଅବଶ୍ୟକ କି ମଣିଷ ମଧ୍ୟରେ ଦେଖିବା-ବୁଝିବା ଶକ୍ତି ଥାଉ, ବିଚାରକୁ କାର୍ଯ୍ୟରୂପ ଦେବାପାଇଁ ବଳ ଥିବ ତଥା ପରିବେଶକୁ ନିଜ ଅନୁରୂପ ଢ଼ାଳିବା ଗୁଣ ଥିବା ଜରୁରୀ ଅଟେ ।

ସିଡ୍‌ନୀ ସ୍ମିଥ୍‌ଙ୍କ କଥାନୁସାରେ- ଯଦି ମୋଟା ବ୍ୟକ୍ତିକୁ ବର୍ଗାକାର ଗାତରେ, ବର୍ଗାକାର ବ୍ୟକ୍ତିକୁ ଗୋଲ ଗାତରେ, ତ୍ରୀଭୁଜାକାର ବ୍ୟକ୍ତିକୁ ଆୟତାକାର ଗାତରେ ଏବଂ ଆୟତାକାର ବ୍ୟକ୍ତିକୁ ତ୍ରୀକୋଣ ଗାତରେ କୌଣସି ପ୍ରକାରେ ବାଡ଼େଇ ଭର୍ତ୍ତି କରାଯାଏ, ତେବେ ମଧ୍ୟ ଏହି ଚେଷ୍ଟା ବ୍ୟର୍ଥ ସିଦ୍ଧ ହେବ, କାହିଁକିନା ସେମାନଙ୍କ ମଧ୍ୟରୁ କେହି ମଧ୍ୟ କୌଣସି କାମ କରିବାରେ ସମର୍ଥ ହେବେନାହିଁ । ଏହାର ଅର୍ଥ ହେଲା ଯଦି କୌଣସି ପିତା ନିଜ ପୁତ୍ରକୁ ଜବରଦସ୍ତି ନିଜ କାମରେ ଲଗାଇବାକୁ ଚାହେଁ ଏବଂ ପୁଅର ରୁଚି ସେଥିରେ ନଥାଏ, ତେବେ ସେ କାମ ତା ପାଇଁ ଉପଯୋଗୀ ହେବନାହିଁ । ଯଦି ଜନ ଜେକ୍‌ଙ୍କ ପିତା ନିଜ ପୁଅକୁ ନିଜ ଭଳି କଂସେଇ କରିବାକୁ ଚେଷ୍ଟା କରିଥାନ୍ତେ ତେବେ ଜେକ୍ କେବେ ବି ପ୍ରସିଦ୍ଧ ବ୍ୟବସାୟୀ ଏବଂ ଅନେକ କମ୍ପାନୀ ମାଲିକ ହୋଇ ନଥାନ୍ତା ।

ଏଣୁ ମାତା-ପିତାଙ୍କ ପାଇଁ ଜାଣିବା ଦରକାର କି ସେମାନେ ନିଜ ଛୁଆକୁ ସେହି କାମ ଆଡ଼କୁ ନ ଠେଲନ୍ତୁ ଯାହା ସେମାନଙ୍କ ପ୍ରବୃତ୍ତିର ବିରୁଦ୍ଧ ଅଟେ । ରେନାଲ୍ଡଙ୍କ ଛୋଟବେଳେ କରୁଥିବା କଳକାରୀକୁ ତାଙ୍କ ପିତା ବିଲ୍‌କୁଲ୍ ପସନ୍ଦ କରୁନଥିଲେ ।

ଯଦି ଟର୍ନର୍‌ଙ୍କ ପିତା ମଧ୍ୟ ନିଜ ପୁଅକୁ ନିଜ ଭଳି ବାରିକ କରିଥାନ୍ତେ ତେବେ କ' ଣ ବିଶ୍ୱବିଖ୍ୟାତ ଚିତ୍ରକର ଟର୍ନର୍‌ଙ୍କୁ ଏମିତି ଦେଖି ପାରିଥାନ୍ତେ !

ଏହିଭଳି ଗାଲିଲିଓଙ୍କ ମାତା-ପିତା ମଧ୍ୟ ଯଦି ତାଙ୍କ ଉପରେ ନିଜ ଇଚ୍ଛା ଲଦି ଦେଇଥାନ୍ତେ ତେବେ ଗାଲିଲିଓ ବିଜ୍ଞାନ ପାଇଁ ଯେଉଁ ଅଦ୍ଭୁତ କାମ କଲେ, କ'ଣ ତାକୁ ଅନ୍ୟ କିଏ କରିଥାନ୍ତା ? ଯେଉଁ ବ୍ୟକ୍ତି ଯେଉଁ କାମ ପାଇଁ ଉପଯୁକ୍ତ ନୁହେଁ, ତାକୁ ସେହି କାମରେ ଲଗାଇବା ମୂର୍ଖତା ଅଟେ । ଏଥିରୁ ବଳି ଦୁଃଖଦ କଥା ଅନ୍ୟ କିଛି ହୋଇପାରେନା । ଜଣେ ବୃଦ୍ଧ ବିଶପ୍ କୌଣସି ଯୁବକ ପାଦ୍ରିକୁ କହିଥିଲେ- "ମୁଁ ତୁମକୁ ଧର୍ମ-ପ୍ରଚାର କରିବାରେ ଅଟକାଇବାକୁ ଚାହୁଁନାହିଁ, ହେଲେ ତୁମର ପ୍ରକୃତି ଏହାର ବିରୁଦ୍ଧ ଅଟେ । ମୁଁ ଏହାକୁ କହୁନି କି ଏ ଯୁଗ ଧର୍ମ-ପ୍ରଚାରର ଶତ୍ରୁ ଅଟେ, ହେଲେ ସମ୍ଭବତଃ ସେମାନେ ତୁମ ଭଳି ବ୍ୟକ୍ତିଠାରୁ ଧର୍ମ-ପ୍ରଚାରର କଥା ଶୁଣିବା ପସନ୍ଦ କରିବେ ନାହିଁ ।" କୌଣସି କାମକୁ କରିବା ପାଇଁ ବ୍ୟକ୍ତିର ଲକ୍ଷ୍ୟ ତା' ନିଜ ଶକ୍ତିର ଅନୁରୂପ ହେବା ଦରକାର ।

ନିଜ ଶକ୍ତି ଏବଂ ସାମର୍ଥ୍ୟ:

ଯେଉଁ ବ୍ୟକ୍ତି ନିଜ ସ୍ୱଭାବ ଏବଂ ନିଜ ଶକ୍ତିଗୁଡ଼ିକ ବିରୋଧରେ କାମ କରେ, ସେ କୌଣସି କାମ ସଫଳତାର ସହ କରିପାରେ ନାହିଁ । ବସ୍ତୁତଃ ସେ ଅଧା ବ୍ୟକ୍ତି ହୋଇଥାଏ । ତା'ର ନିଜର ବ୍ୟକ୍ତିତ୍ୱ ହିଁ ବିବର୍ଣ୍ଣ ହୋଇଯାଏ । ସ୍ମିଥଙ୍କ କଥାନୁସାରେ- "ଏହି ବିଶ୍ୱରେ ପଶୁ-ପକ୍ଷୀ ମଧ୍ୟ ନିଜ ରୁଚିକୁ ଜାଣନ୍ତି । ଭାଲୁ କେବେ ମଧ୍ୟ ଉଡ଼ିବାକୁ ଚେଷ୍ଟା କରେନାହିଁ । ଅନେକ ଗେଟ୍ ଦେଖି ଦୌଡୁଥିବା ଘୋଡ଼ା ମଧ୍ୟ ଥରେ ରହିଯାଏ । ସମ୍ମୁଖରେ ଗଭୀର ଖାଲ ଥିଲେ କୁକୁରର ମଧ୍ୟ ଏତିକି ବୁଦ୍ଧି ଅଛି କି ସେ ରହିଯାଏ, କିନ୍ତୁ ମନୁଷ୍ୟ ହିଁ ଏକମାତ୍ର ଏମିତି ପ୍ରାଣୀ, ଯିଏ ପ୍ରାୟତଃ ପ୍ରକୃତି ବିରୁଦ୍ଧରେ ଚାଲିବାକୁ ଚେଷ୍ଟା କରେ । ପ୍ରକୃତି ତାକୁ ବାରମ୍ବାର ସାବଧାନ କରାଏ ଏବଂ ନିଜକୁ ଆୟତ୍ତ କରିନେବାକୁ କୁହେ, ହେଲେ ସେ ଚାଲୁଥାଏ । ଶେଷରେ ତା'ର ଫଳ ଏହା ହୁଏ କି ତା ହାତକୁ କିଛି ଆସେନାହିଁ ଏବଂ ତାକୁ ପଶ୍ଚାତାପ କରିବାକୁ ପଡ଼େ । ନିଜ ବିଚାର, ବୁଦ୍ଧି ଏବଂ ବୋଧଶକ୍ତି ଦିଗକୁ ଚାଲୁଥିବା ବ୍ୟକ୍ତି ସବୁବେଳେ କ୍ଷତିରେ ପଡ଼ନ୍ତି ।"

କୌଣସି ବ୍ୟକ୍ତି ନିଜ ବାପା-ଦାଦାଙ୍କ ପେଶାକୁ ଆପଣାଉ, ଏହା ଜରୁରୀ ନୁହେଁ ଏବଂ ନା ବୁଦ୍ଧିମତାର କାମ । ଯଦ୍ୟପି, ଆଜି ମଧ୍ୟ ଅର୍ଦ୍ଧସଭ୍ୟ ସମାଜରେ ଯୁଗ ଯୁଗରୁ ଏହି ପ୍ରଥା ଚାଲିଆସୁଛି, କିନ୍ତୁ ଏହା ଜରୁରୀ ନୁହେଁ କି ଆପଣ ନିଜ ବାପାଙ୍କ ପେଶା ହିଁ ଆପଣାନ୍ତୁ । ଯଦି ଆପଣଙ୍କର ସେଥିରେ ରୁଚି ଅଛି ଏବଂ ଆପଣ ଭାବୁଛନ୍ତି କି ଆପଣ ସେଥିରେ ସଫଳ ହେବେ ତେବେ ଆପଣ ସେହି କାମ କରିପାରନ୍ତି, କିନ୍ତୁ କେବେ ଏହା ଭାବି ଏମିତି କାମ ଅପଣାନ୍ତୁ ନାହିଁ କି ଏହି କାମରେ ଅମୁକ ବ୍ୟକ୍ତି ବହୁତ ଧନ ଉପାର୍ଜନ

କରିଛି । ଏହା ଠିକ୍ ଅଛି ଯେ ନିଜ ରୁଚି ଅନୁରୂପ କରାଯାଇଥିବା କାମ କେବେ କଠିନ ହୁଏନାହିଁ, ହେଲେ ସେଥିରେ ମଧ୍ୟ ଆପଣ ଯେଉଁ କାମ ବାଛନ୍ତୁ, ଯେଉଁଥିରେ ଆପଣଙ୍କ ଶକ୍ତିର ବିକାଶ ସମ୍ପୂର୍ଣ୍ଣ ଦେଖାଯିବ । ଏମିତି କାମ କେବେ ମଧ୍ୟ ଆରମ୍ଭ କରନ୍ତୁ ନାହିଁ ଯେଉଁଥିରେ ଆପଣଙ୍କ ଦୁର୍ବଳତା ଲୋକଙ୍କୁ ଜଣାଯିବ । ସବୁବେଳେ ନିଜ ଅନ୍ତରାତ୍ମାର ଶବ୍ଦ ଶୁଣନ୍ତୁ ସେ କ'ଣ କହୁଛି ।

ଆପଣଙ୍କ ପ୍ରତିଭା ଏବଂ ରୁଚି ଆପଣଙ୍କୁ ବାରମ୍ବାର ନିଜ ଆଡ଼କୁ ନିମନ୍ତ୍ରଣ ଦେଉଛି । ଆପଣଙ୍କ ନ୍ୟାୟସଙ୍ଗତ ଭବିଷ୍ୟତ ଆପଣଙ୍କ ଚରିତ୍ରରୁ ଦେଖାଯାଏ । ସଫଳତା ପାଇଁ ନିଶ୍ଚିତ ମୁଖ୍ୟ ସିଦ୍ଧାନ୍ତ ମଧ୍ୟରୁ ଗୋଟିଏ ହେଲା ଆପଣ ନିଜ ଜୀବନକ୍ରମକୁ ଏଭଳି ବ୍ୟବସ୍ଥିତ କରନ୍ତୁ କି ଆପଣଙ୍କ ଶରୀର ତଥା ମନର ସାଧନ ଏବଂ ଶକ୍ତିରେ ଏକରୂପତା ରହୁ । ଏମିତି ନହେଉ କି ସେଗୁଡ଼ିକ ଗୋଟିଏ ଅନ୍ୟଟିର ବିରୋଧ କରନ୍ତୁ ।

୮. ସୁଯୋଗକୁ ଚିହ୍ନନ୍ତୁ

ଯେଉଁ ବ୍ୟକ୍ତି ସୁଯୋଗ ହାସଲ ହେବା କ୍ଷଣି ଶୀଘ୍ର ସେଥିରେ କାର୍ଯ୍ୟ ଆରମ୍ଭ କରିଦିଏ, ସେ ନିଜ କାର୍ଯ୍ୟରେ ଅବଶ୍ୟ ସଫଳ ହୁଏ ।

ମୁଁ ଏଠାରେ ଏକ ଘଟଣା ବିଷୟରେ କହୁଛି, ଯେଉଁଥିରୁ ଏହା ସ୍ପଷ୍ଟ ହୋଇଯିବ । ଏକ ସମୟରେ ଚାର୍ଲସ୍ ଟି. ମକର୍ସ ଫିଲାଡେଲଫିଆରେ ଜଣେ ଦଲାଲ ଭାବେ କାମ କରୁଥିଲେ ଏବଂ ଆଜି ସେ କୋଟିପତି । ସେ ତାଙ୍କ ଜୀବନର ଆରମ୍ଭ ଏକ ସୁଯୋଗରୁ କରିଥିଲେ । ଏହି ସୁଯୋଗ ତାଙ୍କୁ ସେତେବେଳେ ମିଳିଲା ଯେବେ ସେ ବଜାରରେ ବୁଲୁ-ବୁଲୁ ନିଲାମ ଡକାଯାଉଥିବା ଦୋକାନରେ ପହଞ୍ଚିଲେ । ସେଠାରେ ଭିଡ଼ ଲାଗି ରହିଥିଲା । ସେ ସେହି ଦୋକାନରେ ସାବୁନଭରା ଅନେକ ବଡ଼ ବଡ଼ ବସ୍ତା ଦେଖିଲେ । ତାଙ୍କୁ ପ୍ରଥମେ ଆଶ୍ଚର୍ଯ୍ୟ ଲାଗିଲା, କିନ୍ତୁ ଯେବେ ସେ ଭଲ ଭାବେ ଦେଖିଲେ ତେବେ

ତାଙ୍କୁ ଜଣାଗଲା କି ଏହି ସାବୁନ ତ ବିଲ୍‌କୁଲ୍ ସେମିତି, ଯେମିତି ତାଙ୍କ ମାଁ ରାସନ ଦୋକାନରୁ କିଣି ଲଗାନ୍ତି । ସେ ସେଠାରୁ ଦୌଡ଼ିଆସି ରାସନ ଦୋକାନରେ ପହଞ୍ଚିଲେ ଏବଂ ସାବୁନର ଦାମ୍ ପଚାରିଲେ । ଦୋକାନୀ କହିଲା ଏକ ପାଉଣ୍ଡ୍ ସାବୁନର ମୂଲ୍ୟ ୧୨ ସେଣ୍ଟ । ମର୍କ୍‌ସ ଅଧିକ ମୂଲଚାଲ କରିବାରୁ ଦୋକାନୀ ଧୀମା ସ୍ୱରରେ ତାଙ୍କୁ କହିଲା- "ତୁମେ ଯେତେ ସାବୁନ ଆଣିବ, ମୁଁ ୯ ସେଣ୍ଟ ପ୍ରତି ପାଉଣ୍ଡ୍ ହିସାବରେ କିଣିନେବି ।"

ମର୍କ୍‌ସ ପୁଣି ଦୌଡ଼ିଯାଇ ନିଲାମ ଡକାଯାଉଥିବା ଦୋକାନରେ ପହଞ୍ଚିଲେ ଏବଂ ୬ ସେଣ୍ଟ୍ ପ୍ରତି ପାଉଣ୍ଡ୍ ଦରରେ ସମସ୍ତ ସାବୁନର ନିଲାମ ଧରିଲେ । ଏହା ତାଙ୍କ ଜୀବନର ପ୍ରଥମ ସୁଯୋଗ ଥିଲା, ଯେତେବେଳେ ସେ ପ୍ରତି ପାଉଣ୍ଡରେ ତିନି ସେଣ୍ଟ ରୋଜଗାର କରିଦେଲେ । ଏମିତି ଆଉ ଏକ କାହାଣୀ ଜଣେ ବିଦ୍ୟାର୍ଥୀଙ୍କର ମଧ୍ୟ ଅଛି, ଯିଏ ନିଜ ବିଛଣାରେ ମନ ଦୁଃଖରେ ଶୋଇଥିଲା । ତାକୁ ନିଦ ଆସୁନଥିଲା, କାହିଁକିନା ତା ପାଖରେ ପଇସା ସରିଯାଇଥିଲା ।

ଏଥିପାଇଁ ତା'ର ଚିନ୍ତା ଥିଲା କି କାଲେ ପାଠପଢ଼ା ଛାଡ଼ିବାକୁ ପଡ଼ିବ । ସେତେବେଳେ ସେ ଅଚାନକ ଏକ ଶବ୍ଦ ଶୁଣିଲା ଏବଂ ଚମକି ଉଠିଲା । "ନିଆଁ ଲାଗିଗଲା"-"ନିଆଁ ଲାଗିଗଲା" ବୋଲି ସମସ୍ତେ ପାଟି କରୁଥିଲେ । ବନ୍ଦରରେ ଠିଆ ହୋଇଥିବା ଏକ ମାଲବାହୀ ଜାହାଜରେ ନିଆଁ ଲାଗିଯାଇଥିଲା, କିନ୍ତୁ ଜାହାଜ ଉପରେ ଠିଆ ହୋଇଥିବା ଲୋକେ ନିସହାୟ ଭାବେ ପାଟି କରିବା ଛଡ଼ା ଆଉ କିଛି କରି ପାରୁନଥିଲେ । ବିଦ୍ୟାର୍ଥୀ ଜଣକ ନିଜ ବିଛଣାରୁ ଉଠି ବାହାରକୁ ଆସିଲା । ସେ ଦେଖିଲା ଜାହାଜ ଜଳୁଛି । ସେ ଦୌଡ଼ିଯାଇ ଜାହାଜର ମାଲିକଙ୍କ ପାଖରେ ପହଞ୍ଚିଲା ଏବଂ କହିଲା- "କ'ଣ ଆପଣ ଏହି ଜାହାଜକୁ ଉଦ୍ଧାର କରିବାକୁ ଚାହୁଁଛନ୍ତି ?"

- "ନିଆଁ ବହୁତ ଭୟଙ୍କର । ଯଦି କାଲି ସକାଳ ପର୍ଯ୍ୟନ୍ତ କିଛି ରହିଗଲା, ତେବେ ଉଦ୍ଧାର କରିବାକୁ ନିଶ୍ଚୟ ଚେଷ୍ଟା କରିବି । କିନ୍ତୁ କୌଣସି ଆଶା ନାହିଁ କି କିଛି ବି ଉଦ୍ଧାର କରିହେବ ।"

- "ଜାହାଜକୁ ଆପଣ ଏଭଳି ଜଳୁଥିବା ଅବସ୍ଥାରେ ବିକିବାକୁ ତୟାର ଅଛନ୍ତି କି ?"

- "କିଏ କିଣିବ ଏବଂ କେତେ ପଇସା ଦେବ ?" ମାଲିକଙ୍କ ପ୍ରଶ୍ନ ଥିଲା ।

- "ମୁଁ କିଣିବି ଏବଂ ମୁଁ ଆପଣଙ୍କୁ ଏ ବାବଦରେ ୪୦ ପାଉଣ୍ଡ ଦେଇ ପାରିବି ।" ବିଦ୍ୟାର୍ଥୀ କହିଲା ।

ଜାହାଜ ଜଳୁଥିଲା । ଏହାକୁ ଉଦ୍ଧାର କରିବାର କୌଣସି ଆଶା ଦିଶୁନାହିଁ । ଏଭଳି ସ୍ଥିତିରେ ମୁଁ ୪୦ ପାଉଣ୍ଡ୍ ହେଉ ନା କାହିଁକି, ମାଲିକ ଭାବିଲା । ମାଲିକଠୁ "ହଁ" ଶୁଣିବା ମାତ୍ରେ ବିଦ୍ୟାର୍ଥୀ ତା'ର ଏକ ସାଥୀକୁ ଠାରିଲା ଏବଂ ମାଲିକକୁ କହିଲା ଆପଣ

ଆପଣଙ୍କ କୌଣସି ଲୋକକୁ ଯା ସାଙ୍ଗରେ ପଠାଇ ଦିଅନ୍ତୁ, ସେ ଆପଣଙ୍କୁ ୪୦ ପାଉଣ୍ଡ୍ ଦେଇଦେବ । ମୋ ପାଖରେ ଆପଣଙ୍କ ସହ ଯିବାକୁ ସମୟ ନାହିଁ, କାହିଁକିନା ମତେ ବର୍ତ୍ତମାନ ଜାହାଜର ଉଦ୍ଧାର କାର୍ଯ୍ୟ ଆରମ୍ଭ କରିବାକୁ ପଡ଼ିବ । ସେହି ବିଦ୍ୟାର୍ଥୀ ନିଜର କିଛି ସାଥୀ, ସହପାଠୀ ତଥା ଅନ୍ୟ ବ୍ୟକ୍ତିଙ୍କୁ ଡାକି କାମରେ ଲଗାଇଲା ଏବଂ ନିଆଁ ଲିଭାଇବାକୁ ଚେଷ୍ଟା ଆରମ୍ଭ କରିଦେଲା ।

ସେ କାମରେ କିଛି ସଫଳ ହେଲା ଏବଂ ସେମାନେ ବହୁତ ଦରଜଳା ଜିନିଷ ବାହାରକୁ କାଢ଼ିଲେ ତଥା ସେହି ଅବସ୍ଥାରେ ସେହି ଜିନିଷକୁ ନକଡ଼ା-ଛକଡ଼ା କରି ବିକିବାରେ ମଧ୍ୟ ତାଙ୍କୁ ପାଞ୍ଚଶହ ପାଉଣ୍ଡ ମିଳିଲା । ଏହା ଏକ ସୁଯୋଗ ଥିଲା, ଯାହାକୁ ସେହି ବିଦ୍ୟାର୍ଥୀ ଗୋଟିଏ ନଜରରେ ଚିହ୍ନି ସାରିଥିଲା ଏବଂ ସେଥିରୁ ଉତ୍ପନ୍ନ ସମ୍ଭାବନାକୁ ଜାଣି ନେଇଥିଲା । ଜାହାଜର କ୍ୟାପଟେନ ଏବଂ ସେଥିରେ ଲଦାଯାଇଥିବା ମାଲର ମାଲିକ ଏହି କଥା ବୁଝିପାରିନଥିଲେ କି କୌଣସି ଜିନିଷକୁ କେମିତି ଉଦ୍ଧାର କରାଯାଇପାରେ । ସମ୍ଭବ ଅଟେ ଆପଣଙ୍କ ଦୁଆରେ ମଧ୍ୟ କୌଣସି ସୁଯୋଗ ଏହିଭଳି ଠିଆହୋଇ ଆପଣଙ୍କ ଅପେକ୍ଷା କରିଥାଇପାରେ ।

ଜଣେ ଲୋକ ନ୍ୟୁ ହେମ୍ପଶାୟରରେ ରହୁଥିଲା, ସେ ଜାଣିବାକୁ ପାଇଲା କି ଗରମ ଦିନରେ ସେଠାରେ ଚାଲୁଥିବା ହୋଟେଲଗୁଡ଼ିକରେ ଟ୍ରାଉଟ୍ ନାମକ ଏକ ମାଛ ଏକ ଡଲାରରେ ବିକ୍ରି ହୁଏ । ସେ ସେହି ହୋଟେଲଗୁଡ଼ିକ ପାଖରେ ହିଁ ରହୁଥିଲା । ସେ ମାଛ ମିଳିବା ସମ୍ବନ୍ଧରେ କିଛି ପୁସ୍ତକ କିଣିଲା ଏବଂ ସେଗୁଡ଼ିକୁ ପଢ଼ି ଏ ବାବଦରେ ଜ୍ଞାନ ଆହରଣ କଲା । ସେହି ପାଖରେ ଥିବା ପାହାଡ଼ିଆ ଜାଗାରେ ବହୁ ଲମ୍ବା-ଚଉଡ଼ା କ୍ଷେତ ଥିଲା । ସେଠାରୁ ଏକ ଝରଣା ମଧ୍ୟ ବହୁଥିଲା । ସେ ନିଜ କ୍ଷେତ ସୀମାରେ ବନ୍ଧ ବାନ୍ଧି ଝରଣା ପାଣିକୁ ଆବଦ୍ଧ କଲା ଏବଂ କିଛି ବର୍ଷ ମଧ୍ୟରେ ମାଛଚାଷ କରି ସେ ଲକ୍ଷପତି ହୋଇଗଲା ।

ଆମେରିକାର ଜଣେ ବୃଦ୍ଧାଙ୍କର ଗୋଟିଏ କ୍ଷେତ ଥିଲା । କିନ୍ତୁ ସେଥିରେ ପଙ୍କ ଭରି ରହିଥିଲା । ସେଠାକୁ ଜଣେ ଲୋକ ଆସିଲା ଏବଂ ତାକୁ କହିଲା- "ତୁମେ ଏହି କ୍ଷେତକୁ କ'ଣ କରିବ, ଏଥିରେ ତ କେବଳ ବେଙ୍ଗ ହିଁ ରହିପାରିବେ । ଏହା ବେଙ୍ଗଙ୍କ ଦୁନିଆ ହୋଇଯାଇଛି ।" ବୃଦ୍ଧା କହିଲେ- "ଏହା ତ' ଭଲ କଥା । ଏଥିରେ ବେଙ୍ଗ ହିଁ ରହିବେ । ମୁଁ ଆଜିଠୁ ବେଙ୍ଗ ପାଳିବା ଆରମ୍ଭ କରିବି ଏବଂ ବଜାରରେ ବିକିବି ।" ବୃଦ୍ଧା ବେଙ୍ଗ ପାଳିବା ଆରମ୍ଭ କରିଦେଲେ । ସେ ବେଙ୍ଗ ପାଳିବାର ସମସ୍ତ ତଥ୍ୟ ହାସଲ କଲେ । ଧୀରେ-ଧୀରେ ତାଙ୍କ କାମ ଏତେ ବଢ଼ିଗଲା ଯେ ସେ ନିଜ ଆଖପାଖରେ ଥିବା ବହୁତ ପଙ୍କୁଆ ଜମି କିଣିନେଲେ ଏବଂ ବେଙ୍ଗଙ୍କ ଏକ ବଡ଼ ଫାର୍ମ କରିଦେଲେ । ଦୂର ଦୂରାନ୍ତରୁ ତାଙ୍କ ବେଙ୍ଗର ଚାହିଦା ବଢ଼ିବାକୁ ଲାଗିଲା । ଯଦ୍ଵାରା ତାଙ୍କୁ ଏହି ଚାହିଦା ପୂରଣ କରିବା କଠିନ ହୋଇଗଲା । ଦେଖୁ ଦେଖୁ ସେହି ବୃଦ୍ଧା କିଛି ଦିନ ମଧ୍ୟରେ କୋଟି-କୋଟି ଟଙ୍କାର କାରବାର କଲେ । ସେହି ବୃଦ୍ଧା ମହିଳା ସେ ଲୋକର

କଥା ଧରି ସୁଯୋଗକୁ ଚିହ୍ନିପାରିଲେ ଏବଂ ଶୀଘ୍ର ତା' ଉପରେ କାମ କରିବା ଆରମ୍ଭ କରିଦେଲେ ଏବଂ ସେ ଏଥିରେ ସଫଳତା ହାସଲ କଲେ ।

ଜଣେ ଯୁବକ ବହୁ ଦିନ ପର୍ଯ୍ୟନ୍ତ ରୋଗରେ ପଡ଼ିରହିଲା । ଚିକିତ୍ସା ପରେ ଯେତେବେଳେ ସେ ଭଲ ହେବାକୁ ଲାଗିଲା ତେବେ ତା ପାଇଁ ସାରା ଦିନ ବିଛଣାରେ ପଡ଼ିରହିବା କଷ୍ଟକର ହେଲା । ଦିନେ ସେ ନିଜ ମନୋରଞ୍ଜନ ପାଇଁ ଏକ ନରମ କାଠ ଖଣ୍ଡ ନେଲା ଏବଂ ଛୁରିରେ ତାକୁ ଧୀରେ-ଧୀରେ ଚିକ୍କଣ କରିବାକୁ ଲାଗିଲା । ଏମିତି କରୁ କରୁ ଘଣ୍ଟେ ଦୁଇଘଣ୍ଟାରେ ସେହି କାଠଖଣ୍ଡ ଏକ ଖେଳନାର ରୂପ ନେଲା । ତା' ଘର ଆଖପାଖରେ ଛୋଟ-ଛୋଟ ଛୁଆ ଖେଳୁଥିଲେ । ଛୁଆମାନେ ଯେତେବେଳେ ସେହି ଖେଳନାକୁ ଦେଖିଲେ, ତେବେ ସେମାନେ ସମସ୍ତେ ସେହିଭଳି ଖେଳନା ମାଗିଲେ । ଯୁବକଜଣକ ଯେବେ ସମ୍ପୂର୍ଣ୍ଣ ସୁସ୍ଥ ହୋଇଗଲା ତେବେ ସେ ଖେଳନା ତିଆରି କରିବା ବ୍ୟବସାୟ ଆରମ୍ଭ କରିଦେଲା । ଧୀରେ-ଧୀରେ ତା'ର ବ୍ୟବସାୟ ବଢ଼ିବାକୁ ଲାଗିଲା ଏବଂ ତା' ଖେଳନା ବହୁ ଦୂର ସ୍ଥାନକୁ ବିକ୍ରି ହେବାକୁ ଗଲା ।

ଆମେରିକାର କେନ୍ସାସ୍ ସହରରେ ମାକ୍ସୱେଲ୍ ନାମକ ଜଣେ ବାଳିକା ରହୁଥିଲା । ସେ ବହୁତ ଗରିବ ଥିଲା । ଯେତେବେଳେ ପେଟ ଚାଖଣ୍ଡକ ପାଇଁ ତାକୁ କୌଣସି ସାଧନ ମିଳିଲା ନାହିଁ, ତେବେ ସେ ଲୋକଙ୍କ ଜୋତା ପଲିସ କରିବା ଆରମ୍ଭ କରିଦେଲା । ଧୀରେ-ଧୀରେ ତା'ର ଲୋକପ୍ରିୟତା ବଢ଼ିବାକୁ ଲାଗିଲା । ତା' ପାଖକୁ ଏତେ କାମ ଆସିଲା ଯେ ସେ କିଛି ପିଲାଙ୍କୁ ଜୋତା ପଲିସ ପାଇଁ ବସାଇଲା । କିଛି ଦିନ ପରେ, ସେ ହିସାବ କରିବାରୁ ଜାଣିଲା ସେ ଏହିଭଳି ବହୁତ ଧନ ଉପାର୍ଜନ କରୁଛି । ସେ ସେହି ଟଙ୍କାରେ ଜୋତା ପଲିସ କରୁଥିବା ପିଲାଙ୍କ ପାଇଁ ଖାଇବା, ରହିବା ଏବଂ ପଢ଼ିବାର ସୁବିଧା କଲା ।

ସେ ଏହି ଟଙ୍କାରେ ଗଳି-ଗଳି ବୁଲି ଜୋତା ପଲିସ୍ କରୁଥିବା ଗରିବ ଛୁଆଙ୍କୁ ବ୍ୟବସ୍ଥିତ ଢ଼ଙ୍ଗରେ ରହିବାରେ ସହାୟତା କଲା । ଏହାର ପରିଣାମ ସେହି ଗରିବ ଏବଂ ଅସହାୟ ପିଲାଙ୍କ ମଧ୍ୟରେ ସେ ଲୋକପ୍ରିୟ ହୋଇଗଲା । ଏହାପରେ ସହରର କିଛି ବ୍ୟକ୍ତି ଯେତେବେଳେ ତା ସମ୍ବନ୍ଧରେ ଜାଣିଲେ, ତେବେ ସେମାନଙ୍କୁ ତା କାମ ପସନ୍ଦ ହେଲା ଏବଂ ଅଧିକାଂଶ ଧନୀ ଲୋକ ତାକୁ ସହାୟତା କରିବାରେ ଲାଗିଲେ । ସେ ନିଜର ସେବାପୂର୍ଣ୍ଣ କାର୍ଯ୍ୟରେ ଲୋକଙ୍କ ମନକୁ ଜିତିବା ସହ ଧନ ମଧ୍ୟ ଉପାର୍ଜନ କଲା । ଗରିବ ଲୋକଙ୍କ ସେବା ବ୍ୟତୀତ ତାକୁ ଅନେକ ସମୟ ସେହି କାମର ଦେଖାଶୁଣା ଏବଂ ହିସାବ-କିତାବ କରିବାରେ ବିତାଇବାକୁ ପଡୁଥିଲା ।

ବୋଧହୁଏ ଏବେକାର ବାଳକ-ବାଳିକା ଜୋତା ପଲିସ୍ କରିବାରେ କୌଣସି ସୁଯୋଗ ଦେଖି ନ ପାରନ୍ତି, ହେଲେ ଏହି ଗରିବ ବାଳିକା ସୁଯୋଗକୁ ଚିହ୍ନିପାରିଲା

ଏବଂ ତାକୁ ନିଜ ଅନୁକୂଳ କଲା ଏବଂ ସେଥିରୁ ସମ୍ପୂର୍ଣ୍ଣ ଲାଭ ଉଠାଇଲା । କ'ଣ ସୁଯୋଗ ଆପଣଙ୍କ ଦାଣ୍ଡ ଦୁଆରେ ଠିଆ ହୋଇନାହିଁ ?

ମେନ୍ ନାମକ ସହରରେ ଜଣେ କୃଷକ ରହୁଥିଲେ । ତାଙ୍କ ପତ୍ନୀ ସଦା ଅସୁସ୍ଥ ରହୁଥିଲେ । କୃଷକକୁ କ୍ଷେତରେ କାମ କରିବା ସହ ଘରର କାମ ମଧ୍ୟ କରିବାକୁ ପଡୁଥିଲା, ତାକୁ ତା' ପତ୍ନୀର ଲୁଗାପଟା ମଧ୍ୟ ସଫା କରିବାକୁ ପଡୁଥିଲା । ପତ୍ନୀ ଅସୁସ୍ଥ ହେବା ପୂର୍ବରୁ ସେ ଲୁଗାପଟା ସଫା କରିବା ବାବଦରେ କିଛି ଜାଣିନଥିଲା । ହେଲେ ଯେତେବେଳେ ତାକୁ ଲୁଗାପଟା ଧୋଇବାକୁ ପଡ଼ିଲା, ତେବେ ସେ ଦେଖିଲା କି ଏହି ଶୈଳୀ ବହୁତ ଢ଼ିଲା ଏବଂ ଧିମା ଏବଂ ଏଥିରେ ପରିଶ୍ରମ ମଧ୍ୟ ଅଧିକ କରିବାକୁ ପଡୁଛି ।

ଭାବି-ଭାବି ସେ ଏକ ମେସିନ୍ ତିଆରି କଲା । ସେହି ମେସିନ୍‌ରେ କପଡ଼ା ଶୀଘ୍ର ସଫା ହେଉଥିଲା ଏବଂ ପରିଶ୍ରମ ମଧ୍ୟ କମ୍ କରିବାକୁ ପଡୁଥିଲା । ମେସିନର ଆବିଷ୍କାର ଫଳରେ ସେ ଅଳ୍ପ ଦିନରେ ଅପାର ଧନ-ସମ୍ପତ୍ତିର ସ୍ୱାମୀ ହୋଇଗଲା । ନ୍ୟୁଜର୍ସିରେ ଏକ ବାରିକ ରହୁଥିଲା । ସେ ପ୍ରତ୍ୟେକ କଥାକୁ ଧ୍ୟାନର ସହ ଦେଖି ତାକୁ ବୁଝିବାକୁ ଚେଷ୍ଟା କରିବା ତା'ର ସ୍ୱଭାବ ଥିଲା । ସେ ଚୁଟି କାଟୁଥିବା କଇଁଚି ସମ୍ବନ୍ଧରେ ବହୁ ଭାବିଚିନ୍ତି ନିଜ ଅନୁଭବ ଏବଂ ବିଚାର ବଳରେ କିଛି ଦିନରେ ହିଁ ଏକ ଏମିତି କଇଁଚି ଆବିଷ୍କାର କଲା, ଯେଉଁଥିରେ ଚୁଟି କାଟିବା କାମ ବହୁତ ସରଳ ହୋଇଗଲା । ଯଦି ଦେଖାଯାଏ ତେବେ ଏହା କୌଣସି ଲମ୍ବା-ଚଉଡ଼ା ଆବିଷ୍କାର ନଥିଲା । ଗୋଟିଏ ଶସ୍ତା ଏବଂ ସିଧାସାଧା ଆବିଷ୍କାର ଥିଲା, ହେଲେ ସେହି ବାରିକ ଏକ ସାମାନ୍ୟ କଇଁଚିରେ ସୁଧାର ଆଣି ତାକୁ ନିଜ ପାଇଁ ଲାଭପ୍ରଦ କରିବା ସହ ଅନ୍ୟ ବାରିକଙ୍କ ପାଇଁ ମଧ୍ୟ ସୁବିଧା ଉତ୍ପନ୍ନ କଲା ।

ପ୍ରାୟ ଅଧିକ ଥଣ୍ଡା ଦେଶରେ ଦସ୍ତାନା ପିନ୍ଧିବା ସାଧାରଣ ପରମ୍ପରା । ଦସ୍ତାନା ତିଆରି କରୁଥିବା ବହୁତ କମ୍ପାନୀ ବିଭିନ୍ନ ପ୍ରକାରର ଦସ୍ତାନା ତିଆରି କରନ୍ତି, ହେଲେ ଦସ୍ତାନା ବାନ୍ଧିବା ବିଷୟରେ କେହି ବିଶେଷ ଧ୍ୟାନ ଦେଇନଥିଲେ । ଜଣେ ବ୍ୟକ୍ତି ଦସ୍ତାନ ବାନ୍ଧିବାର ଆବିଷ୍କାରକୁ ପେଟେଣ୍ଟ୍ କରିଦେଲା ଏବଂ ତଦ୍ୱାରା ହଜାର ହଜାର ପାଉଣ୍ଡ ରୋଜଗାର କଲା । ଶୀତ ପ୍ରଧାନ ଦେଶରେ ଥଣ୍ଡାରୁ ରକ୍ଷା ପାଇବା ପାଇଁ ଲୋକେ ପ୍ରାୟ ନିଜ ସାର୍ଟର କଲର ବନ୍ଦ ରଖନ୍ତି ଏବଂ ପାଶ୍ଚାତ୍ୟ ଦେଶରେ ଟାଇ ଲଗାଇବା ଏକ ସାଧାରଣ ପ୍ରଥା ।

ଜଣେ ବ୍ୟକ୍ତି କଲର୍‌ରେ ଲଗାଯାଉଥିବା ଜିନିଷ ଆବିଷ୍କାର କଲେ ଏବଂ ଏହାର ରୟାଲ୍ଟି ଭାବେ ପ୍ରତିବର୍ଷ କୋଡ଼ିଏ ହଜାର ଡଲାର୍‌ରୁ ଅଧିକ ଅର୍ଥ ରୋଜଗାର କଲେ । ମହିଳାମାନେ ପ୍ରାୟ ନିଜ କେଶରେ ପିନ୍ ଲଗାନ୍ତି । କେବେଠାରୁ କେଶରେ ପିନ୍ ଲଗାଇବା ପ୍ରଥା ଚାଲିଆସୁଛି କେହି ଜାଣିନାହାନ୍ତି । ଜଣେ ମହିଳା କେଶରେ

ଲଗାଯାଉଥିବା ପିନ୍‌କୁ ମୁଣ୍ଡରେ ଠାକି ରହିବା ପାଇଁ ତାକୁ ମୋଡ଼ି ଲଗାଇଲେ । ତାଙ୍କ ପତି ଏହାକୁ ଧ୍ୟାନର ସହ ଦେଖିଲେ ଏବଂ ଏହା ଅନୁଭବ କଲେ କି ମୋଡ଼ା ପିନ୍ ମୁଣ୍ଡରେ ଅଧିକ ସମୟ ଯାଏଁ ଠାକି ରହିପାରିବ । ବାସ୍, ସେ ସେହି ପ୍ରକାର ମୋଡ଼ା ପିନ୍ ତିଆରି ଆରମ୍ଭ କରିଦେଲେ ଏବଂ କିଛି ବର୍ଷ ମଧ୍ୟରେ ବହୁତ ଧନ ଉପାର୍ଜନ କଲେ । ପ୍ରାୟ ଅଧିକ ଯୁବକ ଏହା କହୁଥିବାର ଦେଖାଯାଏ - "ମୁଁ ଏହା କରି ପାରିବି ନାହିଁ"- ସେମାନେ ଏମିତି କହିବା, ସେମାନଙ୍କ ହାରିଯାଇଥିବା ମାନସିକତାର ପରିଚୟ ।

ଆଖି ଖୋଲା ରଖନ୍ତୁ:

ମାନି ନିଆଯାଉ କି ସେମାନେ କିଛି କରିପାରିବେ ନାହିଁ, କିନ୍ତୁ ଅତି କମ୍‌ରେ ଜିନିଷଗୁଡ଼ିକୁ ଧ୍ୟାନର ସହ ଦେଖିବା ଏବଂ ସେଗୁଡ଼ିକୁ ବୁଝିବା ପାଇଁ ଆଖି ତ ଖୋଲା ରଖିପାରିବେ । ଏହା କୌଣସି କଠିନ କାମ ନୁହେଁ । ଯଦି ସେମାନେ କେବଳ ଏହି କାମରେ ସଫଳ ହୋଇଯିବେ, ତେବେ ସେମାନଙ୍କୁ ଆପେ ଜଣା ପଡ଼ିଯିବ କି ସେମାନେ କ'ଣ କରିପାରିବେ, କାହିଁକିନା ଦୁନିଆରେ ଏମିତି କୌଣସି କାମ ନାହିଁ, ଯାହାକୁ ଆପଣ କରିପାରିବେ ନାହିଁ । ଜଣେ ପ୍ରସିଦ୍ଧ କବିଙ୍କ କଥାନୁସାରେ- ପ୍ରତ୍ୟେକ ବ୍ୟକ୍ତି ଜୀବନରେ ଏମିତି ସମୟ ଆସେ, ଯେବେ ତାକୁ ନିଜ ସ୍ୱପ୍ନ ସାକାର ହେଉଥିବା ଦେଖାଯାଏ । ଏମିତି ସମୟ ସକାଳ, ଦ୍ୱିପ୍ରହର, ସନ୍ଧ୍ୟା କିମ୍ବା ରାତି ମଧ୍ୟ ହୋଇପାରେ । ସଫଳତା ଯେଉଁ କ୍ଷଣ ମଧ୍ୟ ହସି ହସି ଆସୁ, ତା'ର ସ୍ୱାଗତ କରିବା ପାଇଁ ପ୍ରସ୍ତୁତ ରୁହନ୍ତୁ । ସେହି ସମୟ ଅତ୍ୟନ୍ତ ମହତ୍ୱପୂର୍ଣ୍ଣ ହୋଇଥାଏ । ହେଲେ ଯଦି ବ୍ୟକ୍ତି ସେହି କ୍ଷଣକୁ ସ୍ୱାଗତ କରିବା ପାଇଁ ଅର୍ଥାତ ସେହି ସୁଯୋଗକୁ ଗ୍ରହଣ କରିବା ପାଇଁ ପ୍ରସ୍ତୁତ ନଥାଏ, ତେବେ ସେ ସେହି ସୁଯୋଗରୁ ବଞ୍ଚିତ ରହିଯାଏ ।

ଯେବେ ମନୁଷ୍ୟ ଅନିଶ୍ଚୟକୁ ଛାଡ଼ି ନିଶ୍ଚିତ ହୋଇ ନିଜ କାମ କରନ୍ତି ଏବଂ ଭାଗ୍ୟର ଅପେକ୍ଷା କରନ୍ତି ନାହିଁ, ସବୁବେଳେ ସତର୍କ ରହି ନିଜ ଜୀବନ-ନୌକାକୁ ଗୀତଗାଇ ଚଳାନ୍ତି ଏବଂ ଜୀବନର ପ୍ରତ୍ୟେକ କ୍ଷଣ ତଥା ପ୍ରତ୍ୟେକ ସୁଯୋଗକୁ ଜାବୁଡ଼ି ଧରିବା ପାଇଁ ସବୁବେଳେ ପ୍ରସ୍ତୁତ ରହନ୍ତି ସେମାନଙ୍କ ଭାଗ୍ୟ ନିଜେ ସେମାନଙ୍କ ପାଖକୁ ଚାଲିଚାଲି ଆସେ । ଅଷ୍ଟିନ୍ ଫିଲିପସ୍‌ଙ୍କ କଥାନୁସାରେ- ସୁଯୋଗକୁ ଚିହ୍ନିବା ପାଇଁ ସଜାଗ, ତାକୁ ଧରିବା ପାଇଁ ବ୍ୟବହାର-କୁଶଳତା ତଥା ସାହସ ଏବଂ ମିଳିଥିବା ସୁଯୋଗ ଦ୍ୱାରା ପୂର୍ଣ୍ଣ ସଫଳତା ହାସଲ କରିବା ପାଇଁ ବିଶେଷ ଶକ୍ତି ଏବଂ କାମକୁ ସମ୍ପୂର୍ଣ୍ଣ କରିବା ପାଇଁ ଧୈର୍ଯ୍ୟ ହିଁ ସଫଳତା ପ୍ରାପ୍ତିର ଏକମାତ୍ର ଗୁଣ । ପ୍ରତ୍ୟେକ ବ୍ୟକ୍ତି ଏହା ଜାଣନ୍ତି କି ଜୀବନରେ କିଛି କ୍ଷଣ ଏମିତି ଅବଶ୍ୟ ଆସେ, ଯାହା ଉପରେ ଆଗାମୀ ବର୍ଷର ଭାଗ୍ୟ ନିର୍ଭର କରେ । ଏହା ମନେରଖିବା କଥା କି ଉପଯୁକ୍ତ ସୁଯୋଗ କେବଳ କିଛି କ୍ଷଣ ପାଇଁ ଆସିଥାଏ ।

ଯଦି ଆମେ ସେହି କ୍ଷଣଗୁଡ଼ିକୁ ହରାଇଦେବା ତେବେ ଅନୁମାନ କରିପାରିବାନି କି ଆମେ କେତେ ମାସ କିମ୍ବା ବର୍ଷ ହରାଇଦେଲେ । କୌଣସି କାର୍ଯ୍ୟକୁ କରିବା ଅର୍ଥ ସେହି କାମ ପାଇଁ ମଞ୍ଜି ବୁଣିବା । ଏହା ସ୍ପଷ୍ଟ ଯେ ଯଦି ଠିକ୍ ସମୟରେ ମଞ୍ଜି ବୁଣା ନଗଲା ତେବେ ତାହା ଅଙ୍କୁରୋଦ୍‌ଗମ ହେବନାହିଁ । ଅନେକ ବ୍ୟକ୍ତି ଏହା ଜାଣନ୍ତିନାହିଁ କି ଯୌବନ ବେଳେ ଏହି ସୁବର୍ଣ୍ଣ ଦିନ କେତେ ମୂଲ୍ୟବାନ । ପ୍ରତି ପାଦରେ ସୁଯୋଗ ହସି-ହସି ତା'ର ସ୍ୱାଗତ କରିବା ପାଇଁ ସାମ୍ନାକୁ ଆସେ ।

ସୁଯୋଗର ସନ୍ଧାନ:

ଏହା ସତ ଯେ ଯେଉଁ ବ୍ୟକ୍ତିର ମନ କର୍ମଶୀଳ ଅଟେ, ତା ପାଇଁ ଗୋଟିଏ ନୁହେଁ, ଅନେକ ସୁଯୋଗ ପ୍ରାପ୍ତ ହୁଏ । ଅର୍ଥାତ ତାକୁ ସେହି ସମୟରେ କୌଣସି ସୁଯୋଗକୁ ଧରିବା ପାଇଁ ଦୌଡ଼ା-ଧପଡ଼ା କରିବାକୁ ପଡ଼େନାହିଁ । ଏମିତି ଲୋକଙ୍କ ମସ୍ତିଷ୍କ ସରଳ ଏବଂ ଚଞ୍ଚଳ ବିଚାରଯୁକ୍ତ ହୋଇଥାଏ । ସେମାନଙ୍କ ମଧ୍ୟରେ ନିଜ ଜୀବନର ଗତିକୁ ଯନ୍ତ୍ର ଭଳି ନିୟମିତ କରିବାର ଶକ୍ତି ଥାଏ । ହେଲେ ବିଶେଷ ଯୋଜନାରେ ପହଞ୍ଚୁଥିବା କ୍ଷଣ ବହୁତ ଛୋଟ ହୋଇଥାଏ ।

ଯଦି ବ୍ୟକ୍ତି ସତର୍କ ରହିବ ଏବଂ ତାକୁ ଧରିବା ପାଇଁ ସବୁବେଳେ ପ୍ରସ୍ତୁତ ରହିବ, ତେବେ ସେ ସଫଳ ହୋଇପାରିବ । କାହିଁକିନା ସଫଳତା ଏବଂ ଅସଫଳତାକୁ ଅଲଗା କରୁଥିବା କେନ୍ଦ୍ରବିନ୍ଦୁ ବହୁତ ସୂକ୍ଷ୍ମ ଅଟେ । ଦୁର୍ବଳ ଏବଂ ଅସ୍ଥିର ମନର ବ୍ୟକ୍ତି ହିଁ ସବୁବେଳେ ବାହାନା କରନ୍ତି କି ସେମାନଙ୍କୁ ସୁଯୋଗ ମିଳିଲା ନାହିଁ । କ'ଣ ଆପଣ ମଧ୍ୟ ଏହା କହିପାରିବେ କି ପ୍ରତ୍ୟେକ ବ୍ୟକ୍ତିର ଜୀବନ ଏବଂ ତା ଜୀବନର ପ୍ରତ୍ୟେକ କ୍ଷଣ ସୁଯୋଗରେ ଭରପୂର ନୁହେଁ । କ'ଣ ସ୍କୁଲ କଲେଜରେ ପଢ଼ାଯାଉଥିବା ପ୍ରତ୍ୟେକ ପାଠ ଏକ ସୁଯୋଗ ନୁହେଁ? କ'ଣ ପ୍ରତ୍ୟେକ ପରୀକ୍ଷା ଜୀବନ ପାଇଁ ଏକ ସୁଯୋଗ ହୋଇ ଆସେନାହିଁ ?

ଚିକିତ୍ସକଙ୍କ ପାଇଁ ପ୍ରତ୍ୟେକ ରୋଗୀ ଏକ ସୁଯୋଗ ଅଟେ । ଯେତେବେଳେ କୌଣସି କାର୍ଯ୍ୟ ଆପଣଙ୍କ ସମ୍ମୁଖକୁ ଆସେ, ତେବେ ସେ ଏକ ସୁଯୋଗ ହିଁ ହୋଇଥାଏ । ପ୍ରତ୍ୟେକ ଉପଦେଶ ତଥା ପ୍ରତ୍ୟେକ ଶିକ୍ଷା ସୁଯୋଗରେ ପରିପୂର୍ଣ୍ଣ । ଖବରକାଗଜର ପ୍ରତ୍ୟେକ ଜିନିଷ ସୁଯୋଗରେ ପରିପୂର୍ଣ୍ଣ । ଆପଣଙ୍କ କାମର ଆଦାନ-ପ୍ରଦାନ ମଧ୍ୟ ଆପଣଙ୍କ ପାଇଁ ଏକ ସୁବର୍ଣ୍ଣ ସୁଯୋଗ ହୋଇଥାଏ । ଆସନ୍ତୁ, ଆପଣଙ୍କୁ ଅବଗତ କରାଯାଉ କି ଆପଣ ସୁଯୋଗର ଏହି କ୍ଷଣଗୁଡ଼ିକୁ କୌଣସି ପ୍ରକାରେ ଧରି ପାରିବେ । ଜୀବନର ଏହି ସୁଯୋଗ ଗୁଡ଼ିକରୁ ଆପଣଙ୍କୁ ନମ୍ର ହେବାକୁ ପଡ଼ିବ, ସାହସୀ ହେବାକୁ ପଡ଼ିବ, ସଚ୍ଚୋଟ ହେବାର ପ୍ରମାଣ ଦେବାକୁ ପଡ଼ିବ ଏବଂ ବନ୍ଧୁ ତିଆରି କରିବା ସୁଯୋଗ ପ୍ରାପ୍ତ କରିବାକୁ ପଡ଼ିବ ।

ଯେତେବେଳେ କୌଣସି ବ୍ୟକ୍ତି ଆପଣଙ୍କ ଉପରେ ବିଶ୍ୱାସ କରୁଛି, ତେବେ ଏହା ମଧ୍ୟ ଆପଣଙ୍କ ପାଇଁ ଏକ ସୁଯୋଗ ଅଟେ, ଯେତେବେଳେ ଆପଣ ନିଜ ଭଲ ଏବଂ ଉତ୍ତମ ଚରିତ୍ରକୁ ପ୍ରକାଶ କରିପାରନ୍ତି । ଆପଣଙ୍କ ଶକ୍ତି ଏବଂ ସମ୍ମାନକୁ ଦେଖି ହିଁ ଆପଣଙ୍କୁ କୌଣସି ଉତ୍ତରଦାୟିତ୍ୱ ଦିଆଯାଏ ଏବଂ ଏହା ଆପଣଙ୍କ ପାଇଁ ଏକ ମୂଲ୍ୟବାନ ସୁଯୋଗ । ବସ୍ତୁତଃ ବ୍ୟକ୍ତିର ଜୀବିତ ରହିବା ଏକ ବରଦାନ ଅଟେ, କାହିଁକିନା ଏହାର ପ୍ରୟୋଗ ଯଦି ସେ ପରିଶ୍ରମ ଏବଂ ଚେଷ୍ଟା ପୂର୍ବକ କରି ପାରେନାହିଁ, ତେବେ ତା'ର ଜୀବନ ବ୍ୟର୍ଥ ହୋଇଯାଏ । ଯେତେବେଳେ ବ୍ୟକ୍ତି ଜୀବନର ଏହି ବରଦାନକୁ ଉତ୍ସାହ ଏବଂ ବୀରତ୍ୱର ସହ ସ୍ୱୀକାର କରେ, ତେବେ ସେ ତା' କର୍ମକ୍ଷେତ୍ରରେ ଅନେକ ସୁଯୋଗ ପାଇଥାଏ ।

ସେହି ସମୟରେ ସୁଯୋଗ ଏତେ ଶୀଘ୍ର ଆସେ କି ତା' ପାଇଁ ସେଗୁଡ଼ିକୁ ଚିହ୍ନିପାରିବା, ଧରିପାରିବା ତଥା ଏହାର ଉଚିତ ଉପଯୋଗ କରିବା ଅତ୍ୟନ୍ତ କଠିନ ହୋଇଯାଏ । ବାସ୍ତବରେ ଆମେ ନିଜ ଜୀବନରେ ଏ ବିଷୟରେ କେବେ ଚିନ୍ତା କରୁନା କି ଆମେ କୌଣସି ଜିନିଷକୁ ଉପେକ୍ଷା କରୁଛୁ । ଦେଖିବାକୁ ଗଲେ ସୁଯୋଗ ହିଁ ଏମିତି ଜିନିଷ, ଯାହାକୁ ଆମେ ଜୀବନରେ ସର୍ବାଧିକ ଅବହେଳା ଏବଂ ଉପେକ୍ଷା କରୁ, ବ୍ୟକ୍ତିକୁ ଦରକାର କି ସୁଯୋଗ ହାସଲ କରିବା ପାଇଁ ଭିକାରୀ ଭଳି ହାତ ନ ପତେଇ ନିଜେ ସେଗୁଡ଼ିକର ନିର୍ମାଣ କରନ୍ତୁ ।

୯. କେଶକୁ ସାମ୍ନାରୁ ଧରନ୍ତୁ

ରାଇଡର ସୁଯୋଗକୁ ତା ମଥାର ଆଗ କେଶରୁ ଧରିଲା ଏବଂ ତାକୁ କାର୍ଯ୍ୟରେ ଯେଉଁ ସହାୟତା ମିଳିବାର ଥିଲା, ସେ ହାସଲ କଲା । ଏହି କାରଣରୁ ସେ ନିଜ ମନର ଅପାର ଶକ୍ତିକୁ ପ୍ରକାଶ କରିବାରେ ସଫଳ ହେଲା ।

କ୍ଲିବ୍‌ଲ୍ୟାଣ୍ଡ୍ ପ୍ରଦେଶର ଫଟୋଗ୍ରାଫର୍ ଜେମ୍ସ ଏଫ୍ ରାଇଡର୍ ଜର୍ମାନର ଖବରକାଗଜରୁ ଦିନେ ଜାଣିବାକୁ ପାଇଲେ କି ବୋହେମିୟାର୍ ଫଟୋଗ୍ରାଫର୍ ଫଟୋଗ୍ରାଫିରେ ନୂଆ କୌଶଳ ପ୍ରୟୋଗ କରୁଛନ୍ତି । ଏହି ନୂଆ କୌଶଳ ଦ୍ୱାରା ସେମାନେ ଚିତ୍ରର ନେଗେଟିଭ୍‌ରେ ସୁଧାର ଆଣୁଛନ୍ତି, ଯଦ୍ୱାରା ଚିତ୍ରର ଦୋଷ ଲିଭିଯାଉଛି ଏବଂ ଫଟୋ ଭଲ ଲାଗୁଛି । ରାଇଡର ସେହି ସମୟରେ ବୋହେମିୟାରୁ ଜଣେ ଫଟୋଗ୍ରାଫରଙ୍କୁ ଡକାଇବା ପାଇଁ ନିଷ୍ପତ୍ତି କଲେ । ତାଙ୍କ ସହଯୋଗରେ ସେ ନିଜ ଫଟୋଗ୍ରାଫିର କାମକୁ ଉନ୍ନତ କଲେ । ସେ ବୋହେମିୟାର୍ ସେହି ଛୋଟ ଯନ୍ତ୍ର ଦ୍ୱାରା ନିଜ ଫଟୋର ନେଗେଟିଭ୍‌କୁ ଭଲ ଭାବେ ସୁଧାର କଲେ ଏବଂ ସେ ଆମେରିକାର ସୁପ୍ରସିଦ୍ଧ ଫଟୋଗ୍ରାଫର୍ ହୋଇଗଲେ ।

କିଛି ଦିନ ପରେ, ବୋଷ୍ଟନ୍‌ରେ ଏକ ଫଟୋଗ୍ରାଫିର ପ୍ରଦର୍ଶନୀ ହେଲା, ଯେଉଁଥିରେ ରାଇଡରଙ୍କୁ ଆମେରିକାର ସର୍ବଶ୍ରେଷ୍ଠ ଫଟୋଗ୍ରାଫର୍ ଭାବେ ଘୋଷଣା କରାଗଲା ତଥା ତାଙ୍କ ଶ୍ରେଷ୍ଠ ଫଟୋଗ୍ରାଫି ପାଇଁ ତାଙ୍କୁ ପୁରସ୍କୃତ ଏବଂ ସମ୍ମାନୀତ ମଧ୍ୟ କରାଗଲା । ରାଇଡର୍ ସୁଯୋଗକୁ ତା କପାଳ ଆଗରେ ଥିବା କେଶକୁ ଧରିଲେ ଏବଂ ତା' ଠାରୁ କାର୍ଯ୍ୟରେ ଯେଉଁ ସହାୟତା ପାଇବାର ଥିଲା, ତାହା ହାସଲ କଲେ । ଏହି କାରଣରୁ ସେ ନିଜ ମନର ଅପାର ଶକ୍ତିକୁ ପ୍ରକାଶ କରିବାରେ ସଫଳ ହେଲେ । ଏହା ଦ୍ୱାରା ତାଙ୍କ ବ୍ୟବସାୟ ଏବଂ ପ୍ରସିଦ୍ଧି ଦିନକୁ ଦିନ ବଢ଼ିବାରେ ଲାଗିଲା ।

କର୍ମଠ ବ୍ୟକ୍ତିତ୍ୱ:

ଅନ୍ତରାଷ୍ଟ୍ରୀୟ ଜଗତରେ ଆଜି ଥାମସ୍ କୁକ୍‌ଙ୍କ ନାମ ସମ୍ମାନର ସହ ନିଆଯାଏ । କିନ୍ତୁ କେବେ ଥାମସ୍ କୁକ୍ ଖଇରାତରେ କାମ କରୁଥିଲେ । ଦିନେ ତାଙ୍କୁ ଲିସେଷ୍ଟର୍ ଯିବାର ଥିଲା, ଯେଉଁଥି ପାଇଁ ତାଙ୍କୁ ଇଂଲଣ୍ଡର ରାସ୍ତାରେ ପନ୍ଦର ମାଇଲ୍ ବାଟ ଚାଲିବାକୁ ପଡ଼ିଲା । ସେଠାରେ ନିଶା ନିବାରଣ ସମ୍ବନ୍ଧୀୟ ଏକ ସମ୍ମିଳନୀରେ ଭାଗ ନେବାକୁ ଆସିଥିଲେ । ଏହି ସମ୍ମିଳନୀରେ ମୂଲିଆ ଆଦିଙ୍କୁ ମଧ୍ୟ ବୁଝାଇବା ପାଇଁ ଡକାଯାଇଥିଲା ଯେ ସେମାନେ ନିଜ ଝାଳବୁହା ଧନକୁ ମଦ-ଗଞ୍ଜେଇ ଆଦି ନିଶା ଦ୍ରବ୍ୟରେ ଉଡ଼ାନ୍ତୁ ନାହିଁ । ଥାମସ କୁକଙ୍କୁ ଏହି ଲମ୍ବା ଯାତ୍ରାରେ ଏକ ବିଚାର ଆସିଲା କି ସମ୍ମିଳନୀରେ ଭାଗ ନେଉଥିବା ଲୋକଙ୍କ ପାଇଁ ବିଶେଷ ରେଳଗାଡ଼ି ଚଳାଇବା ପାଇଁ ଯଦି ରେଳ କମ୍ପାନୀକୁ କୁହାଯାଏ ତେବେ କେମିତି ହୁଅନ୍ତା ।

ସେ ଯେତେବେଳେ ଏହି ବିଚାର ରେଳ କମ୍ପାନୀ ସମ୍ମୁଖରେ ରଖିଲେ, ତେବେ ସେମାନଙ୍କୁ ଏହା ପସନ୍ଦ ହେଲା, କାହିଁକିନା ଏହାଦ୍ୱାରା ତାଙ୍କ ଆୟ ବଢ଼ିବାର ଥିଲା । ବିଶେଷ ରେଳଗାଡ଼ି ଚଳାଚଳ ହେଲା ଏବଂ ଥାମସ କୁକ ଯାତ୍ରୀ ଗାଡ଼ିଗୁଡ଼ିକର କାର୍ଯ୍ୟକ୍ରମରେ ରୁଚି ନେବା ଆରମ୍ଭ କଲେ । ଆମେ ଆପଣଙ୍କୁ ଜଣାଇଥିଲୁ "ଥାମସ୍ କୁକ୍ ଏଣ୍ଡ୍ ସନ୍" ନାମ ଅନ୍ତରାଷ୍ଟ୍ରୀୟ ଜଗତରେ ଖ୍ୟାତିସମ୍ପନ୍ନ । ଥାମସ କୁକଙ୍କ ଏହି କାମ ବହୁତ ଉପଯୋଗୀ ଥିଲା । ଅନେକ ବ୍ୟକ୍ତି ମାଇଲ ମାଇଲ ବାଟ ପାଦରେ ଚାଲୁଥିଲେ, ହେଲେ ସେମାନଙ୍କ ମନରେ କେବେ କୌଣସି ବିଶେଷ ବିଚାର ଆସିନଥିଲା ।

କିନ୍ତୁ ଇଂଲଣ୍ଡ୍‌ର ଫାଙ୍କା ରାସ୍ତାରେ ଜଣେ ବିଚାରଶୀଳ ଏବଂ କର୍ମଠ ବ୍ୟକ୍ତି ପନ୍ଦର ମାଇଲ ପାଦରେ ଚାଲି ହିଁ ଏକ ଏମିତି ଯୋଜନା କରିଦେଲେ ଯଦ୍ଦ୍ୱାରା ଖାଲି ଯାତ୍ରୀଙ୍କୁ ଲାଭ ହେଲାନି, ବରଂ ଖଇରାତରେ କାମ କରୁଥିବା ସେହି ବାଳକ ଖ୍ୟାତି ସହ ଅଜସ୍ର ଧନ-ସମ୍ପତ୍ତି ଅର୍ଜନ କଲା । ଏହାର କାରଣ କେବଳ ଏହା ଥିଲା କି ସେ ନିଜ ବିଚାରକୁ କାର୍ଯ୍ୟରୂପରେ ପରିବର୍ତ୍ତନ କରିବା ପାଇଁ ଅତିଶୀଘ୍ର ଉଦ୍ଯୋଗ କଲେ ।

ଆଗରୁ ସୂତା ଚରଖାରେ କଟାଯାଉଥିଲା । ହାତରେ ଚାଲୁଥବା ଏହି ଚରଖାରେ ସୂତାର ଛୋଟ-ଛୋଟ ଖଣ୍ଡ ଅଟକି ଯାଉଥିଲା, ଯଦ୍ୱାରା କାରିଗର କାମ ଅଧାରେ ରଖି ସୂତାଗୁଡ଼ିକୁ ବାହାର କରୁଥିଲା । ଏଥିଯୋଗୁ କାମରେ ବାଧା ସୃଷ୍ଟି ହେବା ସହ ବ୍ୟବସାୟରେ ମାନ୍ଦା ଉପୁଜୁଥିଲା । ରବର୍ଟ ପିଲ ନାମକ ଜଣେ ବ୍ୟକ୍ତି କେତୋଟି ସୂତା କାଟିବା ଚରଖା ରଖିଥିଲେ । ବାରମ୍ବାର ସୂତା ଅଟକିବା ଫଳରେ ତାଙ୍କ ପିତା ବହୁତ ହଇରାଣ ହେଉଥିଲେ । ରବର୍ଟ ଯେତେବେଳେ କାରଖାନାକୁ ଆସୁଥିଲେ, ତେବେ ସେ ଦେଖୁଥିଲେ ଡିକ ନାମକ ଜଣେ କାରୀଗରର ଚରଖା କେବେ ଅଟକୁନଥିଲା ଏବଂ ସେ ସମ୍ପୂର୍ଣ୍ଣ ଦରମା ପାଉଥିଲା ।

ରବର୍ଟ ପଚାରିଲେ- "ଡିକ୍, ଇନ୍ସପେକ୍ଟରଙ୍କ କହିବାନୁଯାୟୀ ତୁମର ଚରଖା କେବେ ଅଟକୁନାହିଁ । ସେଥିରେ କେବେ ବି ସୂତା ଠାକୁନାହିଁ । କ'ଣ ଏହି କଥା ସତ ?" ଡିକ କହିଲେ - "ହଁ ଏହି କଥା ସତ ।" - "ଏହାର କାରଣ କଣ ?" - "ରବର୍ଟ ବାବୁ, ଏହା ତ ଏକ ରହସ୍ୟର କଥା । ଯଦି ମୁଁ ତୁମକୁ ବତେଇଦେବି ତେବେ ତୁମେ ମଧ୍ୟ ମୋ ଭଳି ଏହି କାମରେ ଗୁରୁ ହୋଇଯିବ ।" ରବର୍ଟ ଟିକେ ହସି କହିଲେ - "ହଁ, ତୁମ କଥା ଠିକ୍, ହେଲେ ଏହି ରହସ୍ୟ ବତେଇବା ପାଇଁ ମୁଁ ତୁମକୁ ଏହାର ଉଚିତ ପାରିଶ୍ରମିକ ଦେବି । କଣ ତୁମେ ନିଜ ଚରଖା ଭଳି ଅନ୍ୟ ଚରଖକୁ ନ ଅଟକି ଚଲେଇପାରିବ ?"

ଡିକ ଉତ୍ତର ଦେଲେ- "ଏଥିରେ ସନ୍ଦେହ ନାହିଁ, ଯଦି ଆପଣ ମତେ ପ୍ରତିଦିନ ଗୋଟିଏ ମଦ ବୋତଲ ଦେବ ତେବେ ମୁଁ ସବୁକିଛି ବତେଇବି ।" ରବର୍ଟ କହିଲେ- "ମୁଁ ତୁମ ସର୍ତ୍ତରେ ରାଜି ।" ଡିକ ନିଜ ମୁହଁ ରବର୍ଟଙ୍କ କାନ ପାଖକୁ ନେଇ ଚୁପ୍‌ଚୁପ୍ କହିଲେ- "ଚରଖାରେ ତୁଳାକୁ ମଳିଦିଅ ।" ଏହା ହେଉଛି ରହସ୍ୟ । ଏହାପରେ କିଛିଦିନ ମଧ୍ୟରେ ରବର୍ଟ ଅନ୍ୟ କାରୀଗରଙ୍କ ତୁଳନାରେ ବହୁତ ଆଗେଇଲେ ଏବଂ ସେ ଡିକ୍ ସହାୟତାରେ ଏଭଳି ଚରଖାର ନିର୍ମାଣ ମଧ୍ୟ କଲେ, ଯାହାର ଚକରେ ତୁଳା ଆପେ ଲାଗି ଯାଉଥିଲା ।

ରବର୍ଟ ନିଜ ପ୍ରତିଜ୍ଞାନୁସାରେ ଡିକ୍‌ଙ୍କୁ ମଦ ବଦଳରେ ପୁରସ୍କାର ଭାବେ ବହୁତ ଟଙ୍କା ଦେଲେ । ଏହି ବ୍ୟକ୍ତିଙ୍କ ଛୋଟ ବୁଝାମଣା ଲକ୍ଷ-ଲକ୍ଷ ଡଲାର ଅର୍ଜନ କରିପାରିଲା । ଏତିକି ହେବା ପରେ ମଧ୍ୟ, ବୋଧହୁଏ ଦୁନିଆ ଏ ସମ୍ବନ୍ଧରେ ଜାଣି ପାରିନଥାନ୍ତା, ଯଦି ରବର୍ଟଙ୍କ ମଧ୍ୟରେ ଜିନିଷକୁ ଧ୍ୟାନର ସହ ଦେଖିବା, ବୁଝିବା ତଥା ନିଜ ବିଚାରକୁ କାର୍ଯ୍ୟରୂପ ଦେବାର ଗୁଣ ଏବଂ ଦୃଢ଼ ଇଚ୍ଛାଶକ୍ତି ନଥାନ୍ତା । ଦୁନିଆରେ ଗୋଟିଏ ନୁହେଁ ଏମିତି ଅନେକ ଉଦାହରଣ ରହିଛି ।

କାର୍ଯ୍ୟରୂପରେ ପରିଣତି:

ପେନୋବା ନାମକ ସ୍ଥାନରେ ଜଣେ ମହିଳା ବାର ହଜାର ଡର୍ଜନରୁ ଅଧିକ ମୁଷ୍ଟିଯୁଦ୍ଧର ଦସ୍ତାନା ତିଆରି କରୁଥିଲା । ସେ ଥରେ କହିଥିଲା- ମୁଁ ମୋର ଏହି କାମ

୧୮୬୪ରେ ଏକ ଛୋଟ କୋଠରୀରୁ ଆରମ୍ଭ କରିଥିଲି । ସେହି ସମୟରେ ମୋର ମୋଟ ଜମାପୁଞ୍ଜି ୪୦ ଡଲାର୍ ଥିଲା ଏବଂ ମୁଁ ଏମିତି ଜାଗାରେ ରହୁଥିଲି, ଯେଉଁଠି ପ୍ରାୟ କାମର ଅଭାବ ଥିଲା ଏବଂ ସ୍ତ୍ରୀ ଲୋକମାନେ ଦିନମାନ ବେକାର ରହୁଥିଲେ । ସେମାନଙ୍କ ଇଚ୍ଛା ଥିଲା କି ସେମାନେ କିଛି ବୁଣିବା କାମ କରନ୍ତୁ । ଯେତେବେଳେ ମୁଁ କାମ ଆରମ୍ଭ କଲି ତେବେ ପ୍ରଥମ ବର୍ଷରେ ୨୫ ପାଉଣ୍ଡ୍ ସୂତା ବ୍ୟବହାର କରିପାରିଲି ନାହିଁ । ଧୀରେ-ଧୀରେ ମୁଁ ଚେଷ୍ଟା ଜାରି ରଖିଲି ଏବଂ ଶେଷରେ ଗ୍ରାମର ୧୫ ଶହ ଲୋକଙ୍କୁ ଦସ୍ତାନା ବୁଣିବା କାମରେ ଲଗାଇବାରେ ସଫଳ ହେଲି ।

ଏହାପରେ ମୁଁ ଏହି କାମ ମେଶିନ୍ ସାହାଯ୍ୟରେ କରିବା ଆରମ୍ଭ କଲି । ଯେତେବେଳେ ଦସ୍ତାନା ହାତରେ ତିଆରି କରାଯାଉଥିଲା, ସେତେବେଳେ ଗୋଟିଏ ଯୋଡ଼ା ପାଇଁ ୨୪ ସେଣ୍ଟ୍ ଖର୍ଚ୍ଚ ହେଉଥିଲା, ହେଲେ ମେଶିନ୍‌ରେ ତିଆରି କରିବାରୁ ଖର୍ଚ୍ଚ ମାତ୍ର ୬ ସେଣ୍ଟ ହେଲା । ପେନୋବାର ଏହି ମହିଳା ଏବଂ ତାଙ୍କ ପଡୋଶୀଙ୍କ ମଧ୍ୟରେ ଏତିକି ଅନ୍ତର ଥିଲା ଯେ ମହିଳା ଜଣକ ଯାହା ଭାବୁଥିଲେ, ତାକୁ କାର୍ଯ୍ୟ ରୂପରେ ପରିଣତ କରିଦେଲେ, ଯେତେବେଳେ କି ତାଙ୍କ ପଡ଼ୋଶୀ କେବଳ ଭାବି ରହିଯାଉଥିଲେ । ଯେଉଁ ବ୍ୟକ୍ତି ନିଜ ବିଚାରକୁ କାର୍ଯ୍ୟରୂପରେ ପରିବର୍ତ୍ତିତ କରିଦିଏ, ସେ ସବୁବେଳେ ଭାବନା-ଚିନ୍ତନ କରୁଥିବା ବ୍ୟକ୍ତିଙ୍କ ଠାରୁ ଆଗରେ ରହେ । ଏମିତି ସବୁବେଳେ ହୋଇଆସୁଛି ଏବଂ ହେଉଥିବ ।

ଜନ୍ ନାଇଟ୍ ନାମକ ଜଣେ କ୍ରୀତଦାସ ଅଲବାମା ସହରରେ ରହୁଥିଲେ । ଯେତେବେଳେ କ୍ରୀତଦାସମାନଙ୍କୁ ସ୍ୱତନ୍ତ୍ରତା ମିଳିଲା, ତେବେ ସେ ଏକ ଫାର୍ମ ସହ ବନ୍ଦରରେ ମାଲ୍ ଉଠାଇବା କାମ କଲେ । ସେ ଦେଖିଲେ ଆମେରିକାର ଗୋଟିଏ ଫାର୍ମ ଫଳ ବ୍ୟବସାୟ କରୁଥିଲା । ସେ ବିଚାର କଲେ ମୁଁ ମଧ୍ୟ ସେହି ଫାର୍ମରେ କାମ କରିବି, ମୋ ଭବିଷ୍ୟତ ମଧ୍ୟ ସୁଧୁରିଯିବ । ସେ ନିଜର ବିଚାରକୁ କାର୍ଯ୍ୟାନ୍ୱିତ କରି ଦେଖେଇଲେ । ଜନ ଗ୍ୱାଟେମାଲା ସରକାରଙ୍କ ଠାରୁ ପଡ଼ିଆ ପଡ଼ିଥିବା ପଚାଶ ହଜାର ଏକର ଜମି ନେଲେ ତଥା ନ୍ୟୁ ଆରଲିୟନ୍ସରେ ଫଳ ବ୍ୟବସାୟ କରୁଥିବା ବ୍ୟବସାୟୀଙ୍କ ସହ ଚୁକ୍ତି କଲେ କି ସେମାନେ ତା' ଠାରୁ ପ୍ରତି ବର୍ଷ ଦୁଇଲକ୍ଷ ଡଲାର ମୂଲ୍ୟର ଫଳ କିଣିବେ ।

ଫଳ ବ୍ୟବସାୟରେ ସଫଳ ହେବା ପରେ ସେ କଫି ଚାଷ କରିବା ଆରମ୍ଭ କରିଦେଲେ । ଧୀରେ-ଧୀରେ ସେ ଆସବାବପତ୍ର ତିଆରି ହେଉଥିବା ମୂଲ୍ୟବାନ କାଠର ବ୍ୟବସାୟ ମଧ୍ୟ କଲେ । ଏମିତି ସମୟ ଆସିଲା, ଯେତେବେଳେ ସେ ମଧ୍ୟ ଆମେରିକାର ମହାଧନୀ ଏବଂ ଶକ୍ତିଶାଳୀ ବ୍ୟକ୍ତିଙ୍କ ମଧ୍ୟରେ ଗଣାହେଲେ । ତାଙ୍କ ସଫଳତାର କାରଣ କେବଳ ଏହା ଯେ ତାଙ୍କ ମଧ୍ୟରେ କୌଣସି କଥାକୁ କାର୍ଯ୍ୟରୂପ କରିବା ସହ ତାକୁ ବୁଝି ବିଚାରି କରିବାର ଗୁଣ ମଧ୍ୟ ବିରାଜମାନ ଥିଲା ।

ବାଶବର୍ନ ନାମକ ଏକ ଛୋଟ ବାଳକ କମାର ଶାଳାରେ କାମ ଶିଖୁଥିଲା । ବାଳକଟି ବହୁତ ଲାଜକୁଳା ଥିଲା, କିନ୍ତୁ ସେ ବିଚାରଶୀଳ ଥିଲା । ସେ ଦିନେ ଭାବିଲା ଇଂଲଣ୍ଡର

ସେଇ ଇଲାକାରେ କେବଳ ଗୋଟିଏ କାରଖାନା ଅଛି, ଯିଏ ପିଆନୋ ପାଇଁ ତାର ତିଆରି କରୁଛି । ଆମେରିକାରେ କେଉଁଠି ମଧ୍ୟ ଏମିତି ଏକ ଭଲ କାରଖାନା ନାହିଁ, ଯିଏ ଏ ପ୍ରକାରର ଭଲ ତାର ତିଆରି କରୁଥିବ । ବାସ୍, ବିଚାର ଆସିଛି କି ନାହିଁ ସେ ମନ ମଧ୍ୟରେ ଦୃଢ଼ ନିଶ୍ଚୟ କରିଦେଲା କି ମୁଁ ନିଜେ ବିଶ୍ୱରେ ସର୍ବୋତ୍ତମ ତାର ତିଆରି କରିବି ଏବଂ ଏହା ପରେ ଅଧିକ ଉତ୍ପାଦନ ପାଇଁ ବାଟ ଖୋଜିବି ।

ସେ ଯାହା ଭାବିଲେ, ତାକୁ କରି ଦେଖାଇଲେ । ଏହି ଲାଜକୁଳା ବାଳକ ସୁଯୋଗକୁ ଚିହ୍ନିଲେ ଏବଂ ନିଜ ବିଚାରକୁ କାର୍ଯ୍ୟରୂପରେ ପରିବର୍ତ୍ତିତ କଲେ । ସମୟ ଆସିଲା ଯେତେବେଳେ ତାଙ୍କ କାରଖାନାରେ ତିଆରି ହେଉଥିବା ତାର ହିଁ ଏକ ଉନ୍ନତ ମାନର ତାର ବୋଲି ଆଦୃତ ହେଲା । ସେହି ସମୟରେ ତାଙ୍କ କାରଖାନାରେ ପ୍ରତିଦିନ କୋଡ଼ିଏ ଟନ୍ ଲୁହାର ତାର ତିଆରି ହେଉଥିଲା ଏବଂ କାରଖାନାରେ ସାତଶହରୁ ଅଧିକ ଲୋକ କାମ କରୁଥିଲେ ।

ନିଜ କାର୍ଯ୍ୟରେ ସମ୍ପୂର୍ଣ୍ଣ ସଫଳ ହେବା ପରେ ଏବଂ ଅପାର ଧନ-ସମ୍ପତ୍ତି ଅର୍ଜନ କଲା ପରେ ଅଧିକାଂଶ ଭାଗ ଅର୍ଥ ଦାନ ଦେଉଥିଲେ, ଯାହା ଦ୍ୱାରା ତାଙ୍କ ପରି ଅନ୍ୟ ଲାଜକୁଳା ବାଳକଙ୍କର କଲ୍ୟାଣ ହୋଇପାରିବ ।

ବିଶ୍ୱରେ ଅନେକ ଏମିତି ଉଦାହରଣ ରହିଛି- ଯେଉଁଠି ଉପରକୁ ଉଠିଥିବା ବ୍ୟକ୍ତିମାନେ ନିଜ ଆଖି ଖୋଲାରଖି ସୁଯୋଗକୁ ଚିହ୍ନିଲେ ଏବଂ ସଫଳତା ହାସଲ କଲେ । ଏଡିସନ୍ ମଧ୍ୟ ସେମାନଙ୍କ ମଧ୍ୟରୁ ଜଣେ । ଆଜି ତାଙ୍କୁ ଏବଂ ତାଙ୍କ କାମକୁ କିଏ ନଜାଣେ! ସେ ନିଜର ସାରା ଜୀବନ ସୁଯୋଗର ସନ୍ଧାନରେ ବିତାଇଦେଲେ ଏବଂ ଯେତେବେଳେ ସୁଯୋଗ ଆସିଲା ତେବେ ସେ ପୂର୍ଣ୍ଣ ଲାଭ ଉଠାଇଲେ, କାହିଁକିନା ତାଙ୍କ ମନରେ ଯେଉଁ ବିଚାର ଆସୁଥିଲା, ସେ ତାକୁ କାର୍ଯ୍ୟରୂପରେ ପରିବର୍ତ୍ତିତ କରିବାକୁ ଚେଷ୍ଟା କରୁଥିଲେ । ଏଡିସନ୍‌ଙ୍କ ମଧ୍ୟରେ ସୁଯୋଗକୁ ବୁଝିବା ତଥା ବିଚାରକୁ କାର୍ଯ୍ୟରୂପରେ ପରିବର୍ତ୍ତିତ କରିବା ଗୁଣ ଥିଲା ।

ପାଶ୍ଚାତ୍ୟର ଜଣେ ଉତ୍ପାଦନ ବିଶେଷଜ୍ଞ କହିଲେ କି ୟୁରୋପର ବହୁ କାରଖାନା କମ୍ କାମ କରିପାରୁଛନ୍ତି । ଏହାର କାରଣ ହେଲା ଯେତେବେଳେ ତାଙ୍କୁ ସୁଯୋଗ ମିଳୁଛି ତେବେ ସେଥିରୁ ଲାଭ ଉଠାଇବା ପାଇଁ ସେମାନେ ପ୍ରସ୍ତୁତ ନଥାନ୍ତି । ଏହାର ବିପରୀତ ଆମେରିକାରେ ଯେବେ କୌଣସି ବ୍ୟକ୍ତି ପାଖରେ କୌଣସି ଭଲ ଜିନିଷ ଥାଏ ତେବେ ସେ ସେଥିରୁ ସମ୍ପୂର୍ଣ୍ଣ ଲାଭ ଉଠାଇବାକୁ ଚେଷ୍ଟା କରେ ଏବଂ ଦୁନିଆକୁ ନିଜ ମାଲରେ ଅଭ୍ୟସ୍ତ କରାଏ । ଆଜି ଜାପାନ୍ ମଧ୍ୟ ଏହା କରୁଛି । ବ୍ୟବସାୟରେ ସଫଳତା ହାସଲ କରିବା ପାଇଁ ବ୍ୟକ୍ତି ମଧ୍ୟରେ କିଛି ବିଶେଷ ଗୁଣ ରହିବା ଦରକାର । ଯେଉଁ ଯୁବକ ପାଖକୁ ଆସୁଥିବା ସୁଯୋଗରୁ ଲାଭ ଉଠାଇବା ପାଇଁ ପ୍ରସ୍ତୁତ ରୁହନ୍ତି, ସେମାନଙ୍କ ଠାରେ ଏହି ଗୁଣ ରହିବା ଅତ୍ୟନ୍ତ ଜରୁରୀ । ସମ୍ଭବ ଅଟେ, କୌଣସି ବ୍ୟକ୍ତି

ବିଚାରଶୀଳ ଥାଉ, ଉଦ୍ୟମୀ ଥାଉ, ପରିଶ୍ରମୀ ଥାଉ, ଚରିତ୍ରବାନ ମଧ୍ୟ ଥାଉ, ହେଲେ ବ୍ୟବସାୟରେ ସଫଳତା ଦୃଷ୍ଟିରୁ ଯେଉଁ ଜିନିଷ ଦରକାର ତାହା ହେଲା କଥାକୁ ଠିକ୍ ଭାବେ ଦେଖିବା ଏବଂ ବୁଝିବା । ଯଦି ବ୍ୟକ୍ତି ମଧ୍ୟରେ ଏହି ଗୁଣ ଅଛି ତେବେ ତା ସାମ୍ନାରେ ଯେତେବେଳେ ସୁଯୋଗ ଆସେ ସେତେବେଳେ ସେଗୁଡ଼ିକୁ ସେ ଉଚିତ ଢ଼ଙ୍ଗରେ ବ୍ୟବହାର କରିପାରେ । ଯଦି ତା ଆଖି ଖୋଲା ଅଛି, ଚିନ୍ତା କରିବା ଏବଂ ବୁଝିବା ଶକ୍ତି ଅଛି, ତେବେ ସୁଯୋଗ ଅବଶ୍ୟ ପ୍ରାପ୍ତ ହେବ । ବିଚାରକୁ କାର୍ଯ୍ୟରୂପରେ ପରିବର୍ତ୍ତିତ କରିବା ଗୁଣ ମଧ୍ୟ ବହୁତ ଆବଶ୍ୟକ । ଦୁନିଆର କୌଣସି କୋଣରେ ଥିବା ଯେକୌଣସି ବଡ଼ ସହରରେ ଯାଇ ପଚାରନ୍ତୁ କି ଏହି ସହରରେ ଏମିତି କେଉଁ ବ୍ୟକ୍ତି ଅଛି, ଯିଏ ବ୍ୟବସାୟରେ ଲାଗିଛି, ଯା ଉପରେ ରାଷ୍ଟ୍ରର ଉନ୍ନତି ଆଶ୍ରିତ ଅଛି । ତେବେ ଆପଣଙ୍କୁ ସବୁ ଜାଗାରେ ଜଣାପଡ଼ିବ କି ସଫଳ ବ୍ୟକ୍ତି ସିଏ, ଯିଏ ଦେଖନ୍ତି ବିଚାରନ୍ତି ତଥା ବିଚାର କରିଥିବା କଥାକୁ କାର୍ଯ୍ୟରୂପରେ ପରିବର୍ତ୍ତିତ କରି ଦିଅନ୍ତି ।

ସଫଳତା ଏମିତି ଲୋକଙ୍କୁ ମିଳେ । ଏଭଳି ଲୋକଙ୍କ କାନ୍ଧ ଉପରେ କୌଣସି ରାଷ୍ଟ୍ରର ଉନ୍ନତି ଆଧାରିତ ଥାଏ । ମାନସିକ ଗୁଣର ବିଶ୍ୱାସରେ କିଛି ମଧ୍ୟ କୁହାଯାଉ, ହେଲେ ଦେଖିବା, ବୁଝିବା ଏବଂ ବିଚାରକୁ କାର୍ଯ୍ୟରୂପରେ ପରିବର୍ତ୍ତିତ କରିବାର ଯୋଗ୍ୟତା ବ୍ୟକ୍ତିତ୍ୱର ଅନିବାର୍ଯ୍ୟ ଗୁଣ । ଯେଉଁ ବ୍ୟକ୍ତିଙ୍କ ମଧ୍ୟରେ କାର୍ଯ୍ୟ କରିବାର ଏହି ମହାନ ଗୁଣ ଥାଏ, ସେହି ବ୍ୟକ୍ତି ଯୋଗ୍ୟ ଏବଂ ସମ୍ପନ୍ନ ହୋଇଥାଏ ।

ସେମିତି ତ' ଏହି ଗୁଣ ପ୍ରାୟ ପ୍ରତ୍ୟେକ ଲୋକଙ୍କ ମଧ୍ୟରେ ଥାଏ, ହେଲେ ଅନ୍ତର ଏହା ହୋଇଥାଏ କି କାହା ମଧ୍ୟରେ ଏହି ଗୁଣ ପ୍ରକାଶ ହୁଏ ଏବଂ ସେ ଏଥିରୁ କେଉଁ ପ୍ରକାର ଏବଂ କେଉଁ କାମ ଆଦାୟ କରିପାରେ । ବିଭିନ୍ନ ଲୋକଙ୍କ ମଧ୍ୟରେ ବିଭିନ୍ନ ପ୍ରକାର କାମ କରିବାର ଶକ୍ତି ଥାଏ, କିନ୍ତୁ ବିଚାରକୁ କାର୍ଯ୍ୟରୂପରେ ପରିବର୍ତ୍ତିତ କରିବାର ମୂଳ ସିଦ୍ଧାନ୍ତ ଗୋଟିଏ ହୋଇଥାଏ ।

ଚାର୍ଲସ୍ ଗୋଲ୍ଡ ନାମକ ବ୍ୟକ୍ତି ଏକ ବନ୍ଦରରେ କଣ୍ଡକ୍ଟର କାମ କରୁଥିଲେ । ସେ ଚତୁର ବ୍ୟବସାୟୀ ଥିଲେ ହେଲେ ଧନୀ ନଥିଲେ । ସେ ଥରେ କାର୍-କପଲର୍‌ର ପେଟେଣ୍ଟ୍ ୫୦୦ ଡଲାର୍‌ରେ କିଣିଲେ । ଏହି ପେଟେଣ୍ଟ୍ ସେ ଯେଉଁ ବ୍ୟକ୍ତି ଠାରୁ କିଣିଥିଲେ, ସେହି ବ୍ୟକ୍ତିର ସର୍ତ୍ତ ଥିଲା ଯେ, ଯଦି ଗୋଲ୍ଡ କାରଖାନା ବସାଇଦେବେ ତେବେ ସେହି କାର୍-କପଲର୍‌ର ଆବିଷ୍କାରକକୁ ଫୋରମେନ୍ ରଖିବାକୁ ପଡ଼ିବ । ଗୋଲ୍ଡଙ୍କୁ ଏହା ଜଣାଥିଲା କି ୱାସିଂଟନ୍‌ରେ ପେଟେଣ୍ଟ୍ କରୁଥିବା କାର୍ଯ୍ୟାଳୟ କାର୍-କପଲର୍‌ର ୭୫ରୁ ଅଧିକ ନମୁନାର ପେଟେଣ୍ଟ୍ ଜାରି କରିସାରିଥିଲା । ଏଥିସହ ଏହା ମଧ୍ୟ ଜଣାଥିଲା କି ସେହି ଆବିଷ୍କାରରେ ଅନ୍ୟ ଆବିଷ୍କାର ଅପେକ୍ଷା ବହୁତ ଅନ୍ତର ଥିଲା । ସେମାନଙ୍କ ତିଆରି କାର୍-କପଲ୍‌ର ରେଳ ବିଭାଗର ମଧ୍ୟ କାମରେ ଆସିପାରିବ ।

ଚାର୍ଲସ୍ ଗୋଲ୍ଡଙ୍କ ମଧ୍ୟରେ ଏକ ବିଶେଷ ଗୁଣ ଥିଲା କି ସେ ନିଜ ବିଚାରକୁ କାର୍ଯ୍ୟରୂପରେ ପରିବର୍ତ୍ତନ କରିବାରେ ବହୁତ ବିଚକ୍ଷଣ ଥିଲେ ।

ତାଙ୍କ ହାତରେ କୌଣସି ଭଲ ଜିନିଷ ଆସିଲେ ସେ ସେଥିରୁ ଅଧିକରୁ ଅଧିକ ଲାଭ ଉଠାଇବାକୁ ଚେଷ୍ଟା କରୁଥିଲେ । ସର୍ତ୍ତ ଅନୁସାରେ ସେ କାର୍-କପଲର୍ ତିଆରି ପାଇଁ ଏକ ଫ୍ୟାକ୍ଟ୍ରି ବସାଇଲେ ଏବଂ ଆବିଷ୍କାରକକୁ ଫୋରମେନ୍ ପଦବୀରେ ନିଯୁକ୍ତ କଲେ । ଆଜି ସେହି ଫ୍ୟାକ୍ଟ୍ରିରେ ୩୬୦୦ରୁ ଅଧିକ ବ୍ୟକ୍ତି କାମ କରୁଛନ୍ତି । ଏହିଭଳି ନ୍ୟୁୟର୍କର ଗଭର୍ଣ୍ଣର୍ କାର୍ନେଲ୍ଙ୍କର ଏକ କାହାଣୀ ।

କାର୍ନେଲ୍ ଆମେରିକାର ଜିଲା ମେସେଞ୍ଜର ସର୍ଭିସ୍ ବ୍ୟବସ୍ଥାରୁ ବହୁତ ଲାଭ ଉଠାଇଥିଲେ । ସେ ଏହି ବ୍ୟବସାୟରେ ମେସେଞ୍ଜର ବ୍ୟବସ୍ଥାକୁ ୫ ଲକ୍ଷ ଡଲାର୍‌ରୁ ଅଧିକ ଟଙ୍କା ଅସୁଲ କରିଦେଲେ । ଏହା ସେହି ଲୋକଙ୍କ ପଇସା ଥିଲା, ଯାହାକୁ ଅସୁଲ କରିବାରେ ସେମାନେ ଅସମର୍ଥ ଥିଲେ । ଏହି ପ୍ରକାର ବ୍ୟବସ୍ଥା କରି କାର୍ନେଲ ଖାଲି ରୋଜଗାର କରିନାହାନ୍ତି, ବରଂ ସେହି ସର୍ଭିସ୍ ବ୍ୟବସ୍ଥା କରିଥିବା ଲୋକେ ମଧ୍ୟ ବହୁତ ପଇସା ରୋଜଗାର କଲେ । କାର୍ନେଲ୍ ଯେଉଁ ବ୍ୟକ୍ତିଠାରୁ ଏହି ଯୋଜନା କିଣିଥିଲେ, ତାକୁ କେବଳ ଦୁଇ ହଜାର ଡଲାର୍ ଦେଇଥିଲେ । ଯଦି କାର୍ନେଲ୍ ମଧ୍ୟ ଅନ୍ୟ ବ୍ୟକ୍ତିଙ୍କ ଭଳି ହୋଇଥାନ୍ତେ, ତେବେ ସେ ମଧ୍ୟ ହତୋତ୍ସାହିତ ହୋଇ ବସି ଯାଇଥାନ୍ତେ ।

ବୋଷ୍ଟନ୍ ନାମକ ସହରର ତଳି ଅଞ୍ଚଳରେ ଏକ ଗଉଡ ରହୁଥିଲା । ତାର ଗୋଟିଏ ପୁଅ ଥିଲା । ତା ନାଁ ଥିଲା ୱିଲିୟମ୍ ଫିଙ୍କ୍ସ । ସେ ଜାହାଜ ତିଆରି କରିବା ବଢ଼େଇ କାମ ଶିଖିଥିଲା । ଦିନେ ସେ ବୋଷ୍ଟନ୍ ସହରରେ ପହଞ୍ଚିଲା । ସେଠାକାର ରାସ୍ତାରେ ବୁଲୁଥିବା ବେଳେ ଦେଖିଲା କିଛି ଦୂରରେ କେତେକ ନାବିକ ଜାହାଜ ବିଷୟରେ କଥା ହେଉଥିଲେ । ଜାହାଜ ବାହାମା ଦ୍ୱୀପସମୂହ ପାଖ ଚଟାଣରେ ଧକ୍କା ହୋଇ ଭାଙ୍ଗିଯାଇଥିଲା ଏବଂ ଲୋକେ କଥା ହେଉଥିଲେ କି ସେହି ଜାହାଜରେ ବହୁତ ଧନ-ସମ୍ପତ୍ତି ଅଛି । ନାବିକ ସେହି ଧନ ସମ୍ବନ୍ଧରେ କଥା ହେଉଥିଲେ । ସେମାନେ ବର୍ତ୍ତମାନ କୌଣସି ନିଷ୍ପତ୍ତିରେ ପହଞ୍ଚିନଥିଲେ, ହେଲେ ଗଉଡ଼ ପୁଅ ଫିଙ୍କ୍ସ ଏହି କଥା ଶୁଣିବା କ୍ଷଣି ନିଷ୍ପତ୍ତି କରିଦେଲା କି ସେ ସେହି ସମ୍ପତ୍ତିକୁ ଖୋଜି ବାହାର କରିବ । ସେ ସେହି ଜାଗାକୁ ଚାଲିଲା ଏବଂ ସେଠାରେ ପହଞ୍ଚି ନିଜ କାମ ଆରମ୍ଭ କରିଦେଲା । ଏହି କାମରେ ତାକୁ ବହୁ ଦିନ ଲାଗିଗଲା, ଏଥିସହ ଅନେକ କଷ୍ଟର ସାମ୍ନା କରିବାକୁ ପଡ଼ିଲା, ହେଲେ ଶେଷରେ ସେ ସଫଳ ହେଲା ଏବଂ ସେହି ସମ୍ପତ୍ତି ଖୋଜି ବାହାର କଲା । ଫିଙ୍କ୍ସଙ୍କ ସଫଳତାର କାରଣ ଥିଲା ନାବିକ ଯେଉଁ ବିଷୟରେ କଥା ହେଉଥିଲେ, ଫିଙ୍କ୍ସ ତାକୁ ଶୁଣିବା କ୍ଷଣି ତାକୁ କ୍ରିୟାତ୍ମକ ରୂପ ଦେବାକୁ ନିଷ୍ପତ୍ତି କରିଦେଲେ ଏବଂ ନିଜର ଏହି ଗୁଣ ଯୋଗୁ ସେ ଏତେ କଠିନ କାମରେ ମଧ୍ୟ ସଫଳ ହେଲେ ।

ଆପଣ ଯେଉଁ "ସୁଯୋଗର ମୂର୍ତ୍ତୀ" ସମ୍ବନ୍ଧରେ ପଢ଼ିଲେ- ଆପଣଙ୍କର ମନେଥିବ କି ତା କେଶକୁ ଧରିବା କଥା କୁହାଯାଇଛି । ଦୁନିଆରେ ଏମିତି ବହୁତ କମ୍ ଲୋକ ଅଛନ୍ତି ଯିଏ କୌଣସି ଜିନିଷକୁ ଠିକ୍ ଭାବେ ଦେଖିବାର କ୍ଷମତା ରଖନ୍ତି ଏବଂ ଦେଖିବା ପରେ ନିଶ୍ଚୟ କରନ୍ତି କି ଭଲ ଏବଂ ଲାଭପ୍ରଦ ଜିନିଷ କ'ଣ । ଅଧିକାଂଶ ଲୋକ ତ ଦେଖିପାରନ୍ତି ନାହିଁ ଏବଂ ଯଦି ତାଙ୍କୁ କିଛି ଆଭାସ ମିଳେ, ତେବେ ତାଙ୍କୁ ଏହି କଥାର ଧାରଣା ହୁଏନାହିଁ କି ସୁଯୋଗକୁ ଦେଖି ଧରିନେବା । ଏବଂ ଏଭଳି ଲୋକଙ୍କ ଅଭାବ ଅଧିକ ରହିଛି ଯିଏ ବିଚାରକୁ କାର୍ଯ୍ୟରୂପରେ ପରିବର୍ତ୍ତିତ କରିପାରନ୍ତି । ଏହି ଗୁଣ ଯେକୌଣସି କାମରେ ନିର୍ଣ୍ଣାୟକ ଭୂମିକା ଗ୍ରହଣ କରେ ।

ସିକନ୍ଦର କୌଣସି ଦେଶ ଉପରେ ଆକ୍ରମଣ କରିବାକୁ ଯାଇଥିବା ବେଳେ ସେ ମନ୍ଦିରର ଜଣେ ପୂଜାରିଣୀଙ୍କୁ ପରାମର୍ଶ ମାଗିଲେ । ସେ କହିଲେ ଏହି ମନ୍ଦିରକୁ ଯାଇ ତାଙ୍କ ପାଇଁ ପ୍ରାର୍ଥନା କରନ୍ତୁ, ଫଳରେ ସେ ବିଜୟ ଲାଭ କରିପାରିବେ । ପୂଜାରିଣୀ ମନ୍ଦିରକୁ ଯିବାପାଇଁ ମନା କରିଦେଲେ ଏବଂ ଆଜିର ଦିନଟି ଶୁଭ ନାହିଁ ବୋଲି କହି ସେ କଥା ଏଡ଼ାଇଲେ, କିନ୍ତୁ ସିକନ୍ଦର ତାଙ୍କୁ ଅନୁରୋଧ କଲେ । ପୂଜାରିଣୀ ତାଙ୍କ କଥା କାଟିନପାରି ମନ୍ଦିର ଭିତରକୁ ନଯାଇ କହିଲେ- "ପୁଅ ତୁମେ ଯାଅ, ତୁମେ ଯେଉଁ କାମ କରିବାକୁ ଚାହୁଁଛ, ତୁମର ଦୃଢ଼ ନିଶ୍ଚୟ ତୁମକୁ ନିଶ୍ଚୟ ସଫଳ କରିବ । ତୁମକୁ କେହି ଜିତି ପାରିବେ ନାହିଁ ।" ବାସ୍ତବରେ ସିକନ୍ଦର ବିଜୟୀ ହେଲେ । ଏହାର କାରଣ ହେଲା ସେ ଯେଉଁ କାମ କରିବାର ନିର୍ଣ୍ଣୟ କରନ୍ତି, ତା ଉପରେ ଦୃଢ଼ ରହୁଥିଲେ ।

ଜର୍ଜ ଇଲିୟଟ ନିଜ କବିତାରେ କହିଛନ୍ତି- "ସେହି ବ୍ୟକ୍ତି ପାଇଁ ସୁଯୋଗର କ'ଣ ମହତ୍ତ୍ୱ, ଯିଏ ତା'ର ବ୍ୟବହାର କରିବା ଜାଣେନା ।" ସୁଯୋଗରୁ ଲାଭ ଉଠାଇବା ବ୍ୟତୀତ ଅସାଧାରଣ ଭାବେ ସେହିମାନେ ସଫଳ ହୁଅନ୍ତି, ଯେଉଁମାନେ ମିଳିଥିବା ସୁଯୋଗରେ ସୁଧାର ଆଣି ତାକୁ ନିଜ ମୁତାବକ କରିବାକୁ ପ୍ରୟାସ କରନ୍ତି ।

୧୦. ଉଦ୍ଦେଶ୍ୟକୁ ଚିହ୍ନନ୍ତୁ

ଯଦି ଆପଣଙ୍କ ଜୀବନର ଉଦ୍ଦେଶ୍ୟ ମହାନ, ତେବେ ଆପଣ ତାକୁ ସର୍ବପ୍ରମୁଖତା ଦେବା ଉଚିତ ତଥା ତା ତୁଳନାରେ ସମସ୍ତ ଇଚ୍ଛା ତୁଚ୍ଛ ହୋଇଯିବା ଦରକାର। ଜୀବନରେ ଏହାର ସତ୍ତା ମହତ୍ତ୍ୱପୂର୍ଣ୍ଣ ହେବା ଦରକାର।

ଯଦି ରୁଜବେଲ୍ଟ ନିଜ ଲକ୍ଷ୍ୟ ହାସଲ କରିବା ପାଇଁ ଦୁର୍ବଳମନା ହୋଇ କାମ କରିଥାନ୍ତେ, ତେବେ ଆଜି ବିଶ୍ୱରେ ତାଙ୍କର ନାଁ ହୋଇନଥାନ୍ତା। ତାଙ୍କ ଜୀବନରେ ସଫଳତା ପାଇବାର ରହସ୍ୟ ଥିଲା କି ସେ ନିଜ ଲକ୍ଷ୍ୟ ପ୍ରାପ୍ତି ପାଇଁ ନିଜର ସମ୍ପୂର୍ଣ୍ଣ ଜୀବନୀ ଶକ୍ତିକୁ ଦୃଢ଼ ସଂକଳ୍ପର ସହ ନିୟୋଜିତ କରି ଦେଇଥିଲେ। ନିଜର ପୂର୍ଣ୍ଣ ସାମର୍ଥ୍ୟକୁ ସଂଗଠିତ ଏବଂ ଏକତ୍ରିତ କରି ସେ କାମରେ ଲାଗିଯାଉଥିଲେ ଏବଂ କେବେ ମଧ୍ୟ ନିଜ କାମ ପ୍ରତି ଅବହେଳା କରୁନଥିଲେ। ତାଙ୍କର ନିୟମ ଥିଲା ଯେଉଁ କାମକୁ ଆରମ୍ଭ କରୁଥିଲେ, ତାକୁ ସମ୍ପୂର୍ଣ୍ଣ କରି ନିଶ୍ୱାସ ମାରୁଥିଲେ।

ରୁଜବେଲ୍ଟଙ୍କ ଜୀବନ ପ୍ରତ୍ୟେକ ମଣିଷ ପାଇଁ ଏକ ଉତ୍ତମ ଉଦାହରଣ, ଯିଏ ଜୀବନରେ ସଫଳତା ହାସଲ କରିବାକୁ ଚାହୁଁଛନ୍ତି। ଯଦି ଆପଣଙ୍କ ଜୀବନୋଦ୍ଦେଶ୍ୟ

ମହାନ, ତେବେ ଆପଣ ତାକୁ ସର୍ବପ୍ରମୁଖତା ଦେବା ଉଚିତ ତଥା ତା ତୁଳନାରେ ସମସ୍ତ ଇଚ୍ଛା ତୁଚ୍ଛ ହୋଇଯିବା ଦରକାର । ଜୀବନରେ ଏହାର ସତ୍ତା ମହତ୍ୱପୂର୍ଣ୍ଣ ହେବା ଦରକାର । ଏମିତି ହେଲେ ଯାଇ ଆପଣଙ୍କ ଶକ୍ତି ବଢ଼ିପାରିବ ଏବଂ ଆପଣଙ୍କ ଜୀବନର ଗାଡ଼ି ଆଗେଇ ଚାଲିବ । ଯେଉଁ ବ୍ୟକ୍ତି ନିଜ ଜୀବନର ଉଦ୍ଦେଶ୍ୟକୁ ନିଶ୍ଚିତ କରିନିଏ ଏବଂ ତା ପାଇଁ ସଦା ଉତ୍ସାହିତ ହୋଇ ରହେ, ତା ମଧ୍ୟରେ ଏକ ଏମିତି ଶକ୍ତି ଉତ୍ପନ୍ନ ହୋଇଯାଏ, ଯାହାକୁ ଆମେ ରଚନାତ୍ମକ, କ୍ରିୟାତ୍ମକ ଅଥବା ନିର୍ଣ୍ଣୟାତ୍ମକ ସୃଜନ ଶକ୍ତି କହିପାରିବା । ଏଭଳି କର୍ମଠ ବ୍ୟକ୍ତି ହିଁ ସ୍ରଷ୍ଟା ହୋଇଯାନ୍ତି ।

ଜୀବନର ଲକ୍ଷ୍ୟ:

ଲକ୍ଷ୍ୟ ବିନା କୌଣସି ବ୍ୟକ୍ତି ମୌଳିକ କିମ୍ୱା ରଚନାତ୍ମକ କର୍ତ୍ତା ହୋଇପାରିବନି ଏବଂ ଯେତେବେଳ ଯାଏଁ ବ୍ୟକ୍ତି ଏକନିଷ୍ଠ ହୋଇ ନିଜ ମନକୁ କୌଣସି ଗୋଟିଏ ବିନ୍ଦୁ ଉପରେ ଏକାଗ୍ର କରିନାହିଁ, ସେତେବେଳ ପର୍ଯ୍ୟନ୍ତ ଉନ୍ନତିର ବାଟରେ ଅଗ୍ରସର ହୋଇ ପାରିବନାହିଁ ଏବଂ ନା ନିଜ ଜୀବନୋଦ୍ଦେଶ୍ୟକୁ ହାସଲ କରିପାରିବ । ଏଣୁ ବ୍ୟକ୍ତିକୁ ଦରକାର ସେ ନିଜ କାମଧନ୍ଦାକୁ ଠିକ୍ ସେମିତି ଦେଖୁ, ଯେମିତି ଜଣେ କଳାକାର ନିଜର ସର୍ବୋତ୍ତମ କୃତୀକୁ ନିଜର ପ୍ରତିମୂର୍ତ୍ତୀ ଭାବେ ଏବଂ ତା ବିଷୟରେ କଥାବାର୍ତ୍ତା ହୋଇ ନିଜକୁ ଗୌରବାନ୍ୱିତ ଅନୁଭବ କରେ । ଯେତିକି ସନ୍ତୁଷ୍ଟି ତାକୁ ଏହି କଥାରେ ହୁଏ, ସେତିକି ଅନ୍ୟ କୌଣସି କଥାରେ ହୁଏନାହିଁ । ହେଲେ ଦୁଃଖର କଥା ଏହା କି ଅନେକ ଲୋକଙ୍କୁ ନିଜ ପେଶାରେ ଟିକେ ମଧ୍ୟ ରୁଚି ନଥାଏ ଏବଂ ସେମାନଙ୍କୁ ଅତି ସହଜରେ ସେହି କାମରୁ ଅଲଗା କରାଯାଇପାରେ । ଏମିତି ଅନେକ ଯୁବକ ଅଛନ୍ତି, ଯେଉଁମାନେ ନିଜ ପେଶା କିମ୍ୱା ଧନ୍ଦାରେ ଠିକ୍ ଭାବେ କାମ କରୁଥିବା ଦେଖାଯାନ୍ତି, ହେଲେ ସେମାନଙ୍କୁ କେବେ ମଧ୍ୟ କୌଣସି ଅନ୍ୟ କାମଧନ୍ଦାରେ ଲଗାଇବା ପାଇଁ ପ୍ରବର୍ତ୍ତା ଯାଇପାରେ ।

ଏହାର କାରଣ ଏହିକି ସେମାନେ ସବୁବେଳେ ଏହି ଦ୍ୱିଧାରେ ରହିଥାନ୍ତି କି ଯେଉଁ କାମରେ ସେମାନେ ଲାଗିଛନ୍ତି, କ'ଣ ତାହା ଠିକ୍ ଏବଂ କ'ଣ ସେମାନେ ସେଥିରେ ଲାଗିରହି ଲାଭ ଉଠାଇପାରିବେ ? ଏଭଳି ବ୍ୟକ୍ତି ଯେବେ କୌଣସି ଅନ୍ୟ ବ୍ୟକ୍ତିକୁ ଅନ୍ୟ କୌଣସି କାମଧନ୍ଦାରେ ସଫଳ ହେଉଥିବା ଦେଖନ୍ତି, ତେବେ ପ୍ରାୟ ଭାବନ୍ତି କି କାହିଁକିନା ସେମାନେ ମଧ୍ୟ ସେହି କାମ କରି ନିଜର ଭାଗ୍ୟ ପରୀକ୍ଷା କରନ୍ତେ । ଯାହାଙ୍କର ନିଜ କାମଧନ୍ଦା ସହ ଏତେ ଶିଥିଳ ସମ୍ୱନ୍ଧ ଅଛି, ସେମାନେ ସତରେ ଠିକ୍ କାମରେ ଲାଗିନାହାନ୍ତି, ତେବେ ସେମାନେ କେମିତି ସଫଳ ହୋଇପାରିବେ । ଯଦି ପ୍ରକୃତି ଆପଣଙ୍କୁ କୌଣସି କାର୍ଯ୍ୟ ପାଇଁ ତିଆରି କରିଛି ଏବଂ ଆପଣଙ୍କ ପାଇଁ ଏହି କାମ ନିଶ୍ଚିତ କରିଛି ତେବେ ସେହି କାର୍ଯ୍ୟ ଆପଣଙ୍କ ଜୀବନର ଉଦ୍ଦେଶ୍ୟ ହୋଇଯିବା ଉଚିତ ଏବଂ ଆପଣ ଜୀବନ ସାରା ସେହି କାମକୁ ଛାଡ଼ିପାରିବେ ନାହିଁ ଏବଂ କେବଳ

ସେହି କାମ ଆପଣଙ୍କ ମସ୍ତିଷ୍କର ପ୍ରତି ସେଲ୍‌ରେ ପ୍ରବାହିତ ହେବା ଦରକାର, ଆପଣଙ୍କ ଶିରା-ପ୍ରଶିରାର ଅଣୁରେ ବ୍ୟାପ୍ତ ହୋଇଯିବା ଉଚିତ, ଆପଣଙ୍କ ରକ୍ତ କଣିକାରେ ମିଶିଯିବା ଉଚିତ । ଯେଉଁ କାର୍ଯ୍ୟରେ ଆପଣଙ୍କ ଜୀବନର ସ୍ୱରୂପ ବିଶେଷ ଓ ଶକ୍ତିଶାଳୀ ହେଉଛି, ବୁଝିନିଅନ୍ତୁ ତାହା ଆପଣଙ୍କ ଜୀବନର ଉଦ୍ଦେଶ୍ୟ । ଉଦ୍ଦେଶ୍ୟ ପର୍ଯ୍ୟନ୍ତ ପହଞ୍ଚିବାରେ ଯେତେ ଡେରି ହେଉ, ଏହାର ଚିନ୍ତା ନକରି ଆପଣଙ୍କୁ ସେଥିରେ ଲାଗି ରହିବାକୁ ପଡ଼ିବ, ଚାହେଁ କିଛି ଭୁଲ ଯୋଗୁ ଆପଣ କିଛି ସମୟ ପାଇଁ ନିଜର ସେହି ଉଦ୍ଦେଶ୍ୟରୁ ପଥଭ୍ରଷ୍ଟ ହୋଇଯାନ୍ତୁ, ହେଲେ ଆପଣ ତାକୁ ସବୁବେଳ ପାଇଁ ଛାଡ଼ିପାରିବେନି ଏବଂ ନା ଅନ୍ୟ କୌଣସି ଉଦ୍ଦେଶ୍ୟକୁ ପଇବାର ଆପଣଙ୍କ ଅଟଳ ସଂକଳ୍ପ ଆପଣଙ୍କ ମନରୁ ଦୂର ହୋଇପାରିବ ।

ଅନେକ ସମୟରେ ଲୋକମାନଙ୍କ ଚରିତ୍ର ଏତେ ସବଳ ନଥାଏ କି ସେମାନେ ନିରନ୍ତର କୌଣସି କାର୍ଯ୍ୟକୁ କରିଚାଲିବେ ।

ସେମାନଙ୍କ ଧୈର୍ଯ୍ୟ ଶେଷ ହୋଇଯାଏ ଏବଂ ସେମାନେ ନିଜ ଲକ୍ଷ୍ୟ ହାସଲ କରିବାର ରାସ୍ତା ଛାଡ଼ି ଦିଅନ୍ତି । ଏମିତି ଲୋକ କେବେ ନିଜର ଉଦ୍ଦେଶ୍ୟକୁ ହାସଲ କରିବାରେ ସଫଳ ହୋଇପାରିବେନି । ଯଦି ସଂସାରରେ କୌଣସି ଏମିତି ବସ୍ତୁ ଅଛି, ଯାହା ପାଇଁ ବ୍ୟକ୍ତିକୁ ସଂଘର୍ଷ କରିବାକୁ ପଡ଼େ, ତେବେ ଏହା କେବଳ ତା'ର ଉଦ୍ଦେଶ୍ୟ ଏବଂ ତାହାକୁ ପ୍ରାପ୍ତି କରିବାରେ, ବ୍ୟକ୍ତିକୁ ନିଜର ସମ୍ପୂର୍ଣ୍ଣ ସ୍ୱରୂପକୁ ପ୍ରକାଶ କରିବାର ସୁଯୋଗ ମିଳେ । ଯଦି କୌଣସି ବ୍ୟକ୍ତି ନିଜର ଉଦ୍ଦେଶ୍ୟ ପାଇଁ କଠିନ ପରିଶ୍ରମ କରେନାହିଁ ଏବଂ ସେଥିପାଇଁ ଯତ୍ନଶୀଳ ହୁଏନାହିଁ, ତେବେ ତା ଜୀବନ ନିରର୍ଥକ ହୋଇଯାଏ । ସେ ଯେତେ କର୍ତ୍ତବ୍ୟ ପାଳନ କିମ୍ବା ପରିଶ୍ରମ କରୁ ନା କାହିଁକି, ତା ଜୀବନର କୌଣସି ମୂଲ୍ୟ ରହେନାହିଁ । ଉଦ୍ଦେଶ୍ୟ ହାସଲ କରିବାରେ ଦୃଢ଼ ସଂକଳ୍ପ ବହୁତ ସହାୟକ ହୋଇଥାଏ, କାହିଁକିନା ଦୃଢ଼ ସଂକଳ୍ପରେ ଅଜସ୍ର ଶକ୍ତି ଲୁଚି ରହିଥାଏ । ତାହାର ପ୍ରେରଣାରେ ବ୍ୟକ୍ତି ମଧ୍ୟରେ ନିଷ୍ଠା ଉତ୍ପନ୍ନ ହୁଏ । ଏବଂ ସେ ଆଗକୁ ବଢ଼େ । ଦୃଢ଼ ସଂକଳ୍ପ କରି ଆଗେଇବା ଦ୍ୱାରା ତା ରାସ୍ତାର ସମସ୍ତ ପ୍ରତିବନ୍ଧକ ନଷ୍ଟ ହୋଇଯାଏ ଏବଂ ପଥ ଯେତିକି ଲମ୍ବା ହେଉନା କାହିଁକି, ବଳିଦାନ ଦେବାକୁ ପଡୁ ନା କାହିଁକି, ହେଲେ ଦୃଢ଼ ସଂକଳ୍ପର ଶକ୍ତି ତାକୁ ତା ଉଦ୍ଦେଶ୍ୟ ପର୍ଯ୍ୟନ୍ତ ଅବଶ୍ୟ ପହଞ୍ଚାଇଦିଏ । ଯେବେ କୌଣସି ମହାନ ଏବଂ ରଚନାତ୍ମକ ଉଦ୍ଦେଶ୍ୟ ପାଇଁ ବ୍ୟକ୍ତି ମନରେ ପ୍ରେରଣା ଜାଗ୍ରତ ହୁଏ, ତେବେ ତା ମଧ୍ୟରେ ଏକ ଅଦ୍ଭୁତ ଦୈବୀଶକ୍ତିର ଉଦୟ ହୁଏ । ସେତେବେଳେ ମନୁଷ୍ୟ ସବୁଦିଗରୁ ନବୀନ ହୋଇଯାଏ ଏବଂ ପ୍ରତ୍ୟେକ ବସ୍ତୁରେ ଏକ ଦିବ୍ୟ ଜ୍ୟୋତିର ଦର୍ଶନ କରିବାକୁ ଲାଗେ । ସେତେବେଳେ ସନ୍ଦେହ, ଡର, ଉଦାସୀନତା ଆଦି ଦୁଷ୍ଟ ଲାଳସା- ଯାହା ତା ବାଟ ରୋକିଥାନ୍ତି- ସମସ୍ତେ ନଷ୍ଟ ହୋଇଯାନ୍ତି ଏବଂ ପ୍ରାଣରେ ନବଜୀବନ ସଂଚାରିତ ହେବାକୁ ଲାଗେ ।

ସେତେବେଳେ ଅସୁନ୍ଦର ସ୍ଥାନରେ ସୁନ୍ଦରତା ଆସିଯାଏ । ଅସ୍ତ-ବ୍ୟସ୍ତ ବ୍ୟକ୍ତି ମଧ୍ୟ ନିୟମ ଏବଂ କ୍ରମରେ ଚାଲିବାକୁ ଲାଗେ । ବିଚାର ଏବଂ କର୍ମରେ ସମନ୍ୱୟ ସ୍ଥାପିତ ହୋଇଯାଏ । ବ୍ୟକ୍ତି ଶୋଇବା ବିଛଣାରୁ ଉଠିବସେ । ଏବଂ କର୍ମଠ ହୋଇଯାଏ । ରସାୟନ ଶାସ୍ତ୍ରୀଙ୍କ ବିଶ୍ଳେଷଣ ଅନୁସାରେ, ଯଦି ପରମାଣୁର ସଂଯୋଗକୁ ଭାଙ୍ଗି ଦିଆଯାଏ କିମ୍ବା କୌଣସି ପରମାଣୁକୁ ଭଙ୍ଗାଯାଏ ଏବଂ ତାକୁ ଅନ୍ୟ ପରମାଣୁଙ୍କ ଆକର୍ଷଣରୁ ଅଲଗା କରିଦିଆଯାଏ ତେବେ ସେ ପରମାଣୁକୁ ଅଦ୍ଭୁତ ଶକ୍ତି ପ୍ରାପ୍ତ ହୁଏ ଏବଂ ସେ ତୁରନ୍ତ ଅନ୍ୟ ସ୍ୱତନ୍ତ ପରମାଣୁରେ ମିଶିବାକୁ ଡିଆଁମାରେ । କିନ୍ତୁ ଯଦି ସେହି ପରମାଣୁକୁ ଅଧିକ ସମୟ ପର୍ଯ୍ୟନ୍ତ ଅଲଗା ରଖାଯାଏ ତେବେ ତା'ର ସମସ୍ତ ଶକ୍ତି ନଷ୍ଟ ହୋଇଯାଏ ଏବଂ ସେ ବ୍ୟର୍ଥ ହୋଇଯାଏ । ଠିକ୍ ସେହିଭଳି ମଣିଷର ଉଦ୍ଦେଶ୍ୟ ମଧ୍ୟ ହୋଇଥାଏ । ଯିଏ ସର୍ବଶ୍ରେଷ୍ଠ, ସାଧନ ସମ୍ପନ୍ନ, ସର୍ବୋତ୍କୃଷ୍ଟ ଏବଂ ସମ୍ପୂର୍ଣ୍ଣ ଶକ୍ତିରେ ଯୋଡ଼ିହୋଇ ମହାନ ହୋଇଯାଏ । ଯେଉଁ ବ୍ୟକ୍ତି ନିଜ ଉଦ୍ଦେଶ୍ୟକୁ କାଲିକୁ ରଖନ୍ତି, କିମ୍ବା ନିଜ ବିଚାରକୁ କାର୍ଯ୍ୟରୂପରେ ପରିବର୍ତ୍ତିତ କରିବାରେ ଡେରି କରନ୍ତି, ସେମାନେ ସଦା ଦୁର୍ବଳ ରହନ୍ତି । ଯେତେବେଳେ କି ଶକ୍ତିଶାଳୀ, ଉତ୍ସାହୀ ଏବଂ ପ୍ରଭାବଶାଳୀ ବ୍ୟକ୍ତି ନିଜ ବିଚାରକୁ ଶୀଘ୍ରାତିଶୀଘ୍ର କାର୍ଯ୍ୟରୂପରେ ପରିବର୍ତ୍ତିତ କରିପକାନ୍ତି ।

ପ୍ରତ୍ୟହ ଆପଣଙ୍କ ସମ୍ମୁଖରେ ନୂଆ ରୂପରେ ବିଚାର ଏବଂ ସଂକଳ୍ପ ଆସିଥାଏ । ଏହା ଈଶ୍ୱରଙ୍କ ନିୟମ, ଯାହା ଅବାଧ ଗତିରେ ଚାଲୁଥାଏ । ସେଥିପାଇଁ ତ ମୁଁ ଆପଣଙ୍କୁ ଜୋର୍ କରି କହୁଛି କି ଆଜିର ବିଚାର, ଆଜିର କଳ୍ପନା, ଆଜିର ସମାଚାର, କେବଳ ଆଜି ପାଇଁ ଅଟେ, କାଲି ପାଇଁ ନୁହେଁ । ଏଥିପାଇଁ ଆପଣ ସେଗୁଡ଼ିକୁ ଆଜି ହିଁ ସମ୍ପୂର୍ଣ୍ଣ କରନ୍ତୁ । ଅନ୍ୟଥା କାଲି ଏହା ସମାପ୍ତ ହୋଇଯିବେ । କାଲି ଆପଣଙ୍କୁ ନୂଆ ବିଚାର ମିଳିବ, ନୂଆ ପ୍ରେରଣା ପ୍ରାପ୍ତ ହେବ, ନୂଆ କଳ୍ପନା ମିଳିବ, ଏଥିପାଇଁ ଆଜିର ପ୍ରେରଣା, ଆଜିର କଳ୍ପନା ଏବଂ ଆଜିର ସଂକଳ୍ପକୁ ଆଜି ହିଁ ପୂର୍ଣ୍ଣ କରିଦିଅନ୍ତୁ ।

କୌଣସି ଚିତ୍ରକର ଭଳି- ଯିଏ ସେହି ଦୃଶ୍ୟକୁ, ସେହି ଭାବନାକୁ ତୁରନ୍ତ ଚିତ୍ରପଟରେ ଅଙ୍କିତ କରିନିଏ, ଯାହା ତା ମନରେ, ତା ଆତ୍ମାରେ ଝଲସି ଉଠେ । ଠିକ୍ ସେହିଭଳି ଲେଖକଙ୍କ ମନରେ ମଧ୍ୟ ଉତ୍ସାହପୂର୍ଣ୍ଣ ବିଚାର ଉଦୟ ହୁଏ, ଯାହା ଦ୍ୱାରା ତାଙ୍କ ମସ୍ତିଷ୍କରେ ଆଲୋକ ଭରିଯାଏ ଏବଂ ସେହି ଲେଖକକୁ ଲେଖିବା ପାଇଁ ବାଧ୍ୟ କରେ । ସେତେବେଳେ ଲେଖକ ସେହି ବିଚାରକୁ କାଗଜ ଉପରେ ଉତାରିଦିଏ । ଠିକ୍ ସେହି ସମୟରେ ଯଦି ସେ ଲେଖକ ସେହି ବିଚାରକୁ ଅନ୍ୟ କୌଣସି ସମୟରେ ଲେଖିବାକୁ ଭାବେ କିମ୍ବା ତାକୁ ଲେଖିବାର ସୁବିଧା ମିଳେନାହିଁ, ତେବେ ସେହି ବିଚାରର କଳ୍ପନା ଅସ୍ପଷ୍ଟ ହୋଇ ଲୋପ ପାଇଯାଏ । କ'ଣ ଆପଣ କେବେ ଭାବିଛନ୍ତି କି ବଡ଼ ରଚନା ଏବଂ ଉପଲବ୍ଧିଗୁଡ଼ିକର ଏମିତି ଦିବ୍ୟ ଚିତ୍ର ଆପଣଙ୍କ ମସ୍ତିଷ୍କରେ କାହିଁକି ଅଙ୍କିତ ହୁଏ କିମ୍ବା ଏହି ପ୍ରକାର ଶକ୍ତିଶାଳୀ ଉଦ୍‌ବେଗ ଆପଣଙ୍କ ମନରେ କାହିଁକି ଉଠେ ? ମନ ଏବଂ ମସ୍ତିଷ୍କରେ ଏତେ କ୍ଷୀପ୍ର ଗତିରେ ଏମିତି ବିଚାର କାହିଁକି ଆସେ ?

ଏହାର ଉତ୍ତର ହେଲା ଆପଣ ସେଗୁଡ଼ିକର ପ୍ରୟୋଗ ସେହି ସମୟରେ କରିନିଅନ୍ତୁ, ଯେତେବେଳେ ସେଗୁଡ଼ିକ ନୂଆ ଥିବେ। ଯଦି ଆପଣ ଏହି ସଂକଳ୍ପକୁ, ଏହି ବିଚାରକୁ, ଏହି ଉଦ୍‌ବେଗକୁ ତୁରନ୍ତ କାର୍ଯ୍ୟରୂପରେ ପରିବର୍ତ୍ତିତ କରିବେ ନାହିଁ ତେବେ ଏହା ବ୍ୟର୍ଥ ହୋଇଯିବେ ଏବଂ ସେତେବେଳେ ସେଗୁଡ଼ିକର ଆପଣଙ୍କ ଚରିତ୍ର ଉପରେ ଖରାପ ପ୍ରଭାବ ପଡ଼ିବ। ଯୋଜନା ପୂର୍ଣ୍ଣ କରିଦେଲେ ବ୍ୟକ୍ତିର ସହନଶକ୍ତି ଏବଂ ସାହସ ବଢ଼ିଯାଏ, କିନ୍ତୁ କାମକୁ ପୂର୍ଣ୍ଣରୂପେ ସେ ହିଁ କରିପାରେ, ଯାହାର ଚରିତ୍ର ଦୃଢ଼ ହୋଇଥିବ, ଯାହାର ନିଶ୍ଚୟ ପକ୍କା ହୋଇଥିବ ତଥା ଯାହାର ମନରେ କାର୍ଯ୍ୟ ପ୍ରତି ଆତ୍ମବିଶ୍ୱାସ ଏବଂ ନିଷ୍ଠା ଥିବ। ଯଦି ଆପଣ ନିଜ ଚିନ୍ତନର ସର୍ବୋତ୍ତମ କ୍ଷଣକୁ କାର୍ଯ୍ୟରୂପରେ ପରିବର୍ତ୍ତିତ କରିପାରନ୍ତି ତେବେ ଆପଣଙ୍କ ଜୀବନ ଏତେ ଶ୍ରେଷ୍ଠ ହୋଇଯିବ କି ଆପଣ ଉତ୍କୃଷ୍ଟ ବ୍ୟକ୍ତିଙ୍କ ଧାଡ଼ିରେ ବସିବେ, ହେଲେ ଉତ୍ସାହ ମାନ୍ଦା ପଡ଼ିଗଲେ କିମ୍ବା ନିଶ୍ଚୟରୁ ହଟିଗଲେ ସଂକଳ୍ପ ବ୍ୟର୍ଥ ହୋଇଯାଏ। ଏହା ନିଜକୁ ବିଶ୍ୱାସଘାତ କଲାଭଳି କଥା ଯେ ଆପଣ ଏହା ଭାବିବେ କି ଆପଣ ମହାନ ସଂକଳ୍ପ କରନ୍ତି, ଏଥିପାଇଁ ମହାନ କର୍ତ୍ତା ଅଟନ୍ତି। ମୁଁ ଏକ ଏମିତି ବ୍ୟକ୍ତିକୁ ଜାଣିଛି, ଯାହାକୁ ଯଦି କେହି କହେ କି ସେ କଠୋର ପରିଶ୍ରମୀ ନୁହେଁ ତେବେ ସେ ବହୁତ ଅପମାନିତ ଅନୁଭବ କରେ, ଯେତେବେଳେ କି ଯୋଗ୍ୟ ବ୍ୟକ୍ତି ହୋଇଥିଲେ ମଧ୍ୟ ସେ ଆଜି ଯାଏଁ ସଫଳ ହୋଇ ପାରିନାହିଁ।

ଏହାର କାରଣ ହେଲା ତା' ଜୀବନ ଗୋଟିଏରୁ ଅନ୍ୟଟି ତଥା ଅନ୍ୟଟିରୁ ଆଉ ଗୋଟିଏ କାମକୁ କରି ବିତିଯାଉଛି। ଶୀଘ୍ର-ଶୀଘ୍ର କାମ ବଦଳାଇବା ଦ୍ୱାରା ବ୍ୟକ୍ତି କେବେ ସଫଳ ହୋଇପାରିବ ନାହିଁ। ଏଥିସହ ଆପଣଙ୍କୁ ଏହା ବୁଝିବା ଦରକାର କି କାମକୁ ଅଧାରେ ଛାଡୁଥିବା ଲୋକ ବହୁତ ଭୟଙ୍କର। ଦରକାରରୁ ଅଧିକ ସାବଧାନତା ଏବଂ ବିଶ୍ୱାସର ଅଭାବ, ଏହି ଦୁଇଟି କଥା ଆପଣଙ୍କର ବଡ଼ ଶତ୍ରୁ। ଆପଣ ପ୍ରାୟ ଦେଖିଥିବେ ଯେତେବେଳେ ଆପଣଙ୍କ ମନରେ କୌଣସି କାର୍ଯ୍ୟକୁ କରିବାର ପ୍ରେରଣା ଜାଗ୍ରତ ହୁଏ, ସେତେବେଳେ କାମ କରିବା ବହୁତ ସହଜ ହୋଇଯାଏ। ସେତେବେଳେ ଆପଣ ଉତ୍ସାହିତ ହୋଇ ଦୌଡୁଥିବା ଦେଖାଯାନ୍ତି।

କିନ୍ତୁ ଯେତେବେଳେ ଆପଣ କାମ ପ୍ରତି ଉତ୍ସାହହୀନ ହୋଇଯାନ୍ତି, ସେତେବେଳେ କାମକୁ ଏଡ଼ାଇ ଚାଲନ୍ତି। କିନ୍ତୁ କାମକୁ ଏଡ଼ାଇବା କିମ୍ବା ଉତ୍ସାହହୀନ ହୋଇ କାମ କରିବା ଦାସତ୍ୱ ଅଟେ, ଯେତେବେଳେ କି ଉତ୍ସାହ ଭରା, ପ୍ରସନ୍ନ ମନରେ କାମ କରିବା ଆନନ୍ଦଦାୟକ। ଲଗାତର ପ୍ରୟାସ କରି ବ୍ୟକ୍ତି ଉତ୍ତମ ଏବଂ ମହାନ ହୋଇପାରିବ ଏବଂ ପୁଣି ଯେପରି ଆପଣଙ୍କ ଆକାଂକ୍ଷା ଏବଂ ଚେଷ୍ଟା ଅଛି, ସେଗୁଡ଼ିକ ସହାୟତାରେ ଆପଣ ଯେମିତି ଚାହିଁବେ ହୋଇପାରିବେ, କିନ୍ତୁ କେବଳ ଇଚ୍ଛା କିମ୍ବା କାମନାରେ କିଛି ହୋଇପାରିବ ନାହିଁ। ଆପଣ ଅନେକ

ବ୍ୟକ୍ତିଙ୍କୁ କହିବାର ଶୁଣିଥିବେ, ମୋର ଏହି ଇଚ୍ଛା ଅଛି କିମ୍ବା ମୁଁ ଏମିତି ହେବାକୁ ଚାହୁଁଛି, ଏଭଳି ବ୍ୟକ୍ତି ଯଦି କାମ କାମ କରିବାକୁ ଚାହିଁବେ ତେବେ କରିପାରିବେ । ଏହାର ବିପରୀତ, କିଛି ବ୍ୟକ୍ତି ଏମିତି ଅଛନ୍ତି, ଯେଉଁମାନେ ଜାଣନ୍ତି ଏବଂ ଚାହାନ୍ତି କି ଯେଉଁ କାମ ବିଷୟରେ ସେମାନେ ନିଜ ହୃଦୟରେ ଧାରଣା କରିଛନ୍ତି, ତାକୁ ନିଶ୍ଚୟ ପୂର୍ଣ୍ଣ କରିବାକୁ ହେବ ଏବଂ ସେମାନେ ସେହି କାମ କଲେନାହିଁ କିମ୍ବା ମନୋବାଞ୍ଛିତ ଉଦ୍ଦେଶ୍ୟ ପ୍ରାପ୍ତ କରିନାହାନ୍ତି, ତେବେ ସେମାନଙ୍କ ଜୀବନ ବ୍ୟର୍ଥ । ଏହି ପ୍ରକାରର ବ୍ୟକ୍ତି ହିଁ ଏମିତି ସଂକଳ୍ପ କରନ୍ତି କି ମୁଁ ନିଜ ଜୀବନର ଉଦ୍ଦେଶ୍ୟକୁ ହାସଲ କରି ନିଶ୍ୱାସ ମାରିବି ।

ଏହିଭଳି ମନ ଭିତରେ ପ୍ରତିଜ୍ଞା କରି ସେମାନେ ନିଶ୍ଚୟ କରିନିଅନ୍ତି ଏବଂ ସମସ୍ତ ସାଧନକୁ ଏକଜୁଟ କରି ନିଜର ସମଗ୍ର ଶକ୍ତିକୁ ନିଜ ଲକ୍ଷ୍ୟ ଉପରେ କେନ୍ଦ୍ରିତ କରି, ନିଜ ଆକାଂକ୍ଷା ପୂର୍ତ୍ତି କରି ନିଶ୍ୱାସ ମାରନ୍ତି ଏବଂ ସଂସାରରେ ମହାନ ବୋଲାନ୍ତି ।

ପାଣିକୁ ଯେବେ ୨୧୨ ଡିଗ୍ରୀ ତାପମାତ୍ରାରେ ଗରମ କରି ବାଷ୍ପ କରାନଯାଏ, ସେତେବେଳ ପର୍ଯ୍ୟନ୍ତ ଇଞ୍ଜିନ ତା ଜାଗାରୁ ହଲେନାହିଁ ଏବଂ ନା ଗାଡ଼ିକୁ ଟାଣିପାରେ । ଏପରିକି ୨୧୦ ଡିଗ୍ରୀ ତାପମାତ୍ରା ଯାଏଁ ମଧ୍ୟ ଗରମ କଲେ ଇଞ୍ଜିନକୁ ଟାଣିବା ଭଳି ବାଷ୍ପ ବାହାରିପାରିବ ନାହିଁ, ତେବେ ଉଷୁମ ପାଣିରେ ଇଞ୍ଜିନ କେମିତି ଚାଲିପାରିବ ଏବଂ ଗାଡ଼ି କେମିତି ଟଣାଯାଇ ପାରିବ! ଏହି ପ୍ରକାର, ଅନେକ ଲୋକ ନିଜ ଜୀବନର ଗାଡ଼ି ଉଷୁମ ପାଣିରେ ଚଳାଇବା ପାଇଁ ଚେଷ୍ଟା କରନ୍ତି ଏବଂ ଅତି ବେଶିରେ ଫୁଟୁଥିବା ପାଣିରେ ଚଳାଇବାକୁ ଚେଷ୍ଟା କରନ୍ତି ହେଲେ ସେମାନଙ୍କ ପ୍ରଗତି ହୋଇପାରେ ନାହିଁ, ସେମାନେ ଆଗକୁ ଯାଇପାରନ୍ତି ନାହିଁ ।

ବାସ୍ତବରେ ସେମାନଙ୍କ ଇଞ୍ଜିନ୍‌ରେ ଲାଗିଥିବା ବଏଲରରେ ପାଣି ଦୁଇଶହ କିମ୍ବା ଦୁଇଶହ ଦଶ ଡିଗ୍ରୀ ପର୍ଯ୍ୟନ୍ତ ଗରମ ହୋଇଥାଏ ଏବଂ ସେମାନଙ୍କ ଜୀବନର ଗାଡ଼ି ଯେଉଁଠିକୁ ସେଇଠି ରହିଯାଏ । ଏହାର ଅର୍ଥ ହେଲା ସେମାନଙ୍କ ଉତ୍ସାହ କାମ ପ୍ରତି ସେତେଟା ହୋଇପାରେ ନାହିଁ, ଯେତିକି ଦରକାର । ଉତ୍ସାହ ମାନ୍ଦା ହେବାରୁ କାମରେ ସଫଳତା ମିଳିପାରିବ ନାହିଁ, ଠିକ୍ ସେହିପରି ଯେପରି ଉଷୁମ ପାଣି ଇଞ୍ଜିନ୍‌କୁ ଚଳାଇପାରେ ନାହିଁ । ଯେତେବେଳ ଯାଏଁ କୌଣସି ବ୍ୟକ୍ତି କୌଣସି କାମରେ ନିଜର ଆତ୍ମାକୁ ସମ୍ପୂର୍ଣ୍ଣ ରୂପେ ଲଗାଇନାହିଁ, ସେତେବେଳ ପର୍ଯ୍ୟନ୍ତ କୌଣସି ପ୍ରକାରର ସଫଳତା କିମ୍ବା ଉପଲବ୍ଧିର ଆଶା କରିବା ଉଚିତ ନୁହେଁ ।

ଫିଲିପ୍ସ ବ୍ରୁକ୍ସ ଯୁବକଙ୍କ ସହ କଥାବାର୍ତ୍ତା କରି ତାଙ୍କୁ କିଛି ହେବା ପାଇଁ, କିଛି କରିବା ପାଇଁ କାମରେ ନିଜର ସମଗ୍ର ଶକ୍ତି ନିୟୋଜିତ କରିବାକୁ ପ୍ରେରିତ କରୁଥିଲେ । କିଛି ହେବା ପାଇଁ କେବଳ ଏତିକି ପର୍ଯ୍ୟାପ୍ତ ନୁହେଁ କି ଆପଣଙ୍କ

ଇଚ୍ଛା ସେହିପରି ହେଉ । ସେଥିପାଇଁ ଆପଣଙ୍କୁ ନିଜର ସମଗ୍ର ଶକ୍ତିକୁ ଏକତ୍ର କରି ଏକ ଲକ୍ଷ୍ୟ ଉପରେ କେନ୍ଦ୍ରିତ କରିବାକୁ ପଡ଼ିବ । ପ୍ରତ୍ୟେକ ବ୍ୟକ୍ତିକୁ ଏହି ଅଧିକାର ହାସଲ ଅଛି କି ସେ ଯେଉଁ ବସ୍ତୁକୁ ଚାହିଁବ, ତାହାର ଇଚ୍ଛା କରିବ, କିନ୍ତୁ ତାକୁ ସିଏ ପାଇବ, ଯାହାର ଶାରୀରିକ ଓ ମାନସିକ ସନ୍ତୁଳନ ଠିକ୍ ଥିବ ।

କେବଳ ଇଚ୍ଛା କଲେ କିଛି ହୋଇପାରିବ ନାହିଁ, ଇଚ୍ଛା କରିବା ଏବଂ କର୍ମ କରିବାରେ ଆକାଶ-ପାତାଳ ଅନ୍ତର ଥାଏ । ଇଚ୍ଛା ଉଷୁମ ପାଣି, ଯିଏ ଜୀବନର ଗାଡ଼ିକୁ ଲକ୍ଷ୍ୟ ପର୍ଯ୍ୟନ୍ତ ପହଞ୍ଚାଇ ପାରେନାହିଁ, କିନ୍ତୁ ସେହି ଉଷୁମ ପାଣି ଯେତେବେଳେ ୨୧୨ ଡିଗ୍ରୀ ତାପମାତ୍ରାରେ ଗରମ ହୋଇ ଫୁଟିବାକୁ ଲାଗେ- ମାନେ ଆପଣ ନିଜ ଉଦ୍ଦେଶ୍ୟ ପ୍ରାପ୍ତି ପାଇଁ ସମଗ୍ର ଶକ୍ତି ଲଗାଇ ଚେଷ୍ଟା କରିବାକୁ ଲାଗନ୍ତି- ତେବେ ଆପଣଙ୍କ ଗାଡ଼ି ଆପଣଙ୍କ ଲକ୍ଷ୍ୟ ପର୍ଯ୍ୟନ୍ତ ଅବଶ୍ୟ ପହଞ୍ଚିପାରିବ ।

୧୧. ବିଚାରକୁ ବଦଳାଇ ଦିଅନ୍ତୁ

ଯେତେବେଳେ ଆପଣଙ୍କ ମନରେ ନିରାଶାର ବାଦଲ ଢାଙ୍କି ହୋଇଯାଏ କିମ୍ବା ଅପ୍ରସନ୍ନତାର କୌଣସି ଘଟଣା ଆପଣଙ୍କ ସହ ଘଟିଯାଏ ତେବେ ଏହି ପ୍ରସନ୍ନତା ଏବଂ ଦୁଃଖଭରା ଅନୁଭବ ହିଁ ସେହି ସମୟରେ ଆପଣଙ୍କୁ ନବ-ଜୀବନ ପ୍ରଦାନ କରିବେ ।

ଆପଣ ଦେଖିଥିବେ ବହୁବାର ଆପଣଙ୍କୁ ଦୁଃଖ ହୁଏ, ଆପଣଙ୍କ ମନରେ କୌଣସି କଷ୍ଟ ହୁଏ, ଆପଣ ନିରାଶ ହୋଇଯାନ୍ତି, କିନ୍ତୁ ଅଚାନକ ଆପଣଙ୍କ ମନରେ ଦୁଃଖର ସେହି ଛାଇ କିମ୍ବା ନିରାଶାର ବାଦଲ ଆଶ୍ଚର୍ଯ୍ୟଜନକ ଭାବେ ଦୂର ହୋଇଯାଏ ଏବଂ ଆପଣ ହର୍ଷ ଏବଂ ପ୍ରସନ୍ନତା ଅନୁଭବ କରିବାକୁ ଲାଗନ୍ତି । ସେହି ସମୟରେ କିଛି ସମୟ ପାଇଁ ହେଲେ ବି ଜୀବନ ପ୍ରତି ଆପଣଙ୍କ ଦୃଷ୍ଟିକୋଣ ଏକବାର ବଦଳି ଯାଏ । ବହୁବାର ଆପଣ ଏହା ଅନୁଭବ କରିଥିବେ କି ଅକସ୍ମାତ୍ କୌଣସି ଶୁଭ ସମାଚାର ଆସିଲେ କିମ୍ବା କୌଣସି ସହୃଦୟ ତଥା ମଜାଳିଆ ଲୋକର ଆସିବାରେ କିମ୍ବା କୌଣସି

ପ୍ରିୟ ଏବଂ ସ୍ନେହୀ ଲୋକ ଆସିଗଲେ ସମସ୍ତ ପରିବେଶ ବଦଳିଯାଏ ଏବଂ ସେତେବେଳେ ଆପଣଙ୍କ ଲାଗେ ଯେମିତି କେହି ଆପଣଙ୍କ ବିନ୍ଧୁଥିବା ଶିରା ଉପରେ ଶୀତଳ ଚନ୍ଦନ ବୋଳି ଦେଉଛି । ସେହି ସମୟରେ ଆପଣଙ୍କ ହୃଦୟ ଆନନ୍ଦର ଅନୁଭୂତିରେ ଭରିଉଠେ ।

ସେତେବେଳେ ଆପଣଙ୍କ ବିଚାରରେ ପରିବର୍ତ୍ତନ ଆସେ ଏବଂ ଆପଣ ଭାବ-ବିଭୋର ହୋଇ ଉଠନ୍ତି । ଏହାର ଅନୁଭବ ଆପଣଙ୍କ ମଧ୍ୟରୁ ଅନେକଙ୍କୁ ବହୁବାର ହୋଇଥିବ ଏବଂ ହୋଇଚାଲିବ । ଦୟାକରି ଏହି ଅନୁଭବକୁ ନିଜ ଦୃଷ୍ଟିରୁ ଲିଭିବାକୁ ଦିଅନ୍ତୁ ନାହିଁ । ଏମିତି ସୁନ୍ଦର ଏବଂ ହୃଦୟସ୍ପର୍ଶୀ ଅନୁଭବ ଜୀବନ ସାରା ମନେରଖିବା ଜିନିଷ । ଯେତେବେଳେ ଆପଣଙ୍କ ମନରେ ନିରାଶାର ବାଦଲ ଛାଇଯାଏ କିମ୍ବା ଅପ୍ରସନ୍ନତାର କୌଣସି ଘଟଣା ଆପଣଙ୍କ ସହ ଘଟିଥାଏ ତେବେ ଏହି ପ୍ରସନ୍ନତା ଏବଂ ଦୁଃଖଭରା ଅନୁଭବ ହିଁ ସେହି ସମୟରେ ଆପଣଙ୍କୁ ନବ-ଜୀବନ ପ୍ରଦାନ କରିବେ । କିଛି ଲୋକଙ୍କ କହିବାର କଥା ଯେ ମନ କୌଣସି ବାହାର ପ୍ରଭାବକୁ ଗ୍ରହଣ କରିପାରେନା ଏବଂ ନା ମନର ସ୍ଥିତିରେ ପରିବର୍ତ୍ତନ କରାଯାଇପାରେ । ଆନନ୍ଦ କିମ୍ବା ବିଷାଦ, ଏହା ତ କେବଳ ଭାଗ୍ୟର କଥା, କିନ୍ତୁ ଏହା ଭୁଲ ଅଟେ ।

ଏମିତି ଅନେକ ଉଦାହରଣ ଅଛି, ଯେତେବେଳେ ବ୍ୟକ୍ତିର ମାନସିକତାରେ ଆମୂଳଚୂଳ ପରିବର୍ତ୍ତନ ହୋଇଯାଏ । ଅନେକ ଅକର୍ମଣ୍ୟ ବ୍ୟକ୍ତି ମଧ୍ୟ କର୍ମଠ ହେବା ଦେଖାଯାଇଛନ୍ତି । ଅନେକ ଦୁଃଖୀ ବ୍ୟକ୍ତି ମଧ୍ୟ ପ୍ରସନ୍ନଚିତ ଦିଶିଛନ୍ତି ଏବଂ ଏମିତି ବ୍ୟକ୍ତି ମଧ୍ୟ ମିଳିଛନ୍ତି, ଯାହାଙ୍କ ମାନସିକ ଶକ୍ତି ହାର୍ ମାନି ଯାଇଥିଲା, କିନ୍ତୁ ଚେଷ୍ଟା କିମ୍ବା ବିଚାରରେ ପରିବର୍ତ୍ତନ ଯୋଗୁ ସେମାନଙ୍କ ବ୍ୟକ୍ତିତ୍ୱରେ ବହୁତ ପରିବର୍ତ୍ତନ ଆସିଗଲା । ସାହସ ବାବଦରେ ଭାବନ୍ତୁ, ଅନେକ ବ୍ୟକ୍ତିଙ୍କ ମଧ୍ୟରେ ଏହି ଗୁଣ ନଥାଏ । ସେମାନେ ସଦା ଏହା ଭାବୁଥାନ୍ତି କି ସେମାନଙ୍କ ଭବିଷ୍ୟତ ଅନ୍ଧକାରମୟ ରହିବ, ହେଲେ ସେମାନଙ୍କ ମାତା-ପିତା କିମ୍ବା ଗୁରୁଜନଙ୍କ ଉପେକ୍ଷା ଦ୍ୱାରା ଏମିତି ଚମତ୍କାରୀ ପ୍ରଭାବ ହେଲା କି ସେମାନଙ୍କ ସମ୍ପୂର୍ଣ୍ଣ ଜୀବନ ହିଁ ବଦଳିଗଲା ।

କ୍ରାନ୍ତିକାରୀ ବିଚାର:

ଏଣୁ ଏହା ସିଦ୍ଧ ହେଉଛି କି କୌଣସି ପ୍ରକାରେ ଶିକ୍ଷା ପ୍ରାପ୍ତ କରି କିମ୍ବା ଲଗାତର ଚେଷ୍ଟା କରି ବ୍ୟକ୍ତିର ବିଚାରରେ କ୍ରାନ୍ତି ଅଣାଯାଇ ପାରିବ । ଯେଉଁ ବ୍ୟକ୍ତି ଅନ୍ୟକୁ ବାରମ୍ବାର ସାହସର ଉଦାହରଣ ଦେଇ ସେମାନଙ୍କୁ ସାହସୀ ହେବାକୁ ବୁଝାଏ ଏବଂ ସେମାନଙ୍କ ମନରୁ ଭୟ ତଥା ଭୀରୁତାକୁ ଦୂର କରି ସାହସୀ ଏବଂ ବୀର ଭଳି ବିଚାରକୁ ଭରିଦିଏ, ତା ମନରେ ଆତ୍ମବିଶ୍ୱାସର ଭାବନା ଜଗାଇ ଦିଏ ତଥା ନିଷେଧାତ୍ମକ ବିଚାର ସ୍ଥାନରେ ବିଧେୟାତ୍ମକ ଏବଂ ନିର୍ମାଣାତ୍ମକ ବିଚାରକୁ ଭରିଦିଏ, ସେହି ବ୍ୟକ୍ତି ଗୁରୁ କିମ୍ବା ଉପଦେଷ୍ଟା ବୋଲାଏ ଏବଂ ଏମିତି ଗୁରୁ ପାଖରୁ ହିଁ ଶିକ୍ଷା ପ୍ରାପ୍ତ କରି ସାହସବିହୀନ

ବ୍ୟକ୍ତି ମଧ୍ୟ ପ୍ରଭାବଶାଳୀ ବ୍ୟକ୍ତିତ୍ୱ ପ୍ରାପ୍ତ କରେ । ସାହସ ବ୍ୟକ୍ତିର ଜନ୍ମସିଦ୍ଧ ଅଧିକାର, କିନ୍ତୁ ଏହା ଶେଷ ହୋଇଗଲେ କିମ୍ବା ଏହାର ଅଭାବରେ ଡର ତଥା ଭୀରୁତା ମନକୁ ଡରାଇ ଦିଅନ୍ତି ।

କିନ୍ତୁ ସାହସ ମିଳିବାରୁ ଅନେକ ଭୟାଳୁ ବ୍ୟକ୍ତି ନିଜର ପରାକ୍ରମ ଯୋଗୁ ବିଶ୍ୱକୁ ଚକିତ କରିଛନ୍ତି । ଏଥିରୁ ଏହା ପ୍ରମାଣିତ ହେଉଛି କି ବ୍ୟକ୍ତିର ମାନସିକତାକୁ ପୂର୍ଣ୍ଣ ଭାବେ ବଦଳାଇବା ସମ୍ଭବ । ଯେତେବେଳେ ଆପଣ ଡର, ଶଙ୍କା କିମ୍ବା ନିରାଶାରେ ଥାନ୍ତି, ସେତେବେଳେ ଆପଣ ଯେଉଁ ନିଷ୍ପତ୍ତି ନେବେ, ତାହା କେବେ ମଧ୍ୟ ଠିକ୍ ହୋଇପାରିବ ନାହିଁ ।

ଉଚିତ ନିଷ୍ପତ୍ତି କେବଳ ସେହି ସମୟରେ ନେଇପାରିବେ, ଯେତେବେଳେ ଆପଣଙ୍କ ମନ ନିରାଶା, କ୍ରୋଧ, ଈର୍ଷା, ଦ୍ୱେଷ କିମ୍ବା ଡର ଆଦି କବଳରେ ନଥିବ ଏବଂ ଆପଣଙ୍କ ମସ୍ତିଷ୍କ ପୂର୍ଣ୍ଣ ଭାବେ କାମ କରୁଥିବ । କୌଣସି ମହତ୍ୱପୂର୍ଣ୍ଣ ବିଷୟରେ ଭୟ ତଥା ଚିନ୍ତାପୂର୍ଣ୍ଣ ସ୍ଥିତିରେ ନିର୍ଣ୍ଣୟ ନିଅନ୍ତୁ ନାହିଁ । ସେହି ଯୋଜନାଗୁଡ଼ିକୁ କ୍ରିୟାନ୍ୱିତ କରନ୍ତୁ, ଯାହା ଆପଣଙ୍କ ମନ ଶାନ୍ତ, ଏକାଗ୍ର ତଥା ମସ୍ତିଷ୍କ ସନ୍ତୁଳିତ ଥିବା ସମୟରେ ତିଆରି ହୋଇଛି । ଭୟ, ଚିନ୍ତା, କ୍ରୋଧ ତଥା ମାନସିକ ଅସନ୍ତୁଳନର ଆବେଗ ଆମ ମାନସିକ ଶକ୍ତିଗୁଡ଼ିକୁ ଛିନ୍ନ-ଭିନ୍ନ କରିଦିଏ, କିନ୍ତୁ ଯଦି ବ୍ୟକ୍ତିକୁ ଉଚିତ୍ ପ୍ରଶିକ୍ଷଣ ଦିଆଯାଏ, ତା' ମନକୁ ଅଭ୍ୟାସ କରାଯାଏ ତେବେ ଈର୍ଷା, ଦ୍ୱେଷ, ନିରାଶା, କ୍ରୋଧ ଆଦି ବିଚାର କିଛି କ୍ଷଣ ମଧ୍ୟରେ ତା' ମନରୁ ଦୂର ହୋଇପାରେ ଏବଂ ସେତେବେଳେ ତା' ମନର ଅନ୍ଧକାର ଦୂର ହୋଇ ତାକୁ ପ୍ରସନ୍ନତା ରୂପୀ ସୂର୍ଯ୍ୟୋଦୟର ଅନୁଭବ ହୁଏ । ଈର୍ଷା, ଦ୍ୱେଷ, ଅନ୍ୟମନସ୍କ, ନିରାଶା ଏବଂ କ୍ରୋଧ ସ୍ଥାନରେ ପ୍ରସନ୍ନତା, ଆଶା, ଉତ୍ସାହ ଏବଂ ଆକାଂକ୍ଷା ଆସି ମନର ଅନ୍ଧାକାରକୁ ଦୂର କରିଦେବେ । ଆଜିକା ଯୁଗରେ ମନୁଷ୍ୟର ଆବଶ୍ୟକତା ଯେଉଁ ପ୍ରକାର ଦିନକୁ ଦିନ ବଢ଼ିବାରେ ଲାଗିଛି ଏବଂ ଯେଉଁଭଳି ଆଜିର ସଭ୍ୟତା ମାନବ-ମସ୍ତିଷ୍କକୁ ନୂଆ କାମ କରିବାକୁ ବାଜି ଲଗାଉଛି, ସେହି ପ୍ରକାର ବିଶ୍ୱର ଆବଶ୍ୟକତା ଅନୁରୂପ ବ୍ୟକ୍ତିକୁ ନିଜ ମସ୍ତିଷ୍କରେ ସ୍ଥିରତା ଆଣିବାକୁ ପଡ଼ିବ, ନିଜ ବିଚାରଗୁଡ଼ିକୁ ବଦଳାଇବାକୁ ହେବ, ଆବଶ୍ୟକତା ପାଇଁ ନିଜକୁ ପ୍ରସ୍ତୁତ କରିବାକୁ ହେବ ।

ଆଜିର ସ୍ଥିତି ଅନୁରୂପ ନିଜକୁ ଗଢ଼ିବାକୁ ହେବ ଏବଂ ଏହିସବୁ ସ୍ଥିତି ଏବଂ ଚେଷ୍ଟାକୁ ବଦଳାଇ କରାଯାଇପାରେ । ଆବଶ୍ୟକତା ଅନୁରୂପ ଚେଷ୍ଟାକୁ ମଧ୍ୟ ବଦଳା ଯାଇପାରେ । ଉଦ୍ଦେଶ୍ୟ ଆବଶ୍ୟକତାର ଅନୁରୂପ ସ୍ଥିତିକୁ ନିର୍ଦ୍ଧାରିତ କରାଯାଇପାରେ । ବଡ଼ ବଡ଼ ସହରର ହୋହଲ୍ଲା ବ୍ୟକ୍ତିର ମସ୍ତିଷ୍କ ଶକ୍ତିକୁ ଅନେକ ରୂପରେ ବିକଶିତ କରିବ । ଯେଉଁ ବ୍ୟକ୍ତି ବଡ଼ ସହରରେ ରହୁଛନ୍ତି ତାଙ୍କୁ ନିଜର ପ୍ରତ୍ୟେକ ଚେଷ୍ଟାରେ ଚଞ୍ଚଳତା ଆଣିବାକୁ ପଡ଼ିବ । ଭାବିବାରେ, ବିଚାର କରିବାରେ ଚଞ୍ଚଳତା ଆଣିବାକୁ ପଡ଼ିବ, ସବୁ ପ୍ରକାରର

କାମ କରିବାରେ ମଧ୍ୟ ଚଞ୍ଚଳତା ଆଣିବାକୁ ପଡ଼ିବ । ଆପାତକାଳୀନ ସ୍ଥିତିର ମୁକାବିଲା କରିବା ପାଇଁ ମଧ୍ୟ ପ୍ରସ୍ତୁତ ରହିବାକୁ ପଡ଼ିବ, ଯେତେବେଳେ କି ଛୋଟ ସହର ଏବଂ ବସ୍ତିରେ କିମ୍ବା ଗାଁରେ ରହୁଥିବା ବ୍ୟକ୍ତିଙ୍କ ବିକାଶ ଭିନ୍ନ ପ୍ରକାରର ହେବ ।

ବୋଧହୁଏ ଏଇଥିପାଇଁ, କାହିଁକିନା ସେଠାକାର ଆବଶ୍ୟକତା ଅଧିକ ନୁହେଁ । ତା ପାଇଁ ନା ବଡ଼ ସହରର ହଲ୍‌ଚଲ୍ ଅଛି, ନା ହୋହଲ୍ଲା । ଏଥିପାଇଁ ତାହାର କାମ କରିବାରେ ମଧ୍ୟ ଚଞ୍ଚଳତା ଆସିବ ନାହିଁ । ସେଠାକାର ଆବଶ୍ୟକତା ମଧ୍ୟ ଏତେ କମ୍ ଥାଏ କି ତୁରନ୍ତ କୌଣସି ନିର୍ଣ୍ଣୟ ନେବାରେ ଆବଶ୍ୟକତା ନଥାଏ । ମହତ୍ୱାକାଂକ୍ଷା ହିଁ ବ୍ୟକ୍ତିର ମସ୍ତିଷ୍କରେ ପରିବର୍ତ୍ତନ କିମ୍ବା ସୁଧାର ଆଣୁଥିବା ଶକ୍ତି । ଯେଉଁ ବ୍ୟକ୍ତି ନିଜର ଜୀବନୋଦ୍ଦେଶ୍ୟକୁ ଠିକ୍ କରିନିଅନ୍ତି, ନିଜର ମହତ୍ୱାକାଂକ୍ଷାକୁ ନିର୍ଦ୍ଧାରିତ କରିନିଅନ୍ତି, ସେମାନେ ହିଁ ମହତ୍ୱପୂର୍ଣ୍ଣ ବ୍ୟକ୍ତି ହୁଅନ୍ତି ଏବଂ ସେମାନଙ୍କ ମସ୍ତିଷ୍କରେ ଏବେ ଯାଏଁ ହୋଇଥିବା ପରିବର୍ତ୍ତନର ପରିଣାମ ହିଁ ଭବିଷ୍ୟତରେ ଦେଖାଯାଏ । ଆଜି ଅନେକ ବୈଜ୍ଞାନିକ ମାନବ-ମସ୍ତିଷ୍କକୁ ବିକଶିତ କରିବାର ସମ୍ଭାବନା ଉପରେ ସନ୍ଧାନ କରୁଛନ୍ତି । ହୋଇପାରେ କି କିଛି ଦିନ ପରେ, ଯେତେବେଳେ ସେମାନେ ମନୁଷ୍ୟ ମସ୍ତିଷ୍କର ବିକାଶ କରିବା ରହସ୍ୟକୁ ଜାଣିଯିବେ, ତେବେ ବୋଧହୁଏ ତାହାର ବିକାଶର କାମ ସହଜ ହୋଇଯିବ ।

କିନ୍ତୁ ସେତେବେଳ ଯାଏଁ ଆପଣଙ୍କ ପାଇଁ ଏତିକି ଜାଣିବା ପର୍ଯ୍ୟାପ୍ତ କି ଯଦି ଆପଣ ନିଜ ମସ୍ତିଷ୍କକୁ ବିକଶିତ କରିବାକୁ ଚାହାନ୍ତି ତେବେ ନିଜ ବ୍ୟକ୍ତିତ୍ୱକୁ ସର୍ବଜନପ୍ରିୟ କରନ୍ତୁ । ନିଜ ମନରୁ ଘୃଣା, ଈର୍ଷା, ଦ୍ୱେଷ, ଅନୁଦାରତା ଆଦି କୁବିଚାରଗୁଡ଼ିକୁ କାଢ଼ି ବାହାର କରନ୍ତୁ ଏବଂ ସେଗୁଡ଼ିକ ସ୍ଥାନରେ ସ୍ଥାପନ କରନ୍ତୁ- ରଚନାତ୍ମକ, ନିର୍ମାଣାତ୍ମକ ତଥା କ୍ରିୟାତ୍ମକ ବିଚାର । ଜୀବନରେ ଯଦି ସଫଳତା ପ୍ରାପ୍ତ କରିବାକୁ ଚାହୁଁଛନ୍ତି, ଯଦି ଆପଣ ଶାସନ କରିବାକୁ ଚାହୁଁଛନ୍ତି, ଯଦି ଆପଣ ବିଜୟ ପ୍ରାପ୍ତ କରିବାକୁ ଚାହୁଁଛନ୍ତି ତେବେ ଏହି ପୁଞ୍ଜିକୁ ସଦା ନିଜ ପାଖରେ ରଖନ୍ତୁ ।

୧୨. ନିଶ୍ଚୟରୂପୀ ରସାୟନ

ଆମକୁ ନିଶ୍ଚୟ ଦ୍ୱାରା ନିରନ୍ତର ଶକ୍ତି ହାସଲ କରିବା ଉଚିତ । ନିଜ ମନରେ କ୍ଷଣକ ପାଇଁ ମଧ୍ୟ କୌଣସି ବିଚାର ଏମିତି ଆସିବାକୁ ଦିଅନ୍ତୁ ନାହିଁ ଯାହା ଆପଣଙ୍କ ଜୀବନର ଉଦ୍ଦେଶ୍ୟ ସହ ମେଳ ଖାଉନି ।

ଯଦି ଆପଣ ଏହି ଶକ୍ତିକୁ ଚିହ୍ନିନେଲେ କି ସୃଷ୍ଟି ଏକ ମହାନ ଯୋଜନା ଏବଂ ତାହାର ଅନେକ କାମ ପୂର୍ଣ୍ଣ କରିବା ପାଇଁ ଆପଣ ଏକ କାର୍ଯ୍ୟକର୍ତ୍ତା ଅଟନ୍ତି, ତେବେ ଆପଣଙ୍କୁ ମହାନ ପ୍ରସନ୍ନତା ହେବ । ଯଦି ଆପଣ ଏପରି ବିଶ୍ୱାସ ନେଇ ଜୀବନ ପଥରେ ଆଗକୁ ବଢ଼ିବେ, ତେବେ ସଫଳତା ଆପଣଙ୍କ ପାଦ ଛୁଇଁବ । ସେହି ସମୟରେ ଆପଣଙ୍କୁ ଏହା ଜଣାଯିବ କି ଆପଣଙ୍କ ଯୋଜନାର ବିପରୀତ, ଯେଉଁ ଡର ଆପଣଙ୍କ ମସ୍ତିଷ୍କରେ ଆସିଥିଲା, ତାହା ମିଥ୍ୟା ଥିଲା, ଆପଣଙ୍କ ଦୁର୍ବଳ ମନର କଳ୍ପନା ଥିଲା । ସୃଷ୍ଟି ସମ୍ବନ୍ଧରେ ସତ୍ୟର ସାକ୍ଷାତ୍‌କାର କଲେ ଡର ଦୂର ହୁଏ ଏବଂ ମନୁଷ୍ୟ ମଧ୍ୟରେ ସାହସ ଏବଂ ଉତ୍ସାହ ଜାଗ୍ରତ ହୁଏ ।

ଏଣୁ ଯେତେବେଳେ ଆପଣଙ୍କ ମନରେ ଭୟ ଆସେ ତେବେ ମନରେ ଏହି ମନ୍ତ୍ର ଉଚ୍ଚାରଣ କରନ୍ତୁ- ମୁଁ ଅମୃତ ପୁତ୍ର ଅଟେ, ପୂର୍ଣ୍ଣ ରୂପେ ନିର୍ଭୟ, ସେହି ପରମପିତାଙ୍କ ମହାନ ଏବଂ ଅପ୍ରତିମ କୃତୀ ଅଟେ । ଏକ ମିଥ୍ୟା ଭ୍ରମ ହେଲା ଡର ବୋଲି କିଛି ନାହିଁ, କାହିଁକିନା ସେହି ପରମପିତାଙ୍କ ଯୋଜନା ବିରୁଦ୍ଧରେ ସୃଷ୍ଟିରେ କେବେ କିଛି ହୋଇପାରିବ ନାହିଁ । ଗୋଟିଏ ପତ୍ର ମଧ୍ୟ ହଲିପାରିବ ନାହିଁ । ଏଣୁ ଭୟ ବୋଲି କିଛି ନାହିଁ । ଏହା ତ ଏକ ମିଥ୍ୟା ଭ୍ରମ, ବିଶ୍ୱାସଘାତକ ଓ ଅବାସ୍ତବିକତା ଅଟେ । ବାସ୍ତବରେ ଦେଖିବାକୁ ଗଲେ ଭୟ ମୂର୍ଖତା ଉପରେ ଆଶ୍ରିତ ହୁଏ । ବ୍ୟକ୍ତି ଯେତେବେଳେ ଭୟଭୀତ ହୁଏ ତେବେ ସେ ଭୁଲିଯାଏ କି ଏହି ବ୍ରହ୍ମାଣ୍ଡକୁ ରଚନା କରିଥିବା, ଏହାର ପାଳନ-ପୋଷଣ ଏବଂ ସଂଚାଳନ କରୁଥିବା ଭଗବାନ ତାହାର ରକ୍ଷକ ଅଟନ୍ତି । ଏଥିପାଇଁ ବ୍ୟକ୍ତି ମନେ ରଖିବା ଉଚିତ ଯେ ଭୟ ନାମକ ବସ୍ତୁ ଅବାସ୍ତବିକ ଅଟେ । ଯେତେବେଳେ ଇମର୍ସନ ଏହି ସତ୍ୟକୁ ବୁଝି ନେଇଥିଲେ, ତେବେ ସେ କହିଥିଲେ- "ଆମକୁ ନିଶ୍ଚୟ ଦ୍ୱାରା ନିରନ୍ତର ଶକ୍ତି ପ୍ରାପ୍ତ କରିବା ଉଚିତ ।" ନିଜ ମନରେ କ୍ଷଣିକ ପାଇଁ ମଧ୍ୟ କୌଣସି ଏମିତି ବିଚାର ଆସିବାକୁ ଦିଅନ୍ତୁ ନାହିଁ ଯାହା ଆପଣଙ୍କ ଜୀବନର ଉଦ୍ଦେଶ୍ୟ ସହ ମେଳ ଖାଉନି ।

ସୁସ୍ଥମନ:

ନିରାଶା ଏବଂ ବିଷମତାର ବିଚାରକୁ ନିଜ ମନରୁ ହଟାଇ ଦିଅନ୍ତୁ । ଯଦି ଆପଣଙ୍କ ମନରେ ଆଶା ଏବଂ ବିଶ୍ୱାସପୂର୍ଣ୍ଣ ବିଚାର ବିରାଜମାନ ଅଛି ତେବେ ନିରାଶାରୂପୀ ମନ୍ଦ ବିଚାର ମନ ମଧ୍ୟକୁ ପ୍ରବେଶ କରିପାରିବ ନାହିଁ । ସବୁବେଳେ ଚେଷ୍ଟା କରନ୍ତୁ କି ଆପଣଙ୍କ ମନର ଛୋଟ କୋଣଟିଏ ମଧ୍ୟ କ୍ଷଣକ ପାଇଁ ଖାଲି ନରହୁ । ସେଥିରେ ନିର୍ମାଣ ଏବଂ ଉତ୍ସାହର ବିଚାର ଭରନ୍ତୁ । ମନକୁ ସବୁବେଳେ ସୁନ୍ଦର ଏବଂ ସୁସ୍ଥ ବିଚାରରେ ପୂର୍ଣ୍ଣ ରଖନ୍ତୁ । ସେଥିରେ ଏଭଳି ଶୁଭ ବିଚାର ଭରନ୍ତୁ କି ଯେମିତି ଅଶୁଭ ବିଚାର ସେଥିରେ ପ୍ରବେଶ କରିପାରିବ ନାହିଁ, ଏପରି ସ୍ଥିତିରେ ସେଗୁଡ଼ିକ ଆପେ ଫେରିଯିବେ । ଯଦି କେବେ ମନରେ ଉତ୍ସାହକୁ ଦୁର୍ବଳ କରୁଥିବା ବିଚାର ଆସେ ତେବେ ମହାପୁରୁଷଙ୍କ ଜୀବନ ସମ୍ବନ୍ଧରେ ବିଚାର କରିବା ଲାଭଦାୟକ ହେବ । ସେମାନଙ୍କ ଜୀବନର ଘଟଣାବଳୀକୁ ନିଜ ମନରେ ଦୋହରାଅ ।

ମହାନ ଲେଖକଙ୍କ ଏହି ପଂକ୍ତି ଗାଇବା ଆରମ୍ଭ କରିଦିଅନ୍ତୁ- ମୁଁ ନିଜ ଦୃଷ୍ଟି ଏବଂ ମନୋବୃତି ସେହି ମହାନ ସ୍ରଷ୍ଟାଙ୍କ ବିଶାଳତା ଆଡ଼କୁ କେନ୍ଦ୍ରିତ କରୁଛି । ଏମିତି କଲେ ମୋର ମନରେ ପ୍ରକାଶ ଏବଂ ଉତ୍ସାହର ମହାନ ସମୁଦ୍ର ଲହଡ଼ି ମାରିବ । ମୋ ଜୀବନ ସଂଗ୍ରାମରେ ଅଧା ବିଜୟ ତ ମୋର ଦୃଢ଼ ନିଶ୍ଚୟ ଏବଂ ଦୃଢ଼ ସଂକଳ୍ପ ଦ୍ୱାରା ହିଁ ହୋଇଯାଇଛି । କେବଳ ଆଉ ଅଧା ବିଜୟ ପ୍ରାପ୍ତ କରିବା ପାଇଁ ମତେ କାମ କରିବାକୁ ପଡ଼ିବ । ବ୍ୟକ୍ତି ମନରେ ବଡ଼-ବଡ଼ ସ୍ୱପ୍ନ ଥାଏ, ଆପଣଙ୍କ ମନରେ ମଧ୍ୟ ଏମିତି ଅନେକ ସ୍ୱପ୍ନ ଥିବ । ଭଗବାନଙ୍କ ମହାନ ପୁତ୍ର ହୋଇଥିବାରୁ, ଏମିତି ହେବା ଉଚିତ, ହେଲେ ସେହି ମହାନ

ସ୍ରଷ୍ଟା ଏହି ଜୀବନ ଆମକୁ ସେହି ସ୍ୱପ୍ନକୁ ପୁରା କରିବା ପାଇଁ ଦେଇଛନ୍ତି । ଯଦି ଆପଣ ମଧ୍ୟ ସେହି ସ୍ୱପ୍ନଗୁଡ଼ିକୁ ପୁରା କରିବାକୁ ଚାହୁଁଛନ୍ତି ତେବେ ଘୋର ପରିଶ୍ରମ କରନ୍ତୁ । ହେଲେ ଏଥିପାଇଁ ଆପଣଙ୍କ ମନ ସୁସ୍ଥ ଏବଂ ମନ ସୁସ୍ଥ ରଖିବା ପାଇଁ ଭଗବାନଙ୍କ ଅପାର ଶକ୍ତି ଆଡ଼କୁ ଆପଣଙ୍କୁ ଧ୍ୟାନ ରଖିବାକୁ ପଡ଼ିବ ।

ଏହା ଦୋହରାଇବାକୁ ପଡ଼ିବ କି ଜୀବନର ସକାଳ ହୋଇସାରିଛି । ଉଠନ୍ତୁ! ଆଜି ହିଁ ଯୋଜନା ତିଆରି କରନ୍ତୁ ଏବଂ ନିଜ କର୍ତ୍ତବ୍ୟ ପଥରେ ଆଗେଇ ଚାଲନ୍ତୁ । ରାସ୍ତା ସମସ୍ତଙ୍କ ପାଇଁ ଖୋଲା ରହିଛି । ଯିଏ ଦୃଢ଼ ଆତ୍ମବିଶ୍ୱାସର ସହ ସେଥିରେ ଚାଲନ୍ତି ସେମାନେ ଦିନେ ନା ଦିନେ ନିଜ ଲକ୍ଷ୍ୟକୁ ପ୍ରାପ୍ତ କରନ୍ତି, ହେଲେ ଯିଏ ନିରୁତ୍ସାହିତ ହୋଇ ପଡ଼ି ରହନ୍ତି, ସେମାନେ ସବୁବେଳେ କାନ୍ଦୁଥାନ୍ତି ।

ଯଦି ଆପଣଙ୍କ ମଧ୍ୟରେ ପୂର୍ବରୁ କୁହାଯାଇଥିବା ଗୁଣ ମଧ୍ୟରୁ କୌଣସି ଗୁଣର ଅଭାବ ଅଛି ତେବେ ଆପଣ ତାକୁ ନିଶ୍ଚୟରୂପୀ ରସାୟନରୁ ପ୍ରାପ୍ତ ଏବଂ ତୁଷ୍ଟ କରିପାରିବେ । ଅନେକ ବ୍ୟକ୍ତିଙ୍କ ସ୍ୱଭାବରେ ଭୟ ଥାଏ, ହେଲେ ସେ ତାକୁ ନିଜର ଉତ୍ସାହ ଏବଂ ନିଶ୍ଚୟ ଦ୍ୱାରା ଦୂର କରିପାରିବେ । ଯଦି ଆପଣ ନିଜ ଆତ୍ମାର ବାସ୍ତବିକ ସ୍ୱରୂପକୁ ଧ୍ୟାନର ସହ ଦେଖନ୍ତି ତେବେ ଆପଣଙ୍କୁ ଜଣାପଡ଼ିବ କି ତାହା ପୂର୍ଣ୍ଣରୂପେ ନିର୍ଭୟ ଅଟେ ତଥା ଉତ୍ସାହରେ ପରିପୂର୍ଣ୍ଣ ରହିଛି ।

ଦୁନିଆରେ ଏମିତି କୌଣସି ବସ୍ତୁ ନାହିଁ ଯାହା ତାକୁ କ୍ଷତି ପହଞ୍ଚାଇ ପାରିବ । ଭୟକୁ ଦୂର କରିବା ପାଇଁ ଏହି ଶକ୍ତିକୁ ମନ ମଧ୍ୟରେ ରଖନ୍ତୁ ଏବଂ ବାରମ୍ବାର ଏହାକୁ ମନନ କରନ୍ତୁ । ଯଦି ଆପଣ ଗମ୍ଭୀରତା ସହ ବିଚାର କରିବେ ତେବେ ଆପଣଙ୍କୁ ଏହା ଜଣାପଡ଼ିବ କି ମନୁଷ୍ୟ ଭୟ କାହିଁକି କରେ । ତା ଭୟର କାରଣ ଏହା ହୋଇଥାଏ ଯେ ତାକୁ ଆଗାମୀ ସମୟ ପାଇଁ ସନ୍ଦେହ ହୁଏ । ଯଦି ଏହି ସନ୍ଦେହ ସମ୍ବନ୍ଧରେ ବିଚାର କରିବା ତେବେ ବସ୍ତୁତଃ ନିଜ ଉପରେ ସନ୍ଦେହ କରିବା ସେହି ମହାନ ସ୍ରଷ୍ଟାଙ୍କ ଯୋଜନା ଉପରେ ଅବିଶ୍ୱାସ କରିବା ହେବ । ଯଦି ଆପଣ ଧ୍ୟାନର ସହ ଦେଖିବେ ଏବଂ ନିଜର ଏହି ଭୟ ସମ୍ପର୍କରେ ବିଚାର କରିବେ ତେବେ ଆପଣଙ୍କୁ ନିଜ ଉପରେ ହସ ଲାଗିବ । ଏଥିପାଇଁ ଏହା ଆବଶ୍ୟକ କି ଆପଣ ଭଗବାନଙ୍କ ଉପରେ ବିଶ୍ୱାସ ରଖି ସନ୍ଦେହାତ୍ମକ ବୃତ୍ତିକୁ ନିଜଠୁ ସବୁବେଳ ପାଇଁ ଦୂରେଇ ରଖନ୍ତୁ । କ'ଣ ଆପଣ ଏତେ ବିଶାଳ ବ୍ରହ୍ମାଣ୍ଡରେ ଅନେକ ବସ୍ତୁ ବିଦ୍ୟମାନ ହୋଇଥିବାରୁ ଅନୁମାନ କରି ପାରୁନାହାନ୍ତି କି ଏହାର ନିର୍ମାତା ଅପାର ଶକ୍ତିର ସ୍ୱାମୀ ଅଟନ୍ତି । ସେ କୌଣସି ପ୍ରକାରେ ଏହି ସୃଷ୍ଟିକୁ ଧରି ବସିଛନ୍ତି ଏବଂ ମନୁଷ୍ୟ ସାରା ସୃଷ୍ଟିରେ ତାଙ୍କର ସର୍ବୋତ୍ତମ କୃତୀ । ଯଦି ଆପଣ ସେଥିରେ ବିଶ୍ୱାସ କରିବେ ତେବେ ଆପଣଙ୍କ ଭୟ ଆପେ ଶେଷ ହୋଇଯିବ ।

୧୩. ଜୀବନର ମୁଖ୍ୟ ବରଦାନ

ବସ୍ତୁତଃ ମନୁଷ୍ୟ ଜୀବନର ସୁବର୍ଣ୍ଣ ମୁହୂର୍ତ୍ତ ତାହା ହୋଇଥାଏ, ଯେତେବେଳେ ତା'ର ମନ ଏବଂ ମସ୍ତିଷ୍କ ଉନ୍ମୁକ୍ତ ହୋଇଥିବ ଏବଂ ଉତ୍ପାଦକ ଶକ୍ତିଗୁଡ଼ିକର ଗତିରେ ଭରପୂର ଥିବ ।

ଫ୍ରାନ୍ସ କବି କର୍ନେଲିଙ୍କ କଥାନୁସାରେ- "ଯେଉଁ ବ୍ୟକ୍ତିର ହୃଦୟ ମରିଯାଇଛି, ତା ପାଇଁ ଯଦି ସ୍ୱର୍ଗ ମଧ୍ୟ ନିଜେ ଡାକିବ ତେବେ ବ୍ୟର୍ଥ । ବିଶ୍ୱାସର ଅଭାବ ଥିବା ବ୍ୟକ୍ତି ସମସ୍ତଙ୍କ ଆଶିର୍ବାଦରୁ ମଧ୍ୟ ବଞ୍ଚିତ ହୁଏ ।" ବିକ୍ଟର ହ୍ୟୁଗୋଙ୍କ କହିବା ଠିକ୍ ଯେ ଆମ ଆଡ଼କୁ ବାହୁ ମେଲାଇ ଆମ ପାଖକୁ ଆସିବାକୁ ଚେଷ୍ଟା କରୁଥିବା ସୁଯୋଗ କେବଳ ଗୋଟିଏ ଥାଏ । ବସ୍ତୁତଃ ମନୁଷ୍ୟ ଜୀବନର ସୁବର୍ଣ୍ଣ ମୁହୂର୍ତ୍ତ ତାହା ହୋଇଥାଏ, ଯେତେବେଳେ ତା'ର ମନ ଏବଂ ମସ୍ତିଷ୍କ ଉନ୍ମୁକ୍ତ ହୋଇଥିବ ଏବଂ ଉତ୍ପାଦକ ଶକ୍ତିଗୁଡ଼ିକର ଗତିରେ ଭରପୁର ଥିବ । କ'ଣ ଯେବେ ଆପଣଙ୍କ ନୈତିକ ବିସ୍ତାର ହୁଏ ତେବେ ଆପଣଙ୍କୁ ଆନନ୍ଦ ଅନୁଭବ ହୁଏନାହିଁ? କ'ଣ ଆପଣଙ୍କ ମଧ୍ୟରେ ଏମିତି ଶକ୍ତି ନାହିଁ, ଯଦ୍ୱାରା ଆପଣଙ୍କ ଭିତରର ଦେବଦୂତ ବାହାରକୁ ଆସି ଆପଣଙ୍କ ପାଇଁ ଦୈବୀ ଜୀବନର ନିର୍ମାଣ କରିବା ଆରମ୍ଭ କରିଦେବ?

ଆଜି ଦୁନିଆରେ ଯୁବପିଢ଼ିଙ୍କ ସମ୍ମୁଖରେ ବହୁତ ବଢ଼ିଆ ସୁଯୋଗ ରହିଛି । ସେମାନଙ୍କ ଆଗରେ କରିବା ପାଇଁ ବଡ଼ ବଡ଼ କାମ ଅଛି । ସେମାନଙ୍କୁ ଦରକାର ସେମାନେ ନିଜ ଆତ୍ମାର ପୁଞ୍ଜିକୁ ସେଥିରେ ଲଗାନ୍ତୁ, କିନ୍ତୁ ଏମିତି କଲାବେଳେ ସେମାନଙ୍କ ଦୃଷ୍ଟିକୋଣ ବୁଦ୍ଧିମତାପୂର୍ଣ୍ଣ ଏବଂ ନୈତିକତାପୂର୍ଣ୍ଣ ହେବା ଉଚିତ । ବସ୍ତୁତଃ ଆଜିକା ଯୁଗରେ ସେହି ବ୍ୟକ୍ତିକୁ ଅନ୍ଧ, ବୋକା ଏବଂ ଛୋଟା କୁହାଯିବ ଯିଏ ସୁଯୋଗରୁ ଲାଭ ଉଠାଇ ପାରେନାହିଁ । ଆପଣଙ୍କୁ ଦରକାର କି ଆପଣ ପ୍ରତ୍ୟେକ ସୁଯୋଗକୁ ଦେଖନ୍ତୁ ଏବଂ ତା' ଅନୁସାରେ କାର୍ଯ୍ୟ କରିବାକୁ ଚେଷ୍ଟା କରନ୍ତୁ ।

ସେ ନିଜେ ଆପଣଙ୍କୁ ପ୍ରେରଣା ପ୍ରଦାନ କରୁଛି, ଆପଣଙ୍କ କବାଟ ବାଡ଼ଉଛି, ଆପଣଙ୍କ ଝରକାରେ ଉଣ୍ଡି ଦେଖୁଛି, ରାସ୍ତାରେ ଚାଲିବା ବେଳେ ଆପଣଙ୍କୁ ସାହାରା ଦେଉଛି । ବସ୍ତୁତଃ ସେହି ଲୋକ ନୈତିକ ଦୃଷ୍ଟିରେ ଅନ୍ଧ ଏବଂ ବୋକା-ଛୋଟା ଅଟେ, ଯିଏ ସାରା ଦୁନିଆର ଅଦରକାରୀ ବସ୍ତୁଗୁଡ଼ିକୁ ଏକାଠି କରୁଥାଏ ତଥା ଖରାପ ଅଭ୍ୟାସରେ ପଡ଼ି ନିଜ ଜୀବନକୁ ନଷ୍ଟ କରେ, ହେଲେ ସେହି ସର୍ବଶକ୍ତିମାନ ଭଗବାନ ଦେଇଥିବା ବରଦାନ ପର୍ଯ୍ୟନ୍ତ ପହଞ୍ଚିବାରେ କୌଣସି ଚେଷ୍ଟା କରେନାହିଁ । ଏହି ବରଦାନ କୌଣସି ଗୋଟିଏ ବ୍ୟକ୍ତି ପାଇଁ ନୁହେଁ, ଏହା ତ ସମସ୍ତ ମାନବ ଜାତି ପାଇଁ ଏବଂ ଏହାର ବ୍ୟବହାର ଏହି ଆଧାରରେ କରିବା ଉଚିତ ।

ସୁଯୋଗର ଏହି କ୍ଷଣକୁ ଯଦି ଆପଣ ଧରି ନିଅନ୍ତି ଏବଂ ତାହାର ବ୍ୟବହାର ଦ୍ୱାରା କିଛି କରି ଦେଖାଉଛନ୍ତି ତେବେ ସାରା ଦୁନିଆ ଆପଣଙ୍କୁ ପ୍ରଣାମ କରିବ । ଏହା ବିଂଶ ଶତାବ୍ଦିର ସ୍ୱର୍ଣ୍ଣିମ ଯୁବ । ଯୁବପିଢ଼ି ଉଠ ! ଏବଂ ନିଜ ଶକ୍ତି ଆଧାରରେ ନିର୍ଣ୍ଣୟ କର ତଥା ଜୀବନର ଉତ୍ତରଦାୟିତ୍ୱକୁ ସମ୍ପୂର୍ଣ୍ଣ ତୁଲାଇବା ପାଇଁ ପ୍ରତିଜ୍ଞା କର ।

କୌଣସି ଲୋକ ନିଜ କ୍ଷେତରେ ହଳ କରୁଥିଲା ବେଳେ ତା ନଙ୍ଗଳ ମୁନ ଇଞ୍ଚେ ଉପରକୁ ଉଠିଗଲା ଏବଂ ମାଟିତଳେ ପୋତି ହୋଇଥିବା ସୁନା ହାଣ୍ଡି କଥା ସେ ଜାଣିପାରିଲା ନାହିଁ । ଏହିଭଳି ଅନେକ ଲୋକ ଜୀବନରେ ଯେଉଁ କାମ କରନ୍ତି, ସେମାନଙ୍କ ପରିଣାମକୁ ଦେଖି ଲୋକେ କହନ୍ତି- "ସେ ସୁଯୋଗକୁ ହାତଛଡ଼ା କରିଦେଲା ।" ଏହା ସେତେବେଳେ କୁହାଯାଏ ଯେତେବେଳେ କୌଣସି ବ୍ୟକ୍ତି ନିଜ କାମରେ ଅସଫଳ ହୁଏ । ଜୀବନର ଉତ୍ସାହ ତା'ର ଚରମ ସୀମାରେ ସେତେବେଳେ ଥାଏ ଯେବେ ମଣିଷ ନିସ୍ୱାର୍ଥ ଭାବନାରେ ନିଜ ଜୀବନର ସର୍ବୋତ୍ତମ ବସ୍ତୁ ହାସଲ କରିବା ପାଇଁ କାମ କରେ ।

ସୁଯୋଗ ବିଷୟରେ ଆପଣଙ୍କ ବିଚାର କ'ଣ ? ସୁଯୋଗ କ'ଣ ମଣିଷ ପାଇଁ ତା' ଜୀବନର ସବୁଠାରୁ ମୁଖ୍ୟ ବରଦାନ ନୁହେଁ ? ଜୀବନ କ'ଣ ? ସୁଯୋଗ କ'ଣ ଜୀବନ ନୁହେଁ, ଯାହା ଆମ ଭିତରର ଈଶ୍ୱରୀୟ ପ୍ରଦତ୍ତ ଶକ୍ତିକୁ ଉଜାଗର କରେ, ଯଦ୍ୱାରା ବ୍ୟକ୍ତିର ସତ୍ତା, ସମତା ତଥା ଏକରସତା ସୁନ୍ଦର ଆକାର ପାଇ ଧନ୍ୟ ହୋଇଯାଏ ।

ଆପଣ ଯେ କୌଣସି ବ୍ୟବସାୟ କିମ୍ବା କାମ କରନ୍ତୁ, ଆପଣଙ୍କୁ ସବୁବେଳେ ସାବଧାନ ରହିବା ଉଚିତ କି ସେହି କାମ ଉପଯୋଗୀ ଏବଂ ସମ୍ମାନ ପ୍ରଦାନ କରୁଥିବ । ଆପଣଙ୍କୁ ଏମିତି କାମ ବାଛିବା ଉଚିତ ଯାହାକୁ ବିସ୍ତାର କରିବାର ସମ୍ଭାବନା ଥିବ । ଏବଂ ଯା ମଧ୍ୟରେ ଆପଣଙ୍କ ବ୍ୟକ୍ତିତ୍ୱ ମଧ୍ୟ ବିକଶିତ ହୋଇପାରିବ । କାର୍ଲାଇଲଙ୍କ କଥାନୁସାରେ- "ଯାହା ଆପଣଙ୍କୁ ଆତ୍ମ ସୁଧାରର ସୁଯୋଗ ଦିଏ, ଯାହା ଆପଣଙ୍କୁ ଭଲ ମଣିଷ କରିବାକୁ ସୁଯୋଗ ପ୍ରଦାନ କରେ, ତାହା ଆପଣଙ୍କୁ ଅନନ୍ତକାଳ ପର୍ଯ୍ୟନ୍ତ ସ୍ଥାୟୀ ଶାନ୍ତି ମଧ୍ୟ ପ୍ରଦାନ କରିବ ।" ଯଦି କୌଣସି ବ୍ୟକ୍ତି ନିଜ ଜୀବନରେ ପାଇଥିବା ସୁଯୋଗର ଲାଭ ଉଠାଇବାକୁ ଚାହୁଁଥିବ, କ'ଣ ତାକୁ ଅନ୍ୟ ସ୍ଥାୟୀ ବସ୍ତୁଠାରୁ ପାଇବାକୁ ଥିବା ପ୍ରେରଣାର ଆବଶ୍ୟକତା ନାହିଁ ? ଜୀବନର ଅସଲ ଗରୀମା ଏବଂ ସାର୍ଥକତାର ଆମ ସମାଜ ସହ ନିକଟ ସମ୍ପର୍କ ରହିଛି । ଏଇଥିରୁ ଆମ ରକ୍ତ ଗରମ ହୁଏ ଏବଂ ଆତ୍ମା ପ୍ରଜ୍ୱଳିତ ହୋଇଥାଏ । ଆମର ଆଧ୍ୟାତ୍ମିକ ଶକ୍ତି ପାଇଁ ଏହି ଗରୀମା ରହିବା ଆବଶ୍ୟକ । ଦୁନିଆରେ ବଡ଼ ବୋଲାଇବା ଅର୍ଥ କେବଳ ଧନଶାଳୀ ହେବା ନୁହେଁ ।

୧୪. ମାଲିକ ଜୁହନ୍ତି

· ଜୀବନରେ ସଫଳ ହେବାର ଏକମାତ୍ର ଉପାୟ ହେଲା ମଣିଷ ନିଜକୁ ଯେ କୌଣସି କାମକୁ ସମ୍ପୂର୍ଣ୍ଣ କରିବାରେ ଯୋଗ୍ୟ ହେଉ ।

ସେଣ୍ଟ୍ ବନାର୍ଡ କହିଛନ୍ତି ମତେ ମୋ ଅତିରିକ୍ତ ଅନ୍ୟ କେହି ହାନୀ ପହଞ୍ଚାଇ ପାରିବ ନାହିଁ । ମୋର ଯାହା କ୍ଷତି ହୁଏ ସେଥିପାଇଁ ମୁଁ ନିଜେ ଦାୟୀ । ବାସ୍ତବିକ କ୍ଷତି ମୋ ଦୋଷରୁ ହିଁ ହୋଇଥାଏ । ଜଣେ ସୁପ୍ରସିଦ୍ଧ ରାଜନୀତିଜ୍ଞ ନେତାଙ୍କ କହିବା ହେଲା ଯୋଗ୍ୟ ବ୍ୟକ୍ତିଙ୍କ ପାଇଁ ସୁଯୋଗର ଅଭାବ ରୁହେନାହିଁ । ଏମିତି ବ୍ୟକ୍ତି, ଯାହାଙ୍କୁ କୌଣସି କାମ କରିବାର ଥାଏ, ତେଣୁ ସେ ସୁଯୋଗ୍ୟ ବ୍ୟକ୍ତିଙ୍କ ସନ୍ଧାନରେ ରହନ୍ତି ଏବଂ ସେମାନେ ବହୁତ ଉତ୍ସୁକ ରୁହନ୍ତି କି ଏମିତି ବ୍ୟକ୍ତିଠାରୁ ଅଧିକରୁ ଅଧିକ ଲାଭ ଉଠାଯାଉ । ଯେତେବେଳେ କୌଣସି ବ୍ୟକ୍ତି କିଛି ତିଆରି କରିବାର ଯୋଜନା କରେ, ଯେତେବେଳେ କୌଣସି ବ୍ୟକ୍ତି କ୍ଷେତକୁ ଶସ୍ୟ-ଶ୍ୟାମଳା କରିବାକୁ ଚାହେଁ, କଷ୍ଟରୁ ଲାଘବ ପାଇବାକୁ ଚାହେଁ, କୌଣସି ମକଦ୍ଦମା ଜିତିବାକୁ ଚାହେଁ କିମ୍ବା ଜୀବନ ପାଇଁ ଅନ୍ୟ କୌଣସି ଉପଯୋଗୀ କାମ କରିବାକୁ ଚାହେଁ ତେବେ ସେ ବହୁତ ଉପଯୁକ୍ତ ବ୍ୟକ୍ତିକୁ ଖୋଜେ ।

ସେ ବଡ଼ ନିଷ୍ଠାର ସହ ଏମିତି ବ୍ୟକ୍ତିଙ୍କ ସନ୍ଧାନ କରେ ଏବଂ ସେ ନିଜ ସନ୍ଧାନରେ

ସେତେବେଳେ ସଫଳ ହୋଇପାରେ, ଯେତେବେଳେ ଏ ପ୍ରକାରର ଦକ୍ଷ ବ୍ୟକ୍ତିର ସୂଚନା ତା' ପାଖରେ ଥିବ । କ'ଣ ଆପଣ ଅନୁମାନ କରି ପାରୁଛନ୍ତି କି ଅନ୍ୱେଷଣ କରୁଥିବା ଦୃଷ୍ଟିରୁ କୌଣସି ଯୋଗ୍ୟ ବ୍ୟକ୍ତି ଲୁଚି ରହିପାରେ? ଯଦି ଯୋଗ୍ୟ ବ୍ୟକ୍ତି ଜାଣିଶୁଣି ଲୁଚିବାକୁ ଚେଷ୍ଟା କରେ ତେବେ ମଧ୍ୟ ଦରକାରୀ ବ୍ୟକ୍ତି ତାକୁ ଖୋଜି ବାହାର କରେ । ଏବଂ ତା' ଦ୍ୱାରା ଯେଉଁ କାମ କରିବାର ଥାଏ, ତାଙ୍କୁ ପ୍ରେରିତ କରି ସେହି କାମ କରାଇ ନିଅନ୍ତି । ଜୀବନରେ ସଫଳ ହେବାର ଏକମାତ୍ର ଉପାୟ ହେଲା ମଣିଷ ନିଜକୁ ଯେ କୌଣସି କାମକୁ ସମ୍ପୂର୍ଣ୍ଣ କରିବାର ଯୋଗ୍ୟ କରୁ । ପ୍ରତ୍ୟେକ ମଣିଷ ମଧ୍ୟରେ କୌଣସି ନା କୌଣସି କାର୍ଯ୍ୟ ପ୍ରତି ଏକ ସ୍ୱାଭାବିକ ଆଗ୍ରହ ଥାଏ, ସେ କୌଣସି ବିଶେଷ କାମ କରିବାକୁ ଇଚ୍ଛା କରେ ।

ଆଜିକାଲି ଯୁବକଙ୍କ ସମ୍ମୁଖରେ ଏମିତି ଅନେକ ସୁବିଧା ଅଛି ଯାହାକି ସେମାନେ ନିଜ ସ୍ୱାଭାବିକ ଆଗ୍ରହ ଯୋଗ୍ୟତାକୁ ଆହୁରି ଅଧିକ ବିକଶିତ କରିପାରିବେ । ସେମାନେ ଚାକିରି ତଥା ଅନ୍ୟ କୌଣସି କାର୍ଯ୍ୟକୁ କରିବା ସମ୍ବନ୍ଧରେ ସହାୟକଙ୍କୁ ଖୋଜିବାରେ ବହୁତ ସମୟ ନଷ୍ଟ କରିଦିଅନ୍ତି । ସୁଯୋଗ ଅନେକ ଅଛି, ସେଗୁଡ଼ିକର କୌଣସି ସୀମା ନାହିଁ । ସେଗୁଡ଼ିକ ମାନବ ସମାଜର ମୂଳଦୁଆରେ ବିଦ୍ୟମାନ ଅଛି । ପ୍ରତ୍ୟେକ ସ୍ଥାନରେ ସୁଯୋଗ ବିରାଜମାନ ଏବଂ ସେଗୁଡ଼ିକରୁ ଅଧିକ ଲାଭ ଉଠାଇବା ହିଁ ବ୍ୟକ୍ତିର କର୍ତ୍ତବ୍ୟ । ଏଥିପାଇଁ ଦରକାର କି ବ୍ୟକ୍ତି ସୁଯୋଗକୁ ନିଜେ ଚିହ୍ନୁ ଏବଂ ତାକୁ ପ୍ରୟୋଗ କରୁ । ସୁଯୋଗ ଥିଲେ ମଧ୍ୟ ବ୍ୟକ୍ତିକୁ ନିଜ ପାଇଁ ତାହାର ନିର୍ମାଣ ନିଜେ କରିବାକୁ ପଡ଼େ । ଯଦି ସେ ନିଜେ ସୁଯୋଗର ନିର୍ମାଣ କରିପାରେ ନାହିଁ ତେବେ ଏହା ସମ୍ଭବ ନୁହେଁ କି ସୁଯୋଗ ତାକୁ ପ୍ରାପ୍ତ ହେବନାହିଁ ।

ଗାରଫିଲ୍ଡଙ୍କ କଥାନୁସାରେ- "ସୁଯୋଗ ତ ସେନାକୁ ଏକତ୍ର କରିବା ପାଇଁ ବିଗୁଲର ଶବ୍ଦ କୁହାଯାଇପାରେ । ସେ ସେନାକୁ ଯୁଦ୍ଧ କରିବା ପାଇଁ ଏକତ୍ର କରିପାରେ, ହେଲେ ତା ଶବ୍ଦରେ ସେନାକୁ ଯୁଦ୍ଧରେ ଜିତାଇବା ପାଇଁ ଶକ୍ତି ନାହିଁ । ସେହି ଶକ୍ତି ତ ସୈନିକଙ୍କ ମଧ୍ୟରେ ରହିବା ଉଚିତ ।" ଆମର ଜୀବନ ଏକ ପ୍ରଶିକ୍ଷଣ କେନ୍ଦ୍ର ଏବଂ ପ୍ରଶିକ୍ଷଣ ବାହାରୁ ହାସଲ ହୁଏନାହିଁ । ମଣିଷକୁ ନିଜେ ନିଜକୁ ପ୍ରଶିକ୍ଷିତ କରିବାକୁ ପଡ଼େ । ଯେମିତି ଏହା କହିବା ମୁର୍ଖତା ହେବ କି ଶବ୍ଦକୋଶରୁ ଶବ୍ଦ ଏକାଠି କରି କୌଣସି ବ୍ୟକ୍ତି ପୁସ୍ତକ କିମ୍ବା ନିବନ୍ଧ ଲେଖିବାରେ ସଫଳ ହୋଇପାରେ, ସେହିଭଳି ଏହା କହିବା ମଧ୍ୟ ମୁର୍ଖତା ହେବ ଯେ କୌଣସି ବ୍ୟକ୍ତି ମଧ୍ୟରେ ସମୟରେ କାମ କରିବା, କାମକୁ ପୁରା କରିବା ଆଦି ଗୁଣ ଅଛି, ତେବେ ସେ ସଫଳ ହୋଇପାରିବ । ବାସ୍ତବରେ ମଣିଷ ଯେତେ ଗୁଣି ହେଉ ନା କାହିଁକି, ଯେତେ ଭଲ ଅଭ୍ୟାସ ତା ମଧ୍ୟରେ ଥାଉ ନା କାହିଁକି, ତା ସ୍ୱଭାବ ଯେତେ ଭଲ ହେଉ ନା କାହିଁକି, ହେଲେ ଏହିସବୁ ଗୁଣ ସହ ଆଉ ଏକ ଗୁଣ ଆବଶ୍ୟକ ଏବଂ ତାହା ହେଲା କାମକୁ କରିବାର କ୍ଷମତା । ଏମିତି ବି କହିପାରିବା ଯେ ଯେଉଁ ବ୍ୟକ୍ତି ହାତରେ ଫାଉଡ଼ା ନେଇ ଗୋଡି

ଭରୁଥିଲା, ଯେଉଁ ଲୋକ ହାତରେ ସ୍ୱିଚ୍ ଥିଲା, ଯାହା ହାତରେ ବ୍ରେକ୍ ଥିଲା, ଯେଉଁ ଲୋକ କଣ୍ଡକ୍ଟର ଭଳି ଏପଟ ସେପଟ ହେଉଥିଲା, ଏହି କଥାଗୁଡ଼ିକ ପଛରେ ସେ ନିଜେ ଥିଲା ।

ଖଳ ବ୍ୟକ୍ତିତ୍ୱ:

ଏଣୁ ଏହା ସିଦ୍ଧ ହେଉଛି କି ବ୍ୟକ୍ତି ମଧ୍ୟରେ ସଫଳତା ହାସଲ କରିବାର ବ୍ୟକ୍ତିତ୍ୱ ରହିବା ଉଚିତ ଯଦ୍ୱାରା ସେ ଜୀବନରେ ଆସୁଥିବା ସୁଯୋଗରୁ ଲାଭ ଉଠାଇବା ପାଇଁ ସବୁବେଳେ ପ୍ରସ୍ତୁତ ରହିବ । ପ୍ରତ୍ୟେକ ବ୍ୟକ୍ତି ମଧ୍ୟରେ ସେହି ଶକ୍ତି ରହିଥାଏ, ଯାହା ଦ୍ୱାରା ସେ କୌଣସି କାର୍ଯ୍ୟରେ ନିପୁଣତା ହାସଲ କରେ । ଏଣୁ ଏହା ନିଶ୍ଚିତ ଜାଣିବା ଉଚିତ କି କିଛି ବିଶେଷ ପ୍ରକାରର ଅଭ୍ୟାସ, ସ୍ୱଭାବ କିମ୍ବା ଗୁଣ ଧାରଣ କରିଦେଲେ ବ୍ୟକ୍ତି ସଫଳ ହୋଇପାରେ ନାହିଁ ।

ସଫଳତା ପ୍ରାପ୍ତି ପାଇଁ ଏଗୁଡ଼ିକ ରହିବା ଜରୁରୀ, କିନ୍ତୁ ଏଗୁଡ଼ିକର ମହତ୍ୱ ଭିନ୍ନ । ପ୍ରଥମ ସ୍ତରର ମହତ୍ୱ ସେହିଭଳି ଯେଉଁଭଳି ସେହି ବ୍ୟକ୍ତି କାମ କରନ୍ତି । ଏହା ମନେରଖିବା କଥା କି ଆମେ କୌଣସି କ୍ଷେତ୍ରରେ ସଫଳତା ପାଇବା ପାଇଁ ନିଜ ଶକ୍ତିର ଯେତେ ବିକାଶ କରୁ ତଥା ଜୀବନରେ ବିଭିନ୍ନ କ୍ଷେତ୍ର ପାଇଁ ନିଜକୁ ଯେତେ ପ୍ରଶିକ୍ଷିତ କରୁ, ହେଲେ ଏହା କେବଳ ପ୍ରଶିକ୍ଷଣ ହିଁ ରହିବ, ଏଥିରୁ ଅଧିକ ଏହାର କିଛି ମହତ୍ୱ ନାହିଁ । ମହତ୍ୱର କଥା ଏବଂ ଜୀବନର ଅସଲ ପ୍ରୟୋଜନ ଏହା କି ଯେଉଁ ସୁଯୋଗ ଆମକୁ ମିଳେ, ଆମେ ସେଥିରୁ ଲାଭ ଉଠାଇବା ।

ୱାଶିଂଟନ୍ ଇର୍ବୀଙ୍ଗ ଆମକୁ ସେହି ଡଚ ବ୍ୟକ୍ତି ସମ୍ବନ୍ଧରେ କହିଲେ, ଯିଏ ଗର୍ତ୍ତ ପାର୍ କରିବା ପାଇଁ ଏକ ଲମ୍ବା ଡିଆଁ ମାରିବାର ଥିଲା । ଏହି ଲମ୍ବା ଡିଆଁ ପାଇଁ ସେ ପାଖାପାଖି ତିନି ମାଇଲ ପଛକୁ ଗଲା ଏବଂ ସେହିଠାରୁ ଦୌଡ଼ି ଦୌଡ଼ି ଗର୍ତ୍ତ ପର୍ଯ୍ୟନ୍ତ ପହଞ୍ଚିଲା, ହେଲେ ସେତେବେଳକୁ ତା'ର ଦମ୍ ବାହାରି ଯାଇଥିଲା ଏବଂ ଏଥିପାଇଁ ତାକୁ ଥକ୍କାମାରି ବସିବାକୁ ପଡ଼ିଥିଲା ।

ଏଭଳି କଥା ସେହି ବ୍ୟକ୍ତି ଠାରୁ ପୃଥକ ନୁହେଁ ଯିଏ ଭାଗ୍ୟ ଭରସାରେ କୌଣସି କାମର ପ୍ରସ୍ତୁତି ପାଇଁ ବହୁ ବର୍ଷ ଲଗାଇଦିଏ ଏବଂ ଏମିତି କରିବାରୁ ସେ ନିଜେ ଥକିଯାଏ । ଏପରି ସ୍ଥିତିରେ ତାକୁ ଅସଫଳତା ବ୍ୟତୀତ ଆଉ କଣ ମିଳିପାରେ? ଏମିତି ଏକ ଘଟଣା ମୁଁ ଜଣେ ବିଦ୍ୟାର୍ଥୀ ସମ୍ବନ୍ଧରେ ଶୁଣିଥିଲି । ଯେତେବେଳେ ତାକୁ ପଚରାଗଲା କି ସେ ସ୍କୁଲରେ ପଢ଼ିବା ବେଳେ ବିଶେଷ ଉଲ୍ଲେଖନୀୟ କାମ କ'ଣ ଥିଲା । ତା'ର ଉତ୍ତର ଥିଲା ସେ ସକାଳୁ ଶୀଘ୍ର ଉଠୁଥିଲା । ସେ ନିଜ ସମ୍ପୂର୍ଣ୍ଣ ଛାତ୍ର ଜୀବନରେ ଯେଉଁ ଦକ୍ଷତା ହାସଲ କରିଥିଲା ତାହା ଥିଲା ସକାଳୁ ଶୀଘ୍ର ଉଠିବା । ଏହାର ଅର୍ଥ କ'ଣ ସେ ଦିନ ତମାମ ଆଉ କିଛି କରିବନି? କ'ଣ କେବଳ ସକାଳୁ ଶୀଘ୍ର ଉଠିଗଲେ କୌଣସି ବ୍ୟକ୍ତିକୁ ସଫଳତା ମିଳିପାରେ?

ବଡ଼ ବଡ଼ କାରଖାନା ତଥା ଉଦ୍ୟୋଗ କରିଥିବା ଲୋକେ ପ୍ରାୟ ଏହା କହୁଥିବା ଶୁଣିବାକୁ ମିଳେ କି ଆଜିକାଲିକା ଯେତେ ଯୁବକ କାମ କରିବାକୁ ଆସୁଛନ୍ତି, ସେମାନେ ସୁଯୋଗ ପାଇଁ ପ୍ରସ୍ତୁତ ନଥାନ୍ତି । ସେମାନଙ୍କୁ ଯେଉଁ କାର୍ଯ୍ୟରେ ଲଗାଯାଏ, ସେଠାରେ ଆଗକୁ ଯିବାର ଅନେକ ସୁଯୋଗକୁ ହାସଲ କରିବା କ୍ଷମତା ତାଙ୍କର ନଥାଏ । ଏହିଭଳି ସେମାନେ ନିଜ ଜୀବନରେ ସଫଳ ହୋଇପାରନ୍ତି ନାହିଁ ଏବଂ ସେଥିପାଇଁ ବ୍ୟବସ୍ଥାକୁ ଦୋଷ ଦିଅନ୍ତି । ଡିଜ୍‌ରାଇଲିଙ୍କ କଥାନୁସାରେ- "ଜୀବନରେ ସଫଳତା ପ୍ରାପ୍ତିର ରହସ୍ୟ ହେଲା ବ୍ୟକ୍ତି ସୁଯୋଗକୁ ଚିହ୍ନିବ ଓ ତାକୁ ହାସଲ କରିବା ପାଇଁ ପ୍ରସ୍ତୁତ ରହିବ ।" ଯେତେବେଳେ ସୁଯୋଗ ପ୍ରାପ୍ତ ହୁଏ ତେବେ ତାକୁ ଧରିନେବ । ଆଖି ବନ୍ଦ କରନ୍ତୁ ନାହିଁ । ମୋର ମନେଅଛି ମୁଁ କେନନ ଲିଣ୍ଡନଙ୍କ ଲେଖାରୁ ପଢ଼ିଥିଲି "ଆମକୁ ଯେଉଁ ବଡ଼ ବଡ଼ ପଦବୀ ମିଳେ, ସମ୍ଭବତଃ ସେଗୁଡ଼ିକୁ ପାଇବା ଏହି କଥା ଉପରେ ନିର୍ଭର କରେ କି ସେଗୁଡ଼ିକ ଆସିବା ପୂର୍ବରୁ ଆମେ କ'ଣ ଥିଲୁ ଏବଂ ଆମେ ନିଜକୁ କେମିତି ରଖିଥିଲୁ । ବସ୍ତୁତଃ ଆମେ ଏବେ ଯାହା, ତାହା କିଛି ବର୍ଷ ପୂର୍ବର ଅତ୍ମାନୁଶାସନର ପରିଣାମ ।" ଦେଖିବାକୁ ଗଲେ ଏହି କଥା ସତ ଯେ ବ୍ୟକ୍ତି ଯେଉଁ କାମ କରିବାକୁ ଚାହେଁ ତା' ମଧ୍ୟରେ ସେହି କାମ କରିବା ପାଇଁ ଆବଶ୍ୟକ କ୍ଷମତା ଥାଏ । ଯଦି ତା ଆକାଂକ୍ଷା ବହୁତ ଛୋଟ ଥିବ ତେବେ ସେ କେବେ ମଧ୍ୟ ବଡ଼ ବଡ଼ କାମ କରିବାକୁ ଚେଷ୍ଟା କରିବ ନାହିଁ ଏବଂ ଏଥିପାଇଁ ସେ କେବେ କୌଣସି ମହତ୍ୱପୂର୍ଣ୍ଣ ସ୍ତର ପର୍ଯ୍ୟନ୍ତ ପହଞ୍ଚି ପାରେନାହିଁ ।

ବିଗତ ଅଧ୍ୟାୟରେ ଦିଆଯାଇଥିବା ଉଦାହରଣରୁ ଆପଣଙ୍କୁ ଜଣା ପଡ଼ିଯିବ ଯଦି ହର୍‌ବର୍ଟଙ୍କ ମହତ୍ୱାକାଂକ୍ଷା କେବଳ ଭଡ଼ାଗାଡ଼ି ଚଳାଇବାର ଥିଲା ତେବେ ସେ ସେଥିରେ ତେର ବର୍ଷ ବୟସରେ ସଫଳ ହୋଇଥିଲେ । ଯଦି ତାଙ୍କ ମଧ୍ୟରେ କେବଳ ରେଳ କମ୍ପାନୀର ସ୍ୱିଚ୍‌ମ୍ୟାନ ହେବାର ମହତ୍ୱାକାଂକ୍ଷା ଥାନ୍ତା ତେବେ ସେ ଅଠର ବର୍ଷ ବୟସରେ ତାକୁ ପ୍ରାପ୍ତ କରି ସାରିଥିଲେ । ଏହିଭଳି ଯଦି ସେ ବ୍ରେକ୍‌ମ୍ୟାନ୍ କିମ୍ବା କଣ୍ଡକ୍ଟର୍ ହେବାର ମହତ୍ୱାକାଂକ୍ଷା ରଖିଥାନ୍ତେ ତେବେ ସେ ଏପର୍ଯ୍ୟନ୍ତ ତ ଜୀବନର ଆରମ୍ଭରେ ପହଞ୍ଚି ସାରିଥିଲେ । ହେଲେ ହର୍‌ବର୍ଟ ଏହି ଛୋଟ ଛୋଟ କାର୍ଯ୍ୟରେ ସନ୍ତୁଷ୍ଟ ହୋଇଯିବା ବ୍ୟକ୍ତି ନଥିଲେ ।

ଲକ୍ଷ୍ୟ ସାଧନା:

ସେ ବହୁତ ପୂର୍ବରୁ ଏହା ଦୃଢ଼ ନିଶ୍ଚୟ କରିନେଇଥିଲେ କି ଏହି ରେଳ କମ୍ପାନୀ ମୋ ଜୀବନର ସବୁକିଛି । ଏଥିପାଇଁ ସେ ଗୋଡ଼ି ଭରିବା କାମ କଲେ, ସ୍ୱିଚ୍‌ମ୍ୟାନ୍ ପଦବୀରେ ରହିଲେ, ବ୍ରେକ୍‌ମ୍ୟାନ୍ ରହିଲେ, ଗାଡ଼ିରେ ଛାତ୍ତୁ ମାରିବା କାମ କଲେ । ଏହିଭଳି ସେ ସମସ୍ତ କାମକୁ ସ୍ୱୀକାର କଲେ, ଯାହା ତାଙ୍କୁ ତାଙ୍କ ଲକ୍ଷ୍ୟ ପର୍ଯ୍ୟନ୍ତ ପହଞ୍ଚାଇବାରେ ସହାୟକ ଥିଲା । ତାଙ୍କ ଜୀବନରୁ ଜଣାପଡ଼େ କି କିଛି ସୁଯୋଗ

ନିଶ୍ଚୟ ମିଳିଛି, ହେଲେ ଅଧିକାଂଶ ସୁଯୋଗର ନିର୍ମାଣ ସେ ନିଜେ କରିଥିଲେ । ସେ ସୁଯୋଗର ପ୍ରତୀକ୍ଷା କରିନାହାନ୍ତି । ସୁଯୋଗର ଅପେକ୍ଷା କରିବା ମୂର୍ଖତା ଅଟେ । ଆପଣଙ୍କୁ ତ ତାହାର ନିର୍ମାଣ କରିବାକୁ ହେବ ଏବଂ ସେହି ପ୍ରକାର ତାହାକୁ ନିର୍ମାଣ କର ଯେଉଁ ପ୍ରକାର ଝୁମ୍ପୁଡ଼ିରେ ଜନ୍ମ ହୋଇଥିବା ଲିଙ୍କନ୍ କରିଥିଲେ । ସେହିଭଳି ସୁଯୋଗର ନିର୍ମାଣ କର, ଯେମିତି ନିଜ କ୍ଷେତରେ ସଞ୍ଜ ଗୋଧୂଳିବେଳେ ହେନରି ୱିଲ୍‌ସନ୍ କରିଥିଲେ । ସେହି ସମୟରେ ସେ ଏପରି ସହସ୍ର ପୁସ୍ତକ ପଢ଼ିଦେଲେ, ଯାହା ସମ୍ବନ୍ଧରେ ତାଙ୍କ ବୟସର ଛୁଆ ଭାବି ପାରିନଥିବେ ଏବଂ ନିଜ ସନ୍ଧ୍ୟା ସମୟ ନଷ୍ଟ କରିଦିଅନ୍ତି । ନିଜ ପାଇଁ ସୁଯୋଗର ନିର୍ମାଣ ସେହି ପ୍ରକାର କରନ୍ତୁ, ଯେଉଁ ପ୍ରକାର ମେଣ୍ଢା ଚରାଉଥିବା ବାଳକ ଫର୍ଗୁସନ୍ କରିଥିଲେ । ସେ ତାରାଙ୍କ ଦୂରତାକୁ ସୂତାରେ ଗୁନ୍ଥି ମନର ଅଙ୍କରେ ମାପିବାକୁ ଚେଷ୍ଟା କରୁଥିଲେ । କ'ଣ ସେହି ସମୟରେ କେହି ଏହା କଳ୍ପନା କରିପାରିଥିଲେ କି ମେଣ୍ଢା ଚରାଉଥିବା ବାଳକ କେବେ ମହାନ ବ୍ୟକ୍ତି ମଧ୍ୟ ହୋଇଯିବ ?

ମହାନ ଗଣିତଜ୍ଞ ଜର୍ଜଙ୍କ ନାମ ଆପଣ ଶୁଣିଥିବେ । ଆପଣ ମଧ୍ୟ ନିଜ ପାଇଁ ତାଙ୍କ ଭଳି ସୁଯୋଗର ନିର୍ମାଣ କରିପାରିବେ । ସେ କୋଇଲା ଖଣିରେ କାମ କରୁଥିଲେ ଏବଂ ଡବାରେ କୋଇଲା ଭର୍ତ୍ତି କରୁଥିଲେ । କୋଇଲା ଡବା କଡ଼ରେ ଖଡ଼ିରେ ଗଣିତର ପ୍ରଶ୍ନ ସମାଧାନ କରି କରି ସେ ମହାନ ଗଣିତଜ୍ଞ ହୋଇଗଲେ । ଆପଣ ମଧ୍ୟ ନିଜ ପାଇଁ ସେହିଭଳି ସୁଯୋଗର ନିର୍ମାଣ କରିପାରିବେ, ଯେଉଁ ଭଳି ଡଗଲସ୍ କାଗଜ ଖଣ୍ଡ ଏବଂ ପୋଷ୍ଟରରୁ ପଢ଼ିବା ଶିଖି ନିଜ ପାଇଁ ସୁଯୋଗର ନିର୍ମାଣ କଲେ । ଆପଣ ମଧ୍ୟ ଆପଣଙ୍କ ପାଇଁ ଏହିଭଳି ଅନେକ ସୁଯୋଗର ନିର୍ମାଣ କରିପାରିବେ ଯେମିତି ନେପୋଲିୟନ୍ ବୋନାପାର୍ଟ ଅନେକ ଭୟଙ୍କର ପରିସ୍ଥିତିରେ ଗତିକରି ନିଜ ପାଇଁ କଲେ ।

ଆମେରିକୀୟ ମହିଳା ହେଲନ୍ କିଲର୍ ଯିଏ ଜଣେ ଅନ୍ଧୁଣୀ ଏବଂ ବଧିର ଥିଲେ, ଆପଣ ତାଙ୍କ ନାମ ନିଶ୍ଚୟ ଶୁଣିଥିବେ । ସେହି ମହିଳା ଆଜି ଅନ୍ତଃରାଷ୍ଟ୍ରୀୟ ଖ୍ୟାତିସମ୍ପନ୍ନ । ଯେଉଁଭଳି ସେ ନିଜ ପାଇଁ ସୁଯୋଗ ତିଆରି କଲେ, କ'ଣ ଆପଣ ମଧ୍ୟ ନିଜ ପାଇଁ ସେହିପରି ସୁଯୋଗ ତିଆରି କରିପାରିବେନି ? ଯେଉଁ ବ୍ୟକ୍ତି ଚେଷ୍ଟା କରିପାରେ, ଯାହା ମଧ୍ୟରେ କୌଣସି କାମକୁ ସମ୍ପନ୍ନ କରିବାର ଇଚ୍ଛା ଏବଂ ଅଭିଳାଷା ଅଛି, ସେ ନିଜ ପାଇଁ ସୁଯୋଗ ତିଆରି କରିପାରେ । ଅଳସୁଆ ବ୍ୟକ୍ତି ଯଦି ସୁବର୍ଣ୍ଣ ସୁଯୋଗ ପାଏ, ତେବେ ମଧ୍ୟ ତାକୁ କୌଣସି ଲାଭ ହେବନାହିଁ । ଯଦି ଆପଣ ସେହି ସୁଯୋଗକୁ ଗ୍ରହଣ କରିବାର ଯୋଗ୍ୟ ହୋଇନଥିବେ, ତେବେ ଏପରି ସ୍ଥିତିରେ ବଡ଼ ସୁଯୋଗ ମଧ୍ୟ ଆପଣଙ୍କୁ ଉପହାସର ବସ୍ତୁ କରିଦେବ । ଯଦି କୌଣସି ବ୍ୟକ୍ତି କୌଣସି ଉଚ୍ଚ ପଦବୀରେ ନିଯୁକ୍ତ ହୁଏ, ତେବେ ଏହାର କାରଣ ତା'ର ବିଗତ

ଦିନର ପ୍ରସ୍ତୁତି ହିଁ ହୋଇଥାଏ । କେବଳ ପରିସ୍ଥିତି ଯୋଗୁ ହିଁ ତାକୁ ଲାଭ ମିଳେନା । ଭାଗ୍ୟ ସେହି ବ୍ୟକ୍ତି ପ୍ରତି ସଦୟ ହୁଏ, ଯିଏ ତାର ଭାଗ୍ୟ ହୋଇଥାଏ ।

ରସ୍କୀନ୍ ଲେଖିଛନ୍ତି- "ପୁରା ଯୌବନକାଳ ଜ୍ଞାନବୃଦ୍ଧି, ନିର୍ମାଣ ଏବଂ ବହୁତ କିଛି ଶିଖିବାର ସମୟ । ସମୟର କୌଣସି କ୍ଷଣ ଏମିତି ନାହିଁ, ଯାହା ଭାଗ୍ୟ ନିର୍ମାଣ ପାଇଁ ଉପଯୁକ୍ତ ନୁହେଁ । ଯଦି ଆପଣ ସେହି କ୍ଷଣକୁ ଗ୍ରହଣ କରିନପାରନ୍ତି ଏବଂ ତାହା ଚାଲିଯାଏ, ତେବେ ତାହା କେବେ ଫେରିଆସିବ ନାହିଁ । ଏହା ଅବିକଳ ସେହିଭଳି, ଯେପରି ଲୁହା ଥଣ୍ଡା ହୋଇଯିବା ପରେ ତା'ଉପରେ ବାଡ଼େଇଲେ କୌଣସି ଲାଭ ହୁଏନାହିଁ ।"

□□□